《내 모습 이대로 기도합니다》는 그동안 읽은 기도 관련 책 가운데서 다섯 손가락 안에 꼽을 만큼 탁월하다. 내가 본 수많은 책 가운데서도 단연 가장 실천적이면서 가장 큰 변화의 힘을 지녔다. 단순히 읽는 데 그치지 않고 실천하고 삶으로 살아 내야 할 내용을 담고 있기 때문이다. 우리 삶이 곧 이 책 내용과 같아져야 한다. 하나님과 친밀한 진짜 신앙생활을 갈망했는가? 자신의 삶이 곧 하나님을 향한 기도가 되기를 갈망했는가? 그렇다면 이 책을 꼭 읽어 보라! 진정으로 기도하는 법을 배우고 싶어 하는 모든 사람에게 추천한다. 책장을 한 장 한 장 넘길 때마다 하나님과 친밀하게 사귀도록 내 영혼을 이끌어 준 고마운 책이다. 나 역시 두고두고 다시 읽을 생각이다.

앤 보스캠프 / 《나의 감사연습, 하나님의 임재연습》 저자

목사이자 성경 교사로서 나는 늘 믿음을 '실천하는' 데 도움이 될 만한 자료를 찾는다. 믿음의 가장 신비로운 습관 가운데 하나인 기도는 특히나 실천이 중요하다. 이 놀라운 책을 읽다 보면 기도가 덜 부담스럽고 불가사의하면서 한편 더욱 매력적이고 쉽게 다가온다. 기도 생활에서 성장하고 싶거나 다른 사람들이 그렇게 되도록 돕고 싶다면 이 책이 좋은 출발점이 되어 줄 것이다.

스캇 숄즈 / 크라이스트교회(Christ Presbyterian Church) 담임목사,
《선에 갇힌 인간, 선 밖의 예수》 저자

기도에 관한 책을 찾고 있다면 이 책을 놓치지 말라! '기도'라는 단어를 떠올리면 대개 죄책감과 '충분히 잘하지 못한다'는 느낌에 사로잡히곤 한다. 하지만 이 책을 읽는 동안 점점 내 어깨에서 영적 수치심이라는 거대한 산이 떨어져 나갔다. 진짜 기도가 가능하다. 영혼을 위한 산소 같은 책이다. 저자들은 영적 삶에 관해 내가 계속해서 찾았던 믿을 만한 목소리들이다. 이들은 기도가 우리가 하는 무언가가 아니라, 함께하는 무언가(아니, 우리가 함께하는 분)라는 사실을 가르쳐 준다. 의미 있는 기도 생활을 하고 싶다면 반드시 이 책을 읽어야 한다.

앤줄리 파샬 / *Stay*(스테이) 저자

기도와 관련해 교회가 갖고 있는 약점을 정곡으로 찌른다. 그것은 바로 마음에서 부터 기도하지 않는다는 것이다. 사실, 우리는 아예 마음을 닫고서 기도한다. 하나님과 진정으로 교제할 마음이 전혀 없다. 저자들은 복음으로 기도를 단단히 덮어 싸서는 하나님과 마음껏 교제할 수 있도록 우리를 자유롭게 해 준다. 있는 모습 그대로 나아가라. 솔직하게 나아가라. 진짜 모습으로 나아가라. 그래야 비로소 우리의 기도가 살아 움직일 수 있다. 우리 주님이 이 책을 사용해 수 세기에 걸친 경직되고 굳은 태도를 깨뜨리시리라 믿는다. 이 책을 강력하게 추천한다.

폴 E. 밀러 /《일상 기도》저자

기도해 본 적이 없든, 수십 년 동안 해 왔든 이 책은 하나님과의 교제를 풍요롭게 해 줄 무언가를 제시한다. 신학적으로 깊이 있으면서도 한편 하나님에 관한 딱딱한 진리에만 머무르지 않는다. 잠에서 깼을 때나, 배우자에게 화가 났거나 실망했을 때나, 입에서 찬양이 나오지 않을 때나 흔들리지 않고 늘 기도하게 해 주는 책이다. 하나님 앞에서 자신의 욕구를 다 드러내는 솔직한 삶으로서의 기도를 소개하는 책이다. 나를 살피고 나를 있는 그대로 내보일 수 있게 해 주고, 내가 반드시 모든 일의 중심에 서야 한다는 강박에서 해방시켜 준다.

젠 폴록 미셸 / *Teach Us to Want*(원하는 법을 가르치소서) 저자

지금까지 기도에 관한 수많은 책을 보았는데, 그 어떤 책보다 통찰력이 깊다. 내가 세워 둔 수많은 가정들이 속절없이 깨지는 동시에 소망이 새로워졌다. 저자들은 하나님의 초자연적 말씀이 우리 마음속에서 어떻게 역사하여 기도를 이끌어 내는지 속 시원하게 보여 주는 거울을 선물한다.

글로리아 퍼먼 / *The Pastor's Wife*(목사의 아내) 저자

하나님은 우리가 마음속에 무엇을 품었는지, 어떤 생각을 하는지 모든 것을 아신다. 그렇다면 모든 것에 관해 하나님과 이야기하려고 굳이 애를 쓸 필요가 있을까? 맞다. 하지만 우리는 그렇게 한다. 이 책을 쓴 두 사람은 더 솔직한 기도로 안내해 주는 은혜롭고도 지혜로운 길잡이들이다.

앨런 폴딩 / 언허리드리빙(Unhurried Living) **대표**

기도는 시공간의 차원에서 누구보다 가장 높이 계신 생명체와 나누는 대화다. 이보다 더 초월적인 행위가 있는가? 이보다 더 신비롭고 불가사의한 행위가 있는가? 이 책에서 저자들은 실천가의 접근법으로 기도를 해부해 준다. 무엇보다도 그들은 이 중요한 영적 훈련의 진정한 본질을 보여 준다. 그것은 기도가 가장 혼란스러운 영혼까지도 변화시키는 하나님 사랑에 연합하기 위한 수단이라는 것이다.

세스 하인스 / *The Book of Waking Up*(깨어남에 관한 책) **저자**

내 모습 이대로 기도합니다

지은이 | 카일 스트로벨, 존 코
옮긴이 | 정성묵
초판 발행 | 2022. 4. 13
등록번호 | 제1988-000080호
등록된 곳 | 서울특별시 용산구 서빙고로65길 38
발행처 | 사단법인 두란노서원
영업부 | 2078-3333 FAX | 080-749-3705
출판부 | 2078-3332

책값은 뒤표지에 있습니다.
ISBN 978-89-531-4179-7 03230

독자의 의견을 기다립니다.
tpress@duranno.com www.duranno.com

두란노서원은 바울 사도가 3차 전도 여행 때 에베소에서 성령 받은 제자들을 따로 세워 하나님의 말씀으로 양육
하던 장소입니다. 사도행전 19장 8-20절의 정신에 따라 첫째 목회자를 돕는 사역과 평신도를 훈련시키는 사역,
둘째 세계선교TIM와 문서선교단행본·잡지 사역, 셋째 예수문화 및 경배와 찬양 사역, 그리고 가정·상담 사역 등을 감
당하고 있습니다. 1980년 12월 22일에 창립된 두란노서원은 주님 오실 때까지 이 사역들을 계속할 것입니다.

하나님께 가식 없이,

하나님께 마음 깊이

내 모습 이대로
기도합니다

Where Prayer Becomes Real

카일 스트로벨, 존 코 지음
정성묵 옮김

두란노

[카일 스토로벨]

온 마음을 다해 사랑하는 우리 아이들,
올리버와 브라이튼에게 이 책을 바칩니다.
그들이 '진짜 기도'를 알게 되기를 간절히 소망하며.

[존 코]

솔직하게 드리는 '진짜 기도'를 배워 가는 여정에서
고故 존 핀치 박사를 만났습니다.
성령 안에서 친구이자 멘토였던 그에게 이 책을 바칩니다.

Contents

▶▶▶ prologue 프롤로그

기도할 줄 모르는 우리를 향한 초대 · 012

Part 1

기도, 어느 순간
허공을 치는 혼잣말이 되다

우리의 기도가 외롭고 따분해진 이유

1. 기도하다 딴생각으로 흐르는 것은 '죄'라 생각했다 • 026

2. 내 기도가 '하나님을 회피하는 수단'일 리 없다 생각했다 • 044

3. '해도 되는 말'과 '하면 안 되는 말'이 있다 생각했다 • 064

4. 하나님이 '내 죄와 고통스러운 마음'을
   부담스러워하신다 생각했다 • 084

interlude 인터루드

살아 움직이는 기도 배우기 • 110

▶▶▶ Part 2

하나님께 가식 없이, 하나님께 마음 깊이

오늘, 다시 기도 시작

5. 내 모습 이대로 열어 보이는 시편 기도 • 140

6. 날마다 마음의 방향을 새로이 정하는 의도의 기도 • 166

7. 세상을 벗고 그리스도를 입는 거듭의 기도 • 180

8. 예수의 빛으로 마음과 삶을 깊이 살피는 성찰의 기도 • 202

9. '예수 안에서 한 몸'이라는 영적 현실을 경험하는 중보기도 • 224

epilogue 에필로그

기도의 고단함과 충만한 기쁨 • 248

<부록 1> 소그룹 리더 가이드 • 267

<부록 2> 시편 기도 가이드 • 277

<부록 3> 의도의 기도 가이드 • 304

<부록 4> 거둠의 기도 가이드 • 308

감사의 말 • 310

주 • 313

기도할 줄 모르는
우리를 향한 초대

지금까지 신앙생활을 하면서 우리의 기도는 괜찮지 못할 때가 많았다. 하지만 그것이 우리의 가장 큰 문제점은 아니었다. 문제는 우리가 그 사실에 대해 솔직하지 못했다는 것이다. 우리는 우리의 기도에 아무런 문제가 없는 '척했다.' 하지만 실상은 전혀 그렇지 못했다. 우리의 기도는 무미건조하고 따분했다. 속으로는 어떻게든 기도를 하지 않으려고 했다. 식사 기도는 괜찮았다. 다른 사람들을 위해 짤막한 기도 정도는 할 수 있었다. 하지만 내면 깊은 곳에서 하나님과 함께하는 기도를 드릴라치면 마치 사막 한가운데서 방황하는 느낌이었다. 안타깝게도 우리는 그런 심정을 하나님께 아뢸 생각을 전혀 하지 못했다. 기도할 때 하나님이 얼마나 멀게 느껴지는지 왜 진작 아뢸 생각을 못했을까?

그러다 좋은 소식을 들었다. "우리는 마땅히 기도할 바를 알지 못하나 오직 성령이 말할 수 없는 탄식으로 우리를 위하여 친히 간구하시느니라"(롬 8:26). 우리는 기도할 줄 모른다. 그리고 하나님은 우리가 이 사실을 알기를 바라신다. 그러나 이것은 우리가 절망하고 기도를 그만둘 핑계가 못 된다. 이것이 하나님의 초대이기 때문이다.

전혀 내키지 않는 곳에 초대받은 적이 있는가? 그곳에 갈 생각만 해도 끔찍했던 기억은? 어떻게 하면 최대한 정중히 거절할까 고민해 본 경험이 다들 있을 것이다. 그것이 고대하던 초대를 받는 것과 얼마나 다를지 생각해 보라. 이 책은 초대다. 아무쪼록 이 초대가 당신이 고대하던 것이기를 바란다. 이 초대장에는 하나님의 말씀이 기록되어 있다.

> 여호와께서는 자기에게 간구하는 모든 자 곧 진실하게 간구하는
> 모든 자에게 가까이하시는도다(시 145:18).

이 책은 하나님이 우리를 있는 모습 그대로 사랑해 주신다는 사실을 받아들이라는 초대다. 하나님의 사랑을 받아들이는 것은 그 사랑 안에서 기도하는 것이다. 그것은 우리가 올바른 기도법을 모른다 해도 하나님이 다 아시고 이해해 주신다는 사실을 믿는 것이다. 하나님은 진실하게 다가와서 그분을 알고 그분께 자신을 드러내라며 우리를 초대하고 계신다. 이 책은 하나님과 함께하는 기도 여행의 초대장이다.

기도 여행, 지금 있는 곳에서 시작

모든 여행이 그렇듯 기도 여행도 당신이 지금 있는 곳에서 시

작해야 한다. 이 점은 단순하면서도 너무도 중요하다. 절대 간과해서는 안 된다. 안타깝게도 우리 대부분은 기도 여행에서 자신이 현재 어느 지점에 있는지 생각해 본 적이 없다. 어디로 가야 한다는 말을 들어도 현재 자신이 지도상에서 어느 위치에 있는지 알지 못하면 아무런 소용이 없다.

잠시 생각해 보라. 그리스도인으로 살아온 당신의 삶을 시기별로 나눠 본다면(많은 시기로 나뉘는 사람이 있는가 하면 한두 시기로만 나뉘는 사람도 있을 것이다) 각 시기에 기도 생활은 어떠했는가? 각 시기별로 당신의 기도 생활을 어떤 말로 표현할 수 있을까? 어떤 이들에게는 '흥미진진한', '사랑 가득한', '기쁨 넘치는' 같은 단어가 떠오를 것이다. '외로운', '버려진 것 같은', '죄책감에 짓눌린', '따분한' 같은 단어가 떠오르는 이들도 있을 것이다. 여기서 요지는, 누구를 비판하려는 것이 아니라 진실에 마음을 열라는 것이다. 지금 주님이 이끄시는 곳으로 따라갈 수 있도록 자신이 어디까지 왔는지 아는 것이 목표다.

잠시 가만히 앉아서 현재 자신의 기도 생활이 어떤지 생각해 보라. 무언가를 고치려고 하지 말라. 그냥 잠시 진실에 마음을 열라. 그리고 그것을 하나님께 아뢰라. 이것이 기도의 시작이다.

인생의 계절에 따라 기도에 어떤 기대를 갖고 있었는지 잠시 돌아보라. 기도에 큰 기대를 품었던 때가 있었는가? 아무런 기대도 없었던 때가 있었는가? 기대한 대로 되지 않았을 때 어떻게 했는가? 지금은 기도에 어떤 기대를 품고 있는가? 그것을 하나님께 아뢰라.

기도로의 초대. 이 책을 읽는 동안 계속해서 하나님과 대화할 공간을 제공할 것이다. 이것은 단순히 생각해 볼 만한 제안 사항이 아니다. 지금 즉시 읽기를 멈추고 기도를 시작하라. 기도에 '관해' 배우는 것으로는 충분하지 않다. 실제로 기도한 경험을 하나님께 아뢰라. 이 기도 여행에서 우리는 실제로 기도하고, 그 기도한 경험을 하나님 앞으로 가져가야 한다.

그래서 바로 지금, 이제껏 기도를 어떻게 '경험했는지'를 놓고 기도하기를 바란다. 기도를 실제로 하면서 기도에 관한 생각이 어떻게 바뀌었는가? 당신이 무엇에 관해 기도하는지 밝혀 달라고 하나님께 요청하라. 당신 마음속에서 어떤 일이 벌어지는지 그 진실을 보게 해 달라고 요청하라. 이것은 사랑으로의 초대다. 당신을 사랑하시는 하나님께 마음 깊은 곳의 진실을 아뢰라는 초대.

우리가 기도를 어떻게 느끼는지, 스스로 기도를 잘해 왔다고 생각하는지 못해 왔다고 생각하는지에 상관없이, 하나님이 내내 우리를 인도하셨다는 사실을 보는 것이 중요하다. 하나님은 내내 우리를 그분께로 인도해 오셨다. 우리가 기도하지 않는 것, 우리가 기도를 잘못했을까 두려워하는 것, 기도에 저항하는 마음에 관해서도 기도하라는 하나님의 초대다. 이런 상황에서 어떻게 하나님께 나아갈 수 있을까? 있는 모습 그대로 나아간다면 실패할 일이 없다. 따라서 지금 내 모습 이대로 나아가는 것이 우리의 출발점이어야 한다. 이것이 깊은 기도로 들어가는 문이다.

마음 깊은 곳에서 드리는 기도

깊은 기도로 들어가려면 하나님이 우리를 그분께로 불러 우리 속마음을 듣고자 어떻게까지 하셨는지 생각해 봐야 한다. 하나님은 우리가 제대로 기도하는 법을 모른다는 사실을 다 아신다. 하지만 하나님은 우리를 무지한 상태로 내버려 두시지 않는다. 하나님은 우리를 진실로 이끄신다. 이 여행은 우리가 전에는 가 본 적이 없는 곳, 우리 스스로 갈 수 없는 곳으로 이끈다. 그리고 그 길을 가는 내내 우리는 온전히 기도하는 법을 배우지 못해 피했던 것들을 보게 된다.

깊은 기도는 우리 마음속에서 일어나는 것을 진실하게 아뢰는 기도다. 우리에게는 머리로는 알고 있지만 (주로) 우리가 어찌할 수 없는 무언가가 우리를 일깨울 때만 관심을 기울이는 마음의 깊은 부분이 있다. 깊은 기도는 이런 내면 깊은 곳에서 하는 기도다. 그곳에서 비로소 기도는 진짜가 된다.

많은 아이들에게 사랑을 받는 마저리 윌리엄스의 《헝겊 토끼》(The Velveteen Rabbit)를 보면 '진짜'가 되기 위해서는 생각지 못한 과정이 따라온다는 것을 알 수 있다. 그런데 이 과정은 새로운 것이 되기보다는 닳아지는 것처럼 느껴진다. 하지만 결국 이 사랑의 과정을 통해 새로운 무언가가 이루어진다. 진짜 기도도 이와 마찬가지다. 아이 방에 있던 가죽 말이 옆에 있는 헝겊 토끼에게 이런 말을 한다.

"너는 진짜로 만들어지지 않았어. 진짜는 이제부터 되어 가야 하는 거지. 한 아이가 너를 갖고 놀기만 하지 않고 '진심을 다해' 오래오래 사랑해 주면 너는 진짜가 되는 거야." 가죽 말이 말했다.

그러자 토끼가 물었다. "아프지 않아?"

"가끔은 아프기도 하지. …… 한 번에 되는 건 아니야. 점점 되어 가는 거지. 꽤 시간이 걸려. 그래서 쉽게 부서지거나 모서리가 날카롭거나 지나치게 조심스럽게 다루어야 하는 사람들에게는 그런 일이 잘 일어나지 않아. 보통은 진짜가 되면 사랑의 손길로 머리카락이 거의 벗겨진 상태가 되지. 눈알은 튀어나오고 관절도 느슨해져서 너덜해질 거야. 하지만 그런 건 조금도 중요하지 않아. 진짜가 되면, 그걸 이해하지 못하는 사람들이 아닌 이상 널 볼품없다고 하지 않는단다."[1]

진짜가 되는 것은 혼란스럽고 때로는 아프기도 한 여행이다. 사랑의 손길로 털이 벗겨지고 너덜해지는 과정이다. 하지만 동시에 더 강해지는 과정이기도 하다. 이것이 바로 진짜 기도의 힘이다. 진실로 간구하면 성령이 이미 우리를 기다리고 계심을 발견하게 된다. 성령이 이미 우리 안에서 탄식하시며 그분을 따라 진실 속으로 들어오라고 손짓하고 계심을 발견하게 된다. 성령을 따라 진실 속으로 들어가 그분의 사랑이야말로 우리에게 필요한 것이라는 사실을 발견할 때만 비로소 우리의 기도는 진짜가 된다.

진짜 기도는 '깊은 곳'에서 나오는 기도다. 시편 기자는 하나님이 자신을 잊으신 것만 같은 상황에서 그분께 부르짖는다. "깊은 바다가 서로 부르며"(시 42:7). 우리 대부분은 이 구절이 정확히 무엇을 의미하는지는 알지 못하지만 그래도 공감을 한다. 그렇게 우리의 영혼을 건드린다. 우리의 깊은 부분을 건드리는 것이다. 우리는 우리 내면 깊은 곳의 무언가가 나와 하나님을 만나야 한다는 것을 안다. 그리스도인이 된 지 오래될수록 이것을 더 분명히 깨달으며, 나아가 바라기까지 한다. 하지만 이런 기도로 실제로 들어가게 될지는 확신할 수 없다. 이런 불확실성에도 불구하고 이 기도 여행은 사랑의 여행이다. 오직 사랑만이 우리를 영혼의 깊은 곳으로 이끌어 하나님 앞에 진실하게 서게 할 수 있다. 오직 사랑만이 기도 생활을 진실하게 이어 나가게 한다.

　　하나님은 우리를 깊은 기도 생활로 초대하신다. 결혼생활과 마찬가지로 기도는 적절한 기법이나 적절한 말, 적절한 어조를 배워서 '터득할' 수 있는 것이 아니다. 물론 배우자와 잘 지내기 위해서는 이런 것을 배워야 한다. 하지만 이런 것이 문제를 근본적으로 해결해 주지는 못한다. 우리가 원하는 것과 상대방이 원하는 것 사이의 충돌과 조화를 번갈아 경험하는 과정에서 사랑의 연합을 이룰 때 가정이 자라는 것처럼 기도도 사랑 안에서 자란다. 결혼생활에서 우리는 단순한 '해결책'을 찾는 것이 아니라, 점점 더 깊은 사랑과 연합으로 들어가는 사랑의 여행을 해야 한다. 기도도 마찬가지다.

몸소 기도해 보며 읽는 책

　　두 가지 방식으로 이 책을 읽을 수 있다. 어떤 방식을 선택할지는 각자의 성격과 각자 글을 읽고 이해하는 방식에 따라 달라질 것이다. 우리는 먼저 기도의 본질을 이해하고, 그다음에 이 책을 읽는 이들이 지금까지 어떻게 기도해 왔는지 파악하도록 도와주는 순서로 책을 썼다. 그 뒤에야 실천적인 형태의 기도로 넘어갈 수 있다. 하지만 사람에 따라 실천적인 부분부터 시작해서 본질로 돌아가는 것이 도움이 될 수도 있다. 그런 경우라면 먼저 2부를 읽고 나서 1부로 돌아가 계속해서 전체를 읽기를 바란다. 그렇게 하면 2부를 다시 읽을 때 머릿속에 전체 그림을 그린 상태에서 읽을 수 있다.

　　어떤 방식으로 읽든 기도하면서 읽기를 바란다. 진짜 기도를 할 수 있도록 깊은 곳으로 들어가라는 초대를 받아들이되 이것이 사랑으로의 초대를 받아들이는 것이라는 사실을 기억하라. 우리를 진실로 알고 싶어 하시는 하늘 아버지의 끝없는 사랑 안에서 우리의 기도는 진짜가 된다. 단, 이것은 우리가 받아들여야만 하는 초대다.

　　각 장 끝에 수록한 '하나님께 나아가는 연습'을 꼭 하고 다음 장으로 넘어가기를 바란다. 홀로 조용한 장소를 찾아가 하나님 앞에 잠잠히 서라. 수첩을 준비하거나 각 장에서 성경 한두 구절을 뽑아 기도 연습을 하면 도움이 될 것이다.

　　마지막으로, 우리 두 사람을(존과 카일) 동시에 가리키는 의미로

"우리" 혹은 "나"라는 표현을 자주 사용할 것이다. 우리 둘의 경험이 매우 비슷하기 때문이다. 각 상황에서 가장 자연스러워 보이는 대명사를 사용하도록 하겠다. 하지만 우리 가운데 한 명에게만 해당하는 이야기를 할 때는 "나(존)" 혹은 "나(카일)"라는 표현을 쓸 것이다. 이런 부분이 이 책을 읽는 데 방해가 되지 않기를 바란다.

+ 내 지난 기도 생활을 놓고
하나님께 나아가는 연습

각 장을 마친 뒤에는 이와 같이 연습을 해 볼 것이다. 각 장에서 배운 것을, 당신을 알고 사랑하시는 하나님 앞으로 가져가는 시간을 가지라. 시작하기 전에 마음속에서 일어나는 일을 수첩에 기록하거나 잠시 휴식을 취해도 좋다. 어쨌든 하나님께 나아가는 연습을 의미 있게 하기 위해 적절한 시간과 공간을 마련하라.

신자로 살아온 지난날들을 돌아보라. 지난 신앙생활의 각 시기들을 구체적으로 묘사해 보라. 하나님이 당신을 어떤 시기들로 인도하셨는지 여쭈어 보라. 필요하다면 수첩에 적으라.

열정은 충만했지만 지혜와 끈기는 부족했던 젊음의 시기가 생각나는가? 그리스도인의 삶, 성경, 섬김이 무엇인지 많은 것을 배운 청소년 시기가 생각나는가? 어떤 시기는 이스라엘 백성이 광야를 헤매던 때처럼 하나님이 어디에 계신지 몰라 혼란스럽고 메마른 듯 느껴질 수 있다. 당신 삶에서 어떤 시기들이 보이든 기도 가운데 그때를 차례로 돌아보라.

각 시기를 놓고 이렇게 기도하라. "아버지, 이때 저와 어떻게 함께해 주셨습니까? 이때 제가 드린 기도가 어땠습니까? 제가 솔직한 기도를 드렸습니까? 마치 공연을 하듯 기도했습니까? 주님이 어디에 계신지 몰라 혼란스러워할 뿐, 그 답답한 심정을 주님 앞에 쏟아 내기를 주님이 기다리신다는 생각은 하지 않았습니까? 제가 외로움이나 슬픔, 무기력을 느끼기만 할 뿐 그것을 주님께 아뢸 생각은 하지 않았습니까?"

기쁨의 시절이나 슬픔의 시절에 하나님을 의지하기 위해 어떻게 해야 했을까? 기도를 상황을 통제하는 도구로 사용하고 싶었는가? 어떤 경험을 했든 그 경험이 당신의 기도 생활을 어떻게 만들었는지 보게 해 달라고 하나님께 요청하라. 기도가 더 이상 혼란스럽지 않고 분명해지기를 원하는가? 각 시기에 기도 생활이 어떠했는지 하나님께 아뢰고 그분이 그 경험을 통해 무엇을 가르쳐 주시는지 귀를 기울이라.

기도, 어느 순간

허공을

치는

혼잣말이 되다

Part 1

우리의 기도가

외롭고

따분해진 이유

기도하다
딴생각으로 흐르는 것은
'죄'라 생각했다

자신이 기도를 제대로 못한다고 생각해 본 적 있는가? 기도에 관해 다른 사람들은 알고 있는 것을 나만 모르는 게 아닌가 하는 생각을 해 본 적 있는가? 더 열심히 기도하겠다고 하나님께 약속했지만 뜻대로 되지 않은 경험이 있는가?

당신만 그런 것이 아니다.

어떤 사람들은 기도하기 위해 태어난 것처럼 보인다. 기도하고 간구하고 찬양할 기회만 생기면 얼굴이 환하게 빛난다. 반면, 어떤 이들에게는 기도가 고역이다. 그들에게는 기도가 한 번도 쉬운 적이 없다. 하나님과의 대화는 신앙생활에서 주변부로 밀려난 지 오래다(혹은 기도를 아예 손에서 놓았다. 기도는 그것이 '자연스러운' 소수만을 위한 것일 뿐이라고 생각한다).

문제는, 어떤 식으로 기도해야 하는지 우리가 안다고 생각하는 것이다. 거기다가 기도에 관한 설교도 듣고, 책도 읽고, 다른 사람들의 말도 많이 듣는다. 그리고 그렇게 아는 대로 기도하지 못할 때마다 죄책감에 휩싸이고 기도 생활이 흔들린다.

우리는 기도는 반드시 해야 하는 것이라는 사실을 알고 있고, 순종의 행위로 기도를 한다. 하지만 기도가 얼마나 힘든지는 솔직히 털어놓지 않는다. 언제부턴가 기도가 우리가 원하는 대로, 혹은 우리가 옳다고 생각하는 대로 되지 않고 있다. 그런데도 우리는 이 문제를 솔직하게 직시하지 않는다. 기도가 이상으로서는 좋게 들리지만, 실제로는 부담스럽고 혼란스럽게 느껴진다는 사실을 외면한다.

기도가 생명력을 잃는 지름길

대학에서 성경을 공부하던 시절 나는(카일) 한 가지 불편한 사실을 발견했다. 성경 지식은 나날이 쌓여 가는데 기도 생활은 그에 맞춰 성장하지 않았다. 사역자의 길에 들어선 뒤에도, '영적 리더'라는 말을 듣기 시작한 뒤에도, 내 기도 생활은 여전히 외롭고 혼란스럽기만 했다. 성경과 씨름하는 일이라면 자신이 있었다. 또한 성경과 씨름을 하면 성취감과 뿌듯함을 느낄 수 있었다. 성경을 읽고 묵상하는 일은 나름 썩 잘했다. 하지만 기도 시간은 좀처럼 의미 있게 느껴지지 않았다. 기도가 마치 허공을 향해 외치는 것처럼 느껴질 때가 많았다. 마치 내 기도가 기숙사 천장에 부딪혔다가 다시 사방 벽으로 튀는 것처럼 느껴졌다.

돌이켜 보면 기도가 하나님께 말하는 것보다 내게 말하는 것처럼 느껴졌다. 기도하다 깜박 잠이 들면 깨어 있지 못했다는 사실에 죄책감을 느꼈다. 그러면 기도를 잘하지 못한 것에 용서를 구하고 나서 더 정신을 차려서 더 오래 기도하려고 애를 썼다. 졸지 않을 때는 내 마음이 이리저리로 방황을 했다. 그러면 다시 기도는 죄책감을 다루는 시간이 되었다. '나는 왜 이토록 기도를 못할까?' 이 질문이 나를 괴롭혔다.

급기야 내가 기도와 맞지 않는 것은 아닌가 하는 생각이 들기 시작했다. '나는 계속해서 성경이나 공부하고 기도는 전문가에게 맡겨야 하는 것 아닌가?' 기도할 때면 나 자신의 온갖 마음에 들지 않는 점만 눈에 들어왔다. 그보다는 내가 성장하는 것처럼 느끼게 해 주는 것들에 초점을 맞추는 편이 훨씬 쉬웠다. 내게는 성경 공부가 그런 것이었다. 하지만 무엇이든 우리가 신앙생활을 '잘하고' 있다고 느끼게 해 주는 것이 다 그런 것들이다.

신학교에 간 뒤에야 기도에 접근하는 내 방식에 근본적인 문제가 있음을 발견했다. 이 책을 함께 쓴 내 은사 존 코 교수님의 말에 내 마음 깊은 곳이 움직였다.

"기도는 잘해야 하는 것이 아니라 솔직해야 하는 것입니다."

그전까지 기도를 잘하려는 노력이 내 신앙생활에서 큰 부분을 차지했다. 내게 기도는 하나님 앞에 서서 공연을 하는 것이었고, 나는 매번 참담하게 실패했다. 그것은 마치 표가 절찬리에 매진된 스타디움에서 그랜드피아노 앞에 앉아 연주를 해야 하는데 피아노를 칠 줄 모르는 상황에 처한 꿈과도 같았다. 하지만 내 문제는 단순히 기도하는 법을 모르는 것보다 더 깊이 들어갔다. 나는 하나님 앞에서 내 가치를 증명해 보이는 것이 그분이 원하시는 것이라고 생각해 결국 기도를 그만두었다. 이것이야말로 기도가 죽는 지름길이다.

내 기도 생활을 되살리기 위해서는 내가 성부의 존전에서 기도할 수 있도록 그리스도와 성령이 자리를 만들어 주셨다는 점을 이해해야 했다. 그리스도와 성령이 나를 그분의 것으로 부르셨다. 그래서 겟세마네 동산의 예수님 혹은 내 마음속의 성령처럼 나는 나를 알고 보고 이해하시는 하나님께 나를 솔직히 드러내며 기도할 수 있다. 그러므로,

- 기도는 잘해야 하는 것이 아니라, 솔직하게 해야 하는 것이다.
- 기도는 공연하는 것이 아니라, 그분께 나아가는 것이다.
- 기도는 옳게 하는 것이 아니라, 솔직히 드러내는 것이다.
- 기도는 내 가치를 증명하기 위한 것이 아니라, 그분께 가치를 받고 나를 진실하게 드리는 것이다.

방황하는 마음은 내 생명력 없는 기도를 죽이는 데 도움이 되었다. 덕분에 내 마음이 실제로 어디에 있고, 내 보물이 실제로 무엇인지 알았다. 성령을 떠나서는 내가 기도하지 않게 된다는 사실, 아니 기도할 수 없다는 사실을 깨달았다. 하지만 내가 숨어 있던 곳에서 나와 내 경험의 실체를 마주하기 전까지는 이 사실을 볼 수 없었다. 안타깝게도 이런 것을 '배운' 적이 있는 사람은 거의 없다. 우리

대부분은 하나님이 원하시는 기도가 '정확한' 기도, '잘한' 기도라고
생각한다. 대놓고 이렇게 가르치는 사람은 없는데도 우리는 어디선
가 이런 관념을 배운다. 하지만 이런 식의 기도는 공연이다. 하나님
이 아닌 박수와 인정을 찾는 공연.

딴생각, 내 마음의 진짜 보물을 말하다

   신학교에 다니던 시절 어느 날 저녁, 친구들과 함께 한 교수님
댁을 찾아갔다. 그 교수님은 자신이 무엇을 가장 싫어하는지 이야
기했는데, 바로 사람들이 삼위 중 엉뚱한 분께 기도하는 것이었다.
예를 들어, 성부께서 자기 죄를 위해 돌아가셨다고 감사하는 것이
그런 경우다. 교수님은 한참 열변을 토하더니 우리에게 마무리 기
도를 하라고 했다. 물론 아무도 나서지 않았다. 그리고 1-2분 뒤에
모두가 서로를 보며 한바탕 웃었다. 우리는 기도를 옳게 하고 잘해
야 한다는 생각이 몹시 컸으므로, 하나같이 이런 상황에서는 기도하
고 싶어 하지 않았다.
   실제 기도에 해로울 정도로 옳은 기도에 집착하기가 너무도 쉽
다. 다시 말하지만 이것은 기도가 죽는 지름길이다. 기도를 '옳게 하
는 것'에 초점을 맞추면 실제로는 기도를 하지 않게 된다. 기도가 공
연이 되면 우리가 얼마나 잘 깨어 있었는지, 우리의 마음이 얼마나

집중했는지, 기도해야 할 항목을 하나도 놓치지 않고 했는지에 따라 판단을 하게 된다. 우리 마음속에 있는 것을 아뢰는 것이 아니라, 하나님이 원하신다고 생각하는 것에 관해 기도하면 점점 기도를 하지 않게 된다. 설혹 기도를 하더라도 그것은 진짜 기도가 아니다.

우리가 진실하게 기도하지 않으면 우리의 마음은 그것을 알며, 깔끔하기는 하지만 실상은 거짓된 기도에 신물을 느끼게 된다. 허버트 맥케이브는 이렇게 말했다. "사람들은 흔히 기도 중에 '딴생각'이 든다고 불평한다. 그들의 마음은 다른 것들을 향해 방황한다. 이런 상황은 십중팔구 자신이 정말로 원하지 않는 것을 위해 기도할 때 일어난다. 단순히 그것이 옳고 훌륭하고 '종교적'이어서 기도하는 것일 때 그런 상황이 일어난다."[1]

기도가 일종의 공연이 되면 마음의 방황 같은 경험을 실패로 해석하기 쉽다. 우리 대부분은 이것을 '제대로 하지 않은 것'으로 해석한다. 그러면 자연스럽게 우리는 더 열심히 하거나 반대로 아예 포기하게 된다. 하지만 맥케이브는 훨씬 더 깊은 곳, 깊은 기도가 시작되는 곳을 가리킨다. 우리 안에 하나님의 영이 계시므로, 우리는 우리 마음이 방황하는 것을 '훈련되지 않은 지성의 무작위적인 행위'로 보아서는 안 된다. 예수님은 우리 마음이 방황하는 이유를 말씀하셨다. "네 보물 있는 그곳에는 네 마음도 있느니라"(마 6:21).

기도 가운데 하나님의 존전으로 나아갈 때 우리는 우리 마음 깊은 곳에 계신 성령과 함께 나아간다. 따라서 우리 마음속의 진실이 표면 위로 떠오르는 것은 전혀 이상한 일이 아니다. 맥케이브에 따르면, 우리의 마음은 우리가 진정으로 바라는 것을 말해 주며, 성령은 그 갈망을 깨워 진실하게 기도하게 만든다. 우리의 마음이 재정이나 직업, 직업적 필요, 배우자 자체, 배우자에 대한 바람, 걱정 등으로 흐른다면 그것들이 우리 마음의 "보물"이다. 하나님 앞에서 이런 갈망이 수면 위로 떠오른다. 하나님은 마음을 아시며, 그분께 '우리를 살펴 달라고' 요청하면 우리의 마음이 그분 앞으로 가져갈 깊은 바람을 드러낸다(시 139:23-24).

따라서 방황하는 마음을 기도가 실패한 결과로 보지 말고, 우리 영혼의 깊은 갈망을 올려 드리며 기도할 기회로 보아야 한다. 마음이 이리저리 방황하는 것은 선물이다. 그때 하나님은 우리 마음의 보화를 보여 주신다. 우리는 이 갈망을 하나님 앞으로 가져가야 한다. 하나님은 은혜와 자비를 필요로 하는 자로서 진실하게 다가오는 자들을 만나 주신다.

하지만 반대로 하라는 유혹이 강하다. 기도 중에 우리 마음이 방황하면 우리는 기도를 멈추고 자신에게 말을 건네려 한다. 이런 자기대화(self-talk)는 기도에 '멈춤 버튼'을 누르는 것과 같다. 하나님을 잠시 세워 놓고 기도에 더 집중하도록 자신을 설득시키려는 것이다. 때로는 기도를 제대로 못한 것을 두고 자신을 질책하고, 때로는 자신에게 집중하지 못한 이유를 추궁한다. 이외에도 자기대화는 여러 형태로 나타날 수 있다.

우리가 드린 많은 '기도' 가운데 무엇이 잘못되었고, 우리 마음이 어디로 방황했고, 하나님과의 관계가 얼마나 엉망이 되었는지 '자신'에게 이야기하는 것이 될 수 있다. 그런 순간, 우리는 이런 것이 하나님이 듣기 원하시는 것이 아니라고 생각해 그분과의 대화를 멈춘다. 이런 것은 '우리의' 문제라고 생각한다. '우리의' 마음이 우상, 걱정, 다른 사랑을 향해 방황하고 있다고 생각한다. 대개 내 마음은 내가 통제할 수 있는 것들 쪽으로 방황한다. 이를테면 일정, 일, 집과 관련해서 내가 하고 싶은 것들이다. 이런 것들은 내가 통제할 수 있는 것처럼 느껴진다. 또한 내가 잘 살고 있는 것처럼 느끼게 만든다. 그런데 하나님의 임재는 내가 아무것도 통제할 수 없는 것처럼 느끼게 만들고, 또한 죄책감을 느끼게 만들 때가 많다.

우리는 이렇게 기도해야 한다. "하나님, 이것을 보옵소서. 주님 앞에서 제 마음이 어떤 방향으로 흐르는지 보옵소서. 하나님, 마음 깊은 곳에서 저는 제 두려움과 걱정을 진정시킬 통제력을 원하고 있습니다. 하나님, 이런 것을 주님께 맡기게 도와주옵소서. 주님을 믿습니다. 불신에 빠진 제가 제 삶이 제 손이 아닌 주님의 손안에 안전하게 놓여 있음을 진정으로 알게 해 주옵소서."

우리는 기도라는 이름으로 자신을 질책하는 대신, 마음의 방황을 하나님과 함께할 기회로 삼을 수 있다. 우리 삶을 스스로 바로잡으려고 애쓰지 말아야 한다. 혹은 하나님께 올바로 기도하라고 자신을 격려하거나 질책하지 말아야 한다. 이것은 기도의 본질이 아니며, 이런 자기대화에는 희망이 없다. 내면 깊은 곳에 있는 것들을 하나님 앞으로 가져가지 않고 죄책감이나 걱정, 두려움, 수치심 속에서 자신과 씨름하면 기도는 지루하고 생명력 없는 것으로 변질된다. 이것이 우리가 기도를 그만두는 이유다!

속마음 말하는 법 배우기

기도한다면서 내가 실제로는 무엇을 하고 있었는지 깨닫고, 내 기도의 많은 부분이 나 자신, 내 죄책감과 씨름하는 것에 불과했음을 보고 나서야 마침내 기도에 관한 복음을 받아들일 수 있게 되었다. 신자로서의 삶에 완전히 실패한 것처럼 느껴지던 자리에서, 하나님은 죄와 실패와 숨어 있기(hiding)에 대한 내 교묘한 전략들을 드러내 주셨다. 내 마음을 하나님께 쏟아 내자 그분의 사랑을 완전히 새롭게 경험하게 되었다. 하나님이 내 마음 깊은 곳에 있는 (주로 창피한) 것들에 관심을 갖고 계시다는 사실을 내가 전혀 믿지 못하고 있었음을 깨닫게 되었다. 언제부터인가 나는 하나님이 '좋고, 종교적이고, 깨끗하고, 도덕적이고, 말끔하게 정돈된 것들'에만 관심이 있으시다는 착각에 빠져 있었다. 그래서 나는 기도를 깔끔하게 '잘하고' 싶었다.

하나님이 진실보다는 잘 정돈된 것들에만 관심이 있으시다는 거짓을 믿고, 그런 잘못된 관념에 따라 기도하는 사람이 너무도 많다. 하지만 사실 하나님은 우리가 실패하고, 또 죄를 짓는다 해도 여전히 우리를 사랑하신다(롬 5:8). 하나님은 우리가 죄짓거나 실패하는 것을 두려워하시지 않는다. 우리만 두려워할 뿐이요, 나아가 이 두려움이 걸림돌이 되어 마음속 깊은 곳에 자리한 고통과 죄를 하나님께 털어놓지 않는다. 이러면서 결국 기도의 열정이 서서히 줄어든다.

예수님이 우물가에서 여인과 대화하실 때, 여인은 사회적·종교적 관심에 관해 이야기하려고 했지만 예수님은 그녀의 문란한 성생활을 다루셨다(요 4:1-26). 이렇듯 기도는 진실로의 초대다. 우리 마음속의 진정한 갈망을 털어놓으라는 초대다. 예수님의 말씀을 들어 보자.

> 두 사람이 기도하러 성전에 올라가니 하나는 바리새인이요 하나는
> 세리라 바리새인은 서서 따로 기도하여 이르되 하나님이여 나는
> 다른 사람들 곧 토색, 불의, 간음을 하는 자들과 같지 아니하고
> 이 세리와도 같지 아니함을 감사하나이다 나는 이레에 두 번씩
> 금식하고 또 소득의 십일조를 드리나이다 하고 세리는 멀리 서서
> 감히 눈을 들어 하늘을 쳐다보지도 못하고 다만 가슴을 치며 이르되
> 하나님이여 불쌍히 여기소서 나는 죄인이로소이다 하였느니라 내가
> 너희에게 이르노니 이에 저 바리새인이 아니고 이 사람이 의롭다
> 하심을 받고 그의 집으로 내려갔느니라 무릇 자기를 높이는 자는

낮아지고 자기를 낮추는 자는 높아지리라 하시니라(눅 18:10-14).

세리는 진실하게 기도했다. 하나님께 자신의 마음을 열어 보이고, 하나님의 자비에 자신을 맡겼다. 세리는 마음 깊은 곳의 근심과 두려움을 하나님의 존전으로 나아갈 이유로 삼았다. 반면, 바리새인은 마음속 지저분한 것들에 거리를 두고, 기도를 깔끔하게 유지하기 위해 자신의 종교 생활을 이용했다.

이는 우리의 기도 생활에 관한 몇 가지 물음을 낳는다. 우리는 '마음에서 진정으로 바라는 것들'을 기도하는가, 아니면 '마땅히 바라야 할 것들'을 나열하는 것에 불과한가? 기도해야 할 것과 기도하지 말아야 할 것에 관한 기준은 도대체 어디에서 배운 것인가? 그런 관념은 어디에서 온 것인가?

잠시 하나님께 묻는 시간을 가지라. 죄를 깨끗이 씻어 내야 하나님이 기도를 받아 주신다고 믿는 그리스도인이 너무도 많다. 그래서 그들이 죄에 관해 기도할 때는 회개하고 용서를 구할 때뿐이다. 만일 당신이 이렇다면 마음 깊은 곳에 있는 죄의 욕구를 하나님 앞에 내려놓으면 어떨까? 이렇게 기도해 보라. "하나님, 제가 돈과 이 세상의 안위를 얼마나 원하는지 보옵소서. 아버지, 오늘 제가 아내에게 화를 냈을 때 무엇이 저를 그렇게 만들었습니까? 왜 저는 삶을 제 힘으로 통제하고 제 뜻대로 살려고 할까요? 하나님, 제가 분노와 정욕, 질투에 빠진 순간에도 저와 함께해 주옵소서. 이런 죄 가운데서도 저를 사랑하시고, 제가 이런 죄를 주님 앞에 고백하도록 도 와주옵소서."

하나님이 우리의 죄와 실패에 관해 듣기 싫어하신다고 생각하면 그런 진실을 혼자만 간직하게 된다. 하지만 우리는 그런 죄를 감당할 수 없다. 그것을 하나님 앞으로 가져가야 한다. 기도할 때마다 우리의 마음이 '하나님께 그런 사소한 일을 부탁하다니!' 혹은 '오늘 너는 엉망이야. 똑바로 행동해!'라고 말한다면 그런 것을 하나님 앞으로 가져가는 법을 배워야 한다.

하나님이 그런 종류의 기도들을 들으실 수 있다고 믿는가? 그리스도의 영은 우리의 모든 문제를 아시며 그것을 고백하라고 부르신다. "수고하고 무거운 짐 진 자들아 다 내게로 오라 내가 너희를 쉬게 하리라 나는 마음이 온유하고 겸손하니 나의 멍에를 메고 내게 배우라 그리하면 너희 마음이 쉼을 얻으리니 이는 내 멍에는 쉽고 내 짐은 가벼움이라"(마 11:28-30).

무너진 마음의 기도

우리의 기도 생활이 어떻게 바뀌어 왔는지를 돌아보고서야, 우리가 하나님 앞에서 신앙생활을 잘하지 못한다고 느낄 때 기도를 피한다는 사실을 깨달았다. 특정한 죄와 씨름하고 있을 때는 그 죄를 하나님 앞에 가져가기 '전에' 먼저 행동을 바로잡는 데만 초점을 맞추었다. 더 정확하게는, 죄에 관해 하나님과 대화하기 전에 먼저 스스로 죄를 처리하려고 애를 썼다. 스스로 신앙생활을 잘하고 있을 때만 하나님께 다가가려고 했다. 약한 순간에도 하나님께 나아가 우리의 감정을 아뢰고 우리의 마음을 열어 보일 생각은 하지 못했다.

진실하게 다가가 하나님과 함께하기보다 우리의 죄 그리고 그분과의 관계를 관리하려고 노력했다. 성전의 바리새인처럼 기도를 우리의 선함을 나열할 기회로 사용했고, 그럴 수 없을 때는 그냥 기도를 피했다. 그러다 보니 기도는 생명수를 얻는 가벼운 멍에가 아닌 무거운 짐이 되었다.

첫 무화과 나뭇잎 옷을 입고 하나님을 피해 수풀 뒤에 숨었던 아담과 하와처럼 우리의 신앙생활은 하나님과 함께하는 것이 아니라 그분을 관리하는 것으로 변질되었다. 우리는 그리스도 예수 없이는 아무것도 할 수 없는데도(요 15:5) 언제부터인가 그분이 원하는 것은 오직 옳은 행동뿐이라고 믿기 시작했다. 우리가 얼마나 잘했는지 그분께 보여 주어야 한다고 생각했다. 그분이 십자가에서 "다 이루었다"고 부르짖으셨건만 그것의 진짜 의미는 선해지라는 것이라고 생각했다. 그리스도가 자기 죄를 대속하셨다고 믿으면서도 여전히 기도 중에는 하나님의 진노를 누그러뜨리기 위해 스스로 죄를 대속하려고 자신을 괴롭히는 그리스도인이 너무도 많다.

하지만 대속은 우리의 일이 아니라 그리스도의 일이다. 더 좋은 길이 있다. 더 깊은 길이 있다. 그 길은 기도, 진실, 사랑 안에서 사는 깊은 삶이다.

　기도 중에 이리저리 방황하는 마음은, 하나님이 이미 보고 아시는 우리 안의 깊은 진실을 드러낸다는 점에서 선물이다. 하나님께 있는 그대로 자신을 진실하게 드러내도 된다. 하나님은 인자와 긍휼이 변함없으신 분이기 때문이다. 기도의 목표는 다른 곳으로 흐르는 마음을 통제하거나 잠재우는 것이 아니다. 기도의 목표는 진실한 모습으로 하나님과 함께하는 것이다. 기도는 우리를 아시는 하나님이 받으시도록 우리를 드리는 것이다.

+ 마음이 이리저리 방황할 때
하나님께 나아가는 연습

잠시 시간을 내 하나님 앞에 앉으라. 하나님이 하나님이시고, 당신은
하나님이 아니며, 그분은 모든 것을 알고 보신다는 사실을 인정하고
고백하라. 그분과 함께하고 싶다고 말하라. 다음 시편에 기록된 다윗의
기도문으로 기도하면서 당신의 마음속에서 어떤 일이 일어나는지 주의
깊게 살피라.

내가 여호와께 바라는 한 가지 일 그것을 구하리니 곧 내가 내 평생에
여호와의 집에 살면서 여호와의 아름다움을 바라보며 그의 성전에서
사모하는 그것이라 여호와께서 환난 날에 나를 그의 초막 속에 비밀히
지키시고 그의 장막 은밀한 곳에 나를 숨기시며 높은 바위 위에
두시리로다(시 27:4-5).

자신을 하나님께 드리라.

하나님께 마음을 열면서 자신을 유심히 살피라(골 4:2). 당신의 마음이 무엇을 하고 있는가? 하나님과 함께하는 것에만 집중할 수 있는가? 그렇다면 하나님께 찬양과 감사를 드리라. 혹 마음이 이리저리로 방황하기 시작한다면 애써 거부하거나 통제하려고 하지 말라. 먼저, 그것들을 하나님께 아뢰라. 마음속의 모든 것을 고백하라. 하나님은 그 모든 것을 보시며, 진실이 무엇인지 우리보다도 더 분명하게 아신다.

둘째, 하나님께 이렇게 물으라. "하나님, 제 마음속에 있는 이 바람은 무엇입니까? 제 마음이 주님과 함께 있는 것보다 무엇을 더 소중히 여기고 있습니까?" 하나님 앞에서 자신의 마음을 살필 때 진실을 두려워하지 말라. 마음이 걱정거리나 주중에 해야 하는 일정 생각에 사로잡힌다면 그 이유를 하나님께 솔직히 고백하라. 하나님의 임재 안에서는 통제력을 상실한 기분이 들어서 당신이 통제할 수 있는 것을 자꾸 생각하게 되는가? 기도가 비생산적인 것처럼 느껴져서 자꾸만 생산적인 것으로 관심이 가는가? 이런 문제를 하나님께 아뢰라.

당신의 영혼이 깊이 사랑하는 것들을 똑바로 마주하고 그것들을 하나님 앞으로 가져가라. 그것들을 손에 올려 하나님께 드리는 상상을 하라. 하나님이 그것들을 기꺼이 받아 주신다는 사실을 알라. 그리스도가 바로 당신의 죄를 위해 죽으셨다는 사실을 알라(롬 5:8). 예수 그리스도 안에 있는 자들에게는 정죄함이 없다는 사실을 알라(롬 8:1). 무너짐의 한복판에서 하나님의 선하심을 기억하라. 당신 마음의 보물을 밝혀 주시고 지혜로 인도해 달라고 하나님께 요청하라.

CHAPTER 2

내 기도가
'하나님을 회피하는 수단'일 리
없다 생각했다

내가 (카일) 대여섯 살 때 일이다. 어머니께 이렇게 물었다. "엄마, 예수님은 원수를 사랑하고 원수를 위해 기도하라고 하시는데, 그렇다면 사탄을 위해서도 기도해야 하나요?" 불쌍한 어머니는 어떻게 답해야 할지 몰라 그냥 사탄에 관한 기도는 신경 쓰지 않아도 된다고 얼버무리셨다. 그 순간 내 마음속에 찾아들었던 긴장과 걱정이 지금도 생생하다.

그 일이 있기 전 누군가가 내게 마태복음 5장 44-45절을 읽어 주었다. "나는 너희에게 이르노니 너희 원수를 사랑하며 너희를 박해하는 자를 위하여 기도하라 이같이 한즉 하늘에 계신 너희 아버지의 아들이 되리니."

이 구절을 듣고는 똑바로 기도하지 않으면 하늘 아버지의 자녀가 되지 못할까 봐 너무 걱정이 되었다. 이 문제를 하나님께 물을 수는 없었다. 내가 '옳은 종류의 것들'(이것들을 알아내려고 애를 썼다)에 대해 기도할 때만 하나님이 들으신다고 생각했기 때문이다. 나는 기도가 원하는 것을 얻으려고 옳은 것을 하는 것이 아니라, 그냥 하나님과 함께하는 것이라는 점을 이해하지 못했다. 물론 어린아이이니 그럴 수 있다. 하지만 안타깝게도 나이가 들어도 내 기도는 성숙해지지 않았다.

아담은 처음 죄를 지은 뒤 하나님과 함께하지 않았고, 그분을 관리하고 통제하려고 했다(창 3:9-12). 나중에 하나님은 사람들이 그분과 함께할 수 있도록 성전과 제사를 주셨다. 하지만 그들은 그것들을 그런 식으로 사용하지 않고 하나님을 통제하기 위한 수단으로 사용하려고 했다.

지금까지도 계속해서 인간의 마음은 이런 유혹에 빠지고 있다. 아마도 그리스도인으로서 받아들이기 가장 힘든 현실은 우리의 신앙생활이 오히려 반역의 중심지라는 사실이다. 신앙생활 중에 죄가 나타난다. 이것이 에덴동산과 성전이 둘 다 하나님과 함께하는 것이 아니라 하나님을 관리하기 위한 장소로 전락한 이유다. 이것이 예수님이 바리새인들을 호되게 꾸짖은 반면, 자신의 망가짐과 죄를 아는 이들에게는 훨씬 인자하게 다가가신 이유다. 그들은 자신의 죄와 망가짐을 솔직히 고백하고 하나님께 도움을 구했다. 하지만 우리는 우리의 영적 활동이 깨끗하기만 하다고 착각한다. 우리가 하나님을 통제하기 위해 영적 활동을 사용할 수 있다는 점을 깨닫지 못한다.

내 기도가 미성숙했을 때 나는 내 죄와 망가짐 속에 임하는 하나님의 임재를 좋은 소식으로 보지 않았다. 나는 마치 벌을 앞둔 아이와도 같았다. 도망치든지, 아니면 기도하기 전에 무엇이라도 좋은 일을 해야 할 것만 같았다. 나는 기도에 관한 복음을 전혀 이해하지 못했다. 그래서 내 기도는 하나님을 피하는 시간이나 하나님을 통제하려는 시도로 변질되었다. 기도가 선물이라는 점을 이해하려면 하나님의 용서와 사랑을 받아들여야 한다. 하나님이 망가짐, 반역, 죄 가운데 있는 우리를 복음과 함께 맞아 주신다는 사실을 알아야 한다.

그리스도 안에서 나를 볼 때

기도 생활은 신자의 삶의 축소판라고 할 수 있다. 기도하는 모습을 보면 우리가 하나님과 함께하는 삶을 어떻게 생각하는지 알 수 있다. 그래서 지금까지 기도에 우리가 어떻게 접근했는지 돌아보는 것이 중요하다. 그렇게 하면 우리가 미처 몰랐던 하나님에 관한 우리의 생각을 발견할 수 있다.

신자로 사는 삶의 핵심이 선해지는 것이라고 생각하면 우리의 기도는 선해지려고 애쓰는 시간(혹은 하나님께 선해 보이려고 애쓰는 시간)이 된다. 그러면 다른 사람들을 위해서만 기도하게 될 수 있다. 그렇게 기도를 마치면 그리스도인답게 굴었다는 뿌듯함이 밀려오기 때문이다. 혹은 마음이 이리저리 방황하거나 조는 것과 같은 창피한 일이 발생할 소지를 아예 없애기 위해 짧은 기도만 하게 될 수도 있다.

그런가 하면 신자의 삶이란 주로 하나님에 관한 참된 것들을 아는 것이라고 생각할 수 있다. 그럴 경우, 기도는 옳은 신념을 표현하는 시간이 된다. 하나님에 관한 진리를 나열하는 데만 초점을 맞추고 우리 마음의 진실은 혼란스럽고 비생산적으로 느껴지기 때문에 피하게 된다. 하나님께 진리를 선포하는 식으로 기도하게 된다. 그렇게 하면 하나님의 인정을 받을 수 있다고 생각하기 때문이다.

하지만 신자의 삶의 핵심은 착하게 살거나 혹은 참된 것들을 아는 것이 아니다(물론 이런 것들도 포함하지만). 핵심은 '그리스도 안에 거하는 것'이다. 그래서 성부 하나님의 생명에 참여하는 동시에 '우리의' 삶을 하나님께 아뢰는 것이다. 따라서 우리의 신앙생활, 예배, 심지어 섬김까지 모든 것이 하나님을 피하기 위한 수단으로 사용될 위험이 있음을 인식해야 한다.

신자의 삶의 축소판인 기도 생활은 우리의 구원에 관한 복음에서 자연스럽게 흘러나와야 한다. 기도는 내 힘으로 쥐어짜 내는 것이 아니라 은혜로 말미암아 들어가는 것이다. 우리의 대제사장이신 성자께서 "항상 살아 계셔서 그들(우리)을 위하여 간구하"신다(히 7:25). 우리는 제대로 기도하는 법을 모르기 때문에 성령이 우리를 위해 기도해 주신다(롬 8:26). "이제 그리스도 예수 안에 있는 자에게는 결코 정죄함이 없"다(롬 8:1). 이런 사실을 믿을 때 우리는 예수 그리스도를 통해 용서와 구속을 받고 하나님과 화해한 자로서, 숨어 있던 곳에서 나와 마음속의 진실을 솔직히 털어놓는 기도를 할 수 있다.

우리는 말 그대로 그리스도의 이름으로 기도한다. 우리의 이름이 아닌 예수님의 이름으로 기도한다. 기도를 이해하려면 먼저 우리 마음이, 우리가 그리스도 안에서 성령을 통해 하나님께 어떤 존재인지 말해 주는 복음으로 향해야 한다.

이는 기도가 우리의 믿음을 확인하는 첫 번째 시험대라는 뜻이다. 하나님이 우리를 용서하시는 분이라고 믿는다면 숨어 있던 곳에서 나와 하나님께 자신의 가장 큰 죄를 고백하게 되어 있다. 하나님이 모든 것을 보시는 분이라고 믿는다면 우리 마음속에 숨은 모든 것을 그분께 아뢸 수밖에 없다.

우리가 다음과 같은 성경의 선포를 믿는지가 기도에서 드러난다. "내가 확신하노니 사망이나 생명이나 천사들이나 권세자들이나 현재 일이나 장래 일이나 능력이나 높음이나 깊음이나 다른 어떤 피조물이라도 우리를 우리 주 그리스도 예수 안에 있는 하나님의 사랑에서 *끊을 수 없으리라*"(롬 8:38-39). 용서하시는 하나님께 우리 삶을 기도로 열어 보이느냐에 따라 우리의 믿음이 진짜인지가 판가름 난다.

"하나님, 저를 용서해 주옵소서. 하나님, 이 일로 인해 저를 멀리하시지 마옵소서."

이런 진리를 외우기만 하지 말고 실천해야 한다. 그리스도 안에서 자신의 죄를 보고 그분이 이미 그 죄를 용서하셨다는 사실을 믿을 때만 우리는 숨어 있던 곳에서 나와 진실한 기도를 드릴 수 있다.

복음을 제대로 알면 기도가 살아난다

우리가 구원으로 받는 모든 은택 가운데 '기도에 관한 복음'으로서 살펴보고 싶은 두 가지가 있다. 첫째, 우리는 하늘 아버지의 자녀로 입양을 받는다. 둘째, 우리는 하나님께 나아갈 수 있다. 우리는 이 진리를 머리로만 수긍하는 차원에서 벗어나 이 진리에 따라 빚어져야 한다. 이 진리가 하늘 아버지와 함께하는 삶을 변화시켜야 한다. 이 진리를 통해 은혜, 사랑, 교제의 삶이 뜻하는 참의미를 이해할 수 있어야 한다. 복음에 마음을 열면 모든 죄를 용서받은 자로서 기도할 수 있다.

복음은 우리의 기도를 어떻게 만들어 가는가? 복음은 우리가 진실한 기도를 드릴 수 있게 한다. 우리의 가장 추악한 생각과 감정을 하늘 아버지께 털어놓는 것은 그분의 용서를 진정으로 믿고 실제로 그 믿음으로 행하는 것이다. 마음속에 분노가 들끓고 있다면 분노를 안은 채 하나님께로 나아가 마음속 분노를 꺼내 놓으라. 마음속에 정욕이 들끓고 있다면 정욕을 품은 채로 하나님의 임재, 자비, 치유의 능력을 구하라.

당신이 원하는 삶을 얻기 위해 하나님을 이용하려 하고, 기도 생활이 하나님과 함께하는 시간이 아니라 그분을 이용하려는 시도로 전락했다면 그 사실을 그분께 솔직히 아뢰라. 그분은 이미 아신다. 당신이 하나님의 임재를 원치 않는다는 사실을 깨달았다면 그 사실을 그분께 아뢰고 불신 가운데서도 그분을 찾으라. 우리를 입양해 주심을 믿고, 예수님만이 유일한 소망임을 아는 자녀로서 하나님께 나아가야 한다. 우리가 선한 행동을 할 때만이 아니라 죄 가운데 있을 때도 하나님이 우리를 보고 사랑하고 용서하신다는 사실을 믿어야 한다.

기도에 관한 복음에서 가장 먼저 주목해야 할 측면은 우리가 하나님의 생명 안으로 입양되었다는 사실이다. 바울은 이렇게 말한다. "때가 차매 하나님이 그 아들을 보내사 여자에게서 나게 하시고 율법 아래에 나게 하신 것은 율법 아래에 있는 자들을 속량하시고 우리로 아들의 명분을 얻게 하려 하심이라 너희가 아들이므로 하나님이 그 아들의 영을 우리 마음 가운데 보내사 아빠 아버지라 부르게 하셨느니라 그러므로 네가 이 후로는 종이 아니요 아들이니 아들이면 하나님으로 말미암아 유업을 받을 자니라"(갈 4:4-7).

우리는 단순히 입양만 된 것이 아니다. 우리는 그리스도와 완벽히 연합했다. 그래서 이제 우리도 그분의 아들과 같은 지위에 있다. 기도할 때 우리는 외인이나 하나님의 생명에서 멀어진 사람의 자격으로 하나님께 나아가지 않는다(엡 2:19). 우리는 "친아버지"께(요 5:18) 기도하시는 분과 함께 기도하기 때문에 주기도문에서 가르치는 것처럼 "우리 아버지"께 기도한다.

기도에 관한 복음의 두 번째 측면은 덜 중요해 보일 수도 있다. 바로 예수님 안에서 우리가 하나님께 나아갈 수 있다는 것이다. 이것은 당연한 일처럼 보이지만 사실은 말할 수 없이 중요하다. 예수님 안에서 이제 우리는 '아버지' 하나님과 함께할 수 있다. 우리는 아버지와 하나이신 분과 하나이기 때문에 아버지께 나아갈 수 있다(요 14:20; 17:22-23). 에베소서 2장에도 이 점이 잘 드러난다.

> 이는 그로 말미암아 우리 둘이 한 성령 안에서 아버지께 나아감을
> 얻게 하려 하심이라 그러므로 이제부터 너희는 외인도 아니요
> 나그네도 아니요 오직 성도들과 동일한 시민이요 하나님의 권속이라
> 너희는 사도들과 선지자들의 터 위에 세우심을 입은 자라 그리스도
> 예수께서 친히 모퉁잇돌이 되셨느니라 그의 안에서 건물마다 서로
> 연결하여 주 안에서 성전이 되어 가고 너희도 성령 안에서 하나님이
> 거하실 처소가 되기 위하여 그리스도 예수 안에서 함께 지어져
> 가느니라(엡 2:18-22).

예수님으로 '말미암아' 우리는 성령 '안에서' 아버지'께' 나아갈 수 있다. 이것이 우리가 성령의 '능력'으로 성자의 이름'으로' 성부'께' 기도하는 이유다. 성부께서는 우리를 성자와 하나이며 그분의 것인 존재로 보시고서 우리의 기도를 들으신다. 그분은 아들을 향한 사랑 안에서 우리를 받아 주신다(요 17:26). 예수님 덕에 우리는 사랑받는 자녀로서 하나님의 존전에 나아간다. 성전이 "기도하는 집"이어야 하는 것처럼 우리의 몸은 진정한 기도가 이루어지는 곳

이어야 한다(마 21:13). 그리스도 안에서 이제 우리는 하나님의 임재를 찾는 기도의 집이다. 히브리서 기자는 다음과 같이 권면한다.

> 그러므로 형제들아 우리가 예수의 피를 힘입어 성소에 들어갈
> 담력을 얻었나니 그 길은 우리를 위하여 휘장 가운데로 열어 놓으신
> 새로운 살 길이요 휘장은 곧 그의 육체니라 또 하나님의 집 다스리는
> 큰 제사장이 계시매 우리가 마음에 뿌림을 받아 악한 양심으로부터
> 벗어나고 몸은 맑은 물로 씻음을 받았으니 참마음과 온전한
> 믿음으로 하나님께 나아가자(히 10:19-22).

성경 곳곳에서 하나님이 성전에서 그분의 백성과 함께 거하신다고 말한다. 성전은 사람들에게 서로 어긋나는 두 가지 사실을 상기시켜 주는 곳이었다. 첫째, 하나님이 그들과 함께 계셨다. 둘째, 그들은 하나님께 직접 나아갈 수 없었다. 성전은 하나님이 함께 계시다는 사실을 사람들이 이해하도록 도와주면서도 하나님과의 거리를 유지시켰다. 사람들을 위해 중재해 줄 제사장과 제사가 필요했다.

히브리서를 보면 이 성전의 틀이 여전히 남아 있다는 사실을 확인할 수 있다. 하지만 근본적인 무언가가 바뀌었다. 이제 우리는 성전의 건물이 '진정한' 성전이 아니라 진정한 성전의 '그림자'일 뿐이라는 사실을 안다. 이제 우리는 "그리스도께서는 참것의 그림자

인 손으로 만든 성소에 들어가지 아니하시고 바로 그 하늘에 들어가사 이제 우리를 위하여 하나님 앞에 나타나시고"라는 사실을 안다(히 9:24). "우리가 이 소망을 가지고 있는 것은 영혼의 닻 같아서 튼튼하고 견고하여 휘장 안에 들어가나니 그리로 앞서 가신 예수께서 멜기세덱의 반차를 따라 영원히 대제사장이 되어 우리를 위하여 들어가셨느니라"(히 6:19-20).

우리의 소망은 다른 나라에 있다. 우리 영혼의 닻은 하늘에 있다.

그분 앞에 담대히 나아가기

그리스도께서 우리를 위해 돌아가심으로써 우리를 부르시니 우리는 가까이 다가가야 한다. 기도는 성령을 통해 성자 안에서 하나님께 가까이 다가오라는 부르심을 받아들이는 것이다. 하지만 솔직히 우리가 하나님의 존전을 항상 원하는 것은 아니다. 우리는 하나님의 능력, 치유, 용서, 자비만 얻어 스스로 살아가려고 할 때가 많다. 하나님 앞으로 나아가는 것 자체가 두렵고 한편 부끄러울 수 있다. 하나님 앞으로 나아가는 것이 짐짓 무서울 수 있다. 그러면 자신도 모르게 하나님 앞에 노출되는 것을 피하게 된다.

요한일서 3장 19-20절은 이렇게 말한다. "이로써 우리가 진리에 속한 줄을 알고 또 우리 마음을 주 앞에서 굳세게 하리니 이는 우리 마음이 혹 우리를 책망할 일이 있어도 하나님은 우리 마음보다 크시고 모든 것을 아시기 때문이라." 이 구절에서 우리가 하나님 "앞에" 있고, 우리의 마음이 우리를 책망하고 있다는 점에 주목하라. 우리는 성경에서 이렇게 말할 줄 전혀 예상하지 못했다.

기도에 관한 좌절감을 해결할 생각으로 대학 때 찾아 읽었던 책이 있다. 그 책은 실천적이었고 유익했다. 하지만 내 육신은 내 기도 생활을 '고칠' 수단으로 그 책을 보았다. 나는 영적 리더이면서 기도를 많이 하지 않는 것에 죄책감을 느끼고 있었다. 그래서 기도를 더 잘하기 위한 노력을 시작했다. 하지만 기도 중에 나는 하나님께 다가가되 너무 가까이 가지는 않으려고 했다. 친밀함을 원하면서도 적정한 거리는 유지하고 싶었다. 아담이 그랬던 것처럼 나도 하나님의 존전에서 무사히 벗어나기 위해 인상적인 발언을 하려고 애를 썼다.

요한일서 3장의 의미와 그 안에 얼마나 큰 격려가 담겨 있는지를 마침내 깨달았던 순간이 기억난다. 나는 하나님 안에서 내 마음이 나를 책망하는 것이 무엇인지 잘 안다. 그것을 하나님의 책망으로 보고서 그분을 달랠 방법을 찾게 되기가 얼마나 쉬운지, 그럴 때 내가 얼마나 빨리 나 자신에게 등을 돌리는지도 잘 안다. 하지만 요한은 전혀 다른 방향을 가리킨다. 요한은 하나님이 우리 마음보다 크시고 모든 것을 아신다는 점을 상기시킨다. 하나님은 우리 마음보다 더 크시다. 하나님은 모든 것을 아신다. 우리는 우리가 죄로 망가졌기에 치유와 도움이 있는 곳을 오히려 위험하게 여겨 피하려고 할 때가 얼마나 많은지 모른다. 하지만 하나님은 더 크시다. 그러니 그분께로 가라.

어떤 이들, 특히 우리가(존과 카일) 가르치는 많은 신학생에게 기도는 자신에게 가혹하게 구는 시간이 되었다. 마음 깊은 곳에서 그들은 하나님 앞에서 자신을 괴롭히면 하나님의 진노가 누그러질 것이라 생각한다. 숨은 곳에서 나와 자신이 배우자에게 얼마나 분노해 있는지 혹은 삶이 얼마나 불만족스러운지 아뢰며 죄책감과 수치심을 솔직히 털어놓지 않는다.

기도는 자유의 시간이 되어야 하지만, 이들에게 기도는 학교에서 쫓겨난 뒤 부모에게 그 일을 설명해야 하는 상황처럼 느껴진다. 기도할 때 그들은 하나님께 죄송하다고, 앞으로 다시는 그렇게 하지 않겠다고 말함으로써 (나쁜 짓을 한 자신을 조롱하며) 죄책감과 수치심을 해소하려고 한다. 우리는 앞으로는 잘하겠다고 약속하면서 하나님의 도우심을 구할 때가 얼마나 많은가.

이런 종류의 기도는 얼마나 우상숭배적인지 모른다. 하지만 동시에 이런 기도는 너무도 자연스럽게 느껴진다. 이것은 하나님을 너무도 작게 여기는 시각이다. 우리는 그리스도의 용서와 사랑을 떠나서 내 힘으로 변화하려고 할 때가 많다. 무엇보다도 우리는 너무도 자주 하나님의 용서를 모른 채 기도한다.

기도는 하나님을 달래는 시간으로 쉬이 변질되곤 한다. 그리스도 안에서 우리가 아버지께 나아갈 수 있다는 사실을 발견하지 못하고, 자신에게 친절하거나 가혹하게 굴면 하나님을 통제할 수 있다고 착각하기 때문이다. 하지만 히브리서 기자는 다음과 같이 말한다.

> 그러므로 우리에게 큰 대제사장이 계시니 승천하신 이 곧 하나님의
> 아들 예수시라 우리가 믿는 도리를 굳게 잡을지어다 우리에게
> 있는 대제사장은 우리의 연약함을 동정하지 못하실 이가 아니요
> 모든 일에 우리와 똑같이 시험을 받으신 이로되 죄는 없으시니라
> 그러므로 우리는 긍휼하심을 받고 때를 따라 돕는 은혜를 얻기
> 위하여 은혜의 보좌 앞에 담대히 나아갈 것이니라(히 4:14-16).

기도에 관한 복음은 우리가 하나님께 얼마든지 나아갈 수 있고, 하나님은 우리의 아버지시라는 것이다. 스스로 속죄하기 위해 홀로 기도하지 말라. 하늘의 지극히 거룩한 곳에 계시는 하나님이시지만 그리스도 안에서 우리는 그분께 나아갈 수 있게 되었다. 바울은 골로새서 3장 1-3절에서 이렇게 말한다. "너희가 그리스도와 함께 다시 살리심을 받았으면 위의 것을 찾으라 거기는 그리스도께서 하나님 우편에 앉아 계시느니라 위의 것을 생각하고 땅의 것을 생각하지 말라 이는 너희가 죽었고 너희 생명이 그리스도와 함께 하나님 안에 감추어졌음이라."

이제 당신의 생명은 그리스도와 함께 하나님 안에 감추어져 있다. 하나님의 자녀인 당신은 위의 것을 찾아야 한다. 당신을 자신의 것으로 부르시는 분께 나아가야 한다. 하나님이 당신의 마음보다 더 크시며 모든 것을 아신다는 사실을 발견하라. 그리고 나서 걱정하지 말고 담대히 나아가라.

하지만 방법을 모른다?

때로는 좋은 소식이 오히려 짐처럼 느껴질 수 있다. 직장에서 승진을 하면 '더 많은 일'을 해야 한다. 때로는 복음이 겉으로만 좋아 보일 뿐, 실제로 우리를 전보다 더 혼란스럽게 만들 수 있다. "그렇다. 하나님 앞에서 나 자신을 바로잡을 필요가 없다. 내 충성을 증명해 보이려고 애쓸 필요도 없다. 나는 하늘 아버지의 자녀다. 그래서 예수 그리스도 안에서 하나님께 담대히 나아갈 수 있다." 이렇게 말하고 나서 실제로 기도를 시작하면 진행이 되지 않을 수 있다.

"하지만 어떻게 해야 할지 모르겠어."

이상하게 들릴지 모르지만 이것도 역시 좋은 소식이다. 기도를 배울 때 우리는 이런 고백으로 시작해야 한다. "저는 올바로 기도하는 법을 모릅니다. 하지만 그 방법을 아시는 하나님, 이 부분에서도 저를 구해 주신 하나님을 찬양합니다."

성자와 성령이 우리를 위해 기도해 주신다. 우리의 약함과 죄 가운데 내려오신 하나님, 우리가 제대로 기도할 줄 모른다는 걸 아시는 하나님. 이 하나님은 우리를 위해 어떻게 기도해야 할지 정확히 아신다. 사도 바울의 말이 참으로 옳다. "이와 같이 성령도 우리의 연약함을 도우시나니 우리는 마땅히 기도할 바를 알지 못하나 오직 성령이 말할 수 없는 탄식으로 우리를 위하여 친히 간구하시느니라"(롬 8:26).

자신이 기도를 잘하는지 신경을 쓰는 것은 자연스러운 일이지만 하나님은 우리에게 깊은 기도를 위한 마법의 비책을 주신 적이 없다. 대신 성자와 성령이 우리를 위해 기도해 주신다. 우리의 약함과 죄 가운데로 내려오신 하나님, 우리가 제대로 기도할 줄 모른다는 걸 아시는 하나님은 우리를 위해 어떻게 기도해야 할지 정확히 아신다. 하나님은 그분 안에 우리의 기도를 위한 공간을 마련하셨다. 따라서 우리는 하나님의 끝없는 사랑 안에서 그분께 가까이 다가갈 수 있다.

바울은 예수님이 교회에 주기도문을 주셨는데도 우리가 기도하는 법을 모른다고 말한다. 하지만 그는 "기도하는 법을 모른다고? 예수님이 다 알려 주셨잖아!" 하며 우리를 꾸짖지 않는다. 대신 하나님이 이 문제에 관해 무언가를 해 주셨다는 점을 짚어 준다. 성경은 우리가 자신의 힘이나 지혜로 알아서 하도록 놔두지 않는다. 성경은 하나님이 어떤 분이시며 우리를 구하기 위해 어떤 일을 행하셨는지에 초점을 맞춘다. 요한일서 3장에서처럼 우리 마음이 우리를 책망할 때 우리는 자신이 아닌 위대하고 선하신 하나님을 바라보아야 한다. 성령이 우리 마음 깊은 곳에서 "말할 수 없는 탄식으로" 탄식하고 계시기 때문에 우리는 약한 가운데서 도움을 얻을 수 있다. 물론 이상한 소식처럼 들릴 수도 있다. 하지만 이것은 우리가 생각하는 것보다 훨씬 더 좋은 소식이다.

당신이 마음이 진짜 바라는 것을 기도하지 않고 스스로 옳다고 생각하는 방식으로 기도하고 있다고 해 보자. 그리고 하나님이 당신의 기도와 성령의 탄식을 동시에 들으신다고 해 보자. 하나님은 한 귀로는 당신의 깔끔한 기도를 들으신다. 당신이 '옳은' 것들을 '옳은' 방식으로 말하는 것을 들으신다. 그리고 다른 귀로는 당신이 저지른 죄와 반역 그리고 망가진 당신 때문에 성령이 탄식하시는 소리를 들으신다. 성령은 우리의 창조된 본모습과 우리의 실제 모습을 비교해 보며 탄식하신다(롬 8:22-23). 현실에 기초한 성령의 탄식에 비해 우리의 깔끔한 기도가 얼마나 피상적인지 생각해 보라. 성령의 중보라는 배경 음악 속에서 우리의 말끔하고 정돈된 기도는 쨍그랑 소리처럼 귀에 거슬릴 뿐이다.

우리 스스로 기도를 꾸며 내거나 개선하지 말아야 한다. 우리는 우리 안에서 우리를 통해 우리를 위해 중보하시는 성자와 성령을 통해 기도 속으로 들어가야 한다.[1] 이 심오한 진리를 망각하면 기도는 하나님을 피하는 시간이 된다. 기도가 그리스도인답게 잘 공연해야 하는 시간이라는 생각이 아주 조금이라도 있다면 기도는 하나님을 피하는 시간이 된다. 이것은 기도의 본질이 아니다.

기도는 예수님의 중보를 믿는 것이다. 기도는 성령의 중보하시는 탄식을 믿는 것이다. 기도는 두 분의 기도 속으로 들어가는 것이다. 성자와 성령이 우리를 위해 성부께 진실을 말씀하시니 우리는 진실을 말할 수 있다. 그래서 단순히 새로운 기도 기법을 배우는 것은 소용이 없다. 복음 안에서 기도해야 한다. 구원받을 때와 마찬가지로 기도할 때도 우리는 그저 죄와 망가짐만 가득한 채로 하나님 앞에 나아가 은혜와 자비와 인자를 얻는다.

+ 하나님을 회피하지 않고
하나님께 나아가는 연습

이번 장에서 하나님을 회피하는 기도에 관해 다루었던 내용을 생각해 보라. 공감이 갔는가? 그렇지 않다면 잠시 시간을 내서 당신이 하나님을 피하기 위해 기도를 어떤 식으로 사용했는지 돌아보라. 예를 들어, 하나님께 가까이 다가가기보다는 멀어지게 만드는 기도 방식들, 하나님께 할 말과 하지 말아야 할 말을 가려서 하는 기도, 하나님 앞에 서기보다 자신의 성과를 떠올리며 스스로 만족하려는 기도.

종이에도 적어 보라. 잠시 이런 것들에 관해 생각해 본 다음, 기도를 시작하라. 기도의 목표는 단순히 자신을 더 잘 아는 것이 아니다. 기도의 목표는 하나님 앞에 진실하게 서는 것이다. 그러므로 이런 것들을 하나님께 아뢰라. 하나님께 이렇게 여쭈라. "아버지, 제가 기도할 때 아버지를 피하려고 했습니까? 제가 어떤 것들을 아버지께 가져가지 않으려 합니까?"

5-10분간 하나님께 여쭈라. "제가 기도할 때 내면 깊은 곳의 감정, 걱정거리, 분노한 일, 주님과 제 자신, 다른 사람들을 향한 감정을 주님께 기꺼이 고백했습니까?" 다른 사람들을 향한 분노 혹은 하나님이 기도에 응답하시지 않는 것 같은 느낌을 자신에게 말하지 말고 그리스도와

성령의 기도에 동참하라. 즉 분노나 걱정, '하나님에게 내 기도에 응답해 주실 마음이 있으실까?' 하는 의심 따위를 아뢰라. 솔직하게 아뢰라. 하나님이 모든 것을 아시며 당신 안에서 기도하고 계신다는 사실을 향해 마음을 열라. 이런 것을 생각만 하지 말고 이런 것에 관해 기도하라.

다시 5분간 시간을 내어, 기도를 멀리했던 시절에 관해 보여 달라고 하나님께 요청하라. 그 시절에 당신 안에서 무슨 일이 벌어지고 있었는가? 마음속에 무엇이 떠오르든 그대로 받아들이라. 하나님이 보여 주시는 대로 받아들이라.

마지막으로, 하나님과 함께 당신이 기도하는 방식에 관해 생각해 보라. 자신에게 이렇게 물으라. '내가 왜 이런 기도 방식을 택했을까? 내가 왜 이런 방식을 선택하고 다른 방식은 선택하지 않았을까?' 그러고 나서 하나님께 여쭈라. "아버지, 제가 기도할 때 뭔가 불편한 것이 떠오르면 어떻게 합니까? 그때 제가 주님과 주님의 중보를 믿습니까, 아니면 기도를 미루거나 바로잡거나 통제하려고 합니까? 아버지, 제 구원을 주님께 맡깁니다. 제 망가짐과 계속된 반역도 주님께 맡기도록 도와주옵소서."

CHAPTER 3

'해도 되는 말'과
'하면 안 되는 말'이 있다
생각했다

기도할 때 하나님이 무엇을 해 주시리라 기대하는가? 기도할 때 하나님이 당신에게 무엇을 기대하신다고 생각하는가? 예전에 나는(카일) 기도에 관해 잘못된 관념에 빠져 있었다(이것은 아무도 내게 대놓고 말하지 않은 것이었다. 설령 당시 누가 이것을 지적했어도 내 안에 그런 관념이 있다는 것을 인정하지 않았을 것이다). 나는 기도가 거래 관계라고 생각했다. 내가 해야 할 일을 하면 하나님이 해야 할 일을 해 주시리라 생각했다. 내가 거래에서 내 계약 사항을 이행하면 하나님도 계약 사항을 이행하시리라 생각했다.

기도 중에 우리가 '해야 할 일'을 한다는 것은 무슨 의미인가? 하나님이 '해야 할 일'을 해 주신다는 것은 무슨 의미인가? 우리는 어떤 기대를 품고 있는가? 내 경우, 내가 기대한 대로 하나님이 들어주시지 않았기 때문에 내게 기도는 혼란스러웠다.

우리가 품고 있는 기대는 우리가 무엇을 보고 듣는지, 더 중요하게는 그런 경험을 어떻게 해석하는지에 막대한 영향을 미친다. 제자들의 경우, 메시아가 무력으로 이스라엘을 구원하시리라 기대한 탓에 예수님을 이해하기 힘들었다. 특히, 예수님이 자신의 죽음에 관해 그토록 분명히 말씀하셨는데도 그들은 그것을 이해하지 못했다(막 8:31-33).

우리 역시 같은 문제점을 갖고 있다. 우리는 다른 사람들에게 많은 기대를 품고 있으며, 개중에는 말로 표현하지 않은 기대나 자신도 모르는 기대도 있다. 그런데 이런 기대는 다른 사람들과의 관계에 관한 우리의 생각과 감정에 큰 영향을 미친다. 누군가에게 칭찬을 듣고도 그가 그 말을 한 이유나 방식에 의문을 품을 수 있다. 사랑하는 사람과의 상호작용 속에서 어떤 제스처에 담긴 의미를 오해해서 혼란스러워할 수 있다. 상사가 예기치 못한 어조로 어떤 말을 하면 그 의미를 완전히 곡해해서 받아들이기도 한다.

하나님과의 관계에서는 우리의 기대가 훨씬 더 중요하다. 하나님이 어떤 분이신지, 그분과의 관계에서 우리가 어떤 존재인지, 그분이 어떤 종류의 일을 행하시고 어떤 종류의 일을 행하시지 않을지에 대한 우리의 가정(假定, assumption)은 그분과 함께하는 삶에 중대한 영향을 미친다. 이런 것에 따라 우리가 자신의 믿음과 기도 생활을 어떻게 판단할지가 결정된다. 따라서 우리는 기도할 때 내가 지금 누구에게 기도하는 것인지 곰곰이 생각해 보아야 하며, 우리가 기대하는 것이 무엇인지 알아야 한다. 하나님이 우리를 어떤 종류의 기도자로 부르시는지 알고 싶다면, 먼저 우리가 하나님을 어떤 분으로 믿는가 하는 질문과 씨름을 해야 한다.

은혜의 큰 선물 가운데 하나는 하나님을 '아버지'로 아는 것인데, 이것은 좋기도 하고 나쁘기도 하다. '아버지'라는 단어는 좋거나 나쁜 기대 둘 다를 포함한다(대개는 두 가지가 혼합). 아버지라는 단어를 아무런 선입관 없이 사용하는 사람은 없다.

어떤 이들에게 아버지는 근면하고 성실하지만 관계적으로는 멀게 느껴지는 존재다. 또 어떤 이들에게 아버지는 조금만 잘못해도 불같이 노하기 때문에 그 옆을 지나갈 때는 발끝으로 살금살금 걸어가야 하는 존재다. 많은 이들에게 아버지는 자신의 인생에서 아예 없는 존재다. 그들의 아버지는 그들을 버렸다. 또 어떤 이들에게 아버지는 집에 자주 오지 못하는(혹은 너무 바빠서 제대로 신경을 쓰지 못하는) 미안함에 이것저것 사 주는 존재다. 물론 이외에도 수많은 부자, 부녀 관계가 존재한다.

따라서 중요한 질문은 이것이다. 왜 하나님은 많은 문제점을 안고 있는 관계를 통해 우리에게 다가오시기로 선택했을까?

하나님은 우리 삶에서 가장 깊은 관계이면서도 망가진 경우가 많은 부모와 자식 관계를 회복시키고자 하신다. 하나님은 우리가 부모와 자식의 관계 속에서 받은 상처를 무시하지는 않되 우리가 사랑받았다는 사실도 일깨워 주신다. 이는 우리가 좀처럼 말로 표현하지 않는 하나님에 관한 한 가지 사실을 가리킨다. 하나님은 파괴

하고 다시 창조하는 일이 아니라, 구속하고 변화시키는 일을 하고 계신다. 이것이 우리가 망가짐, 죄, 고통을 무시하지 말고 직시해야 하는 이유다. 하나님은 우리가 망가짐, 죄, 고통 속에서 용서, 치유, 구속을 발견하기를 원하신다. 우리는 하나님의 자녀로서, 아버지라는 단어가 치유되는 과정을 겪어야 한다. 우리 육신의 아버지가 아무리 신실한 경우라 해도 치유가 필요하다. 하늘 아버지로 말미암아 아버지란 단어를 바라보는 우리의 시각이 변화되어야 한다.

우리 마음의 진실을 하나님께 가져갈 때 우리의 반응을 보면, 우리가 아버지를 어떻게 이해하고 아버지에 대해 어떤 기대를 품고 있는지 알 수 있다. 자신이 기도 중에 실제로 어떻게 반응하는지 곰곰이 돌아보아야 한다.

기도하다가 졸면 어떤 마음이 드는가? 하나님이 우리에게 실망하신다고 생각하는가? 하나님이 우리에게 더 많은 것을 바라신다고 생각하는가? 하나님이 우리에게 실망하신다는 생각이 들 때 그런 하나님께 어떻게 반응하는가? 기도 중에 악한 생각이 머릿속에 떠오르면 어떻게 반응하는가? 기도 중에 딴생각이 스며들 때 어떻게 반응하는가? 이런 상황을 어떻게 해석하는가? 이런 상황에서 하나님은 우리에게 어떤 반응을 원하실까?

기도가 잘되지 않을 때

지난 삶을 돌아보면 우리(존과 카일) 안에는 기도가 '잘되고 있는지' 평가하기 위한 내적 기준이 늘 존재했다. 혹시 당신도 그렇지 않은가? 하나님이 멀게 느껴지거나 우리가 딴생각을 하거나 열심히 기도하지 않을 때면 우리의 기도를 부정적으로 평가해서 죄책감을 느꼈다.

우리는 기도할 때 특정한 기대를 품고 있었다. 예를 들어, 우리가 올바로 기도하면 하나님이 더 가깝게 느껴질 것이라고 생각했다. 하나님이 원하시는 기도를 해야 하며, 우리가 기도를 잘하면 죄책감이나 수치심은 느낄 리 없다고 생각했다. 그러니 자연히 죄책감이나 수치심이 느껴지면 우리가 기도를 잘못한 것이라고 생각했다. 그러면 말을 안 듣다가 아빠에게 걸려 얼어붙어 버린 아이처럼 우리는 얼어붙었고, 무얼 해서든 아버지 하나님의 진노와 실망감을 해결하려고 했다.

내(존) 기도 생활을 돌아보면, 내가 모든 것을 보시며 모든 것을 털어놓으라고 초대하시는 하늘 아버지가 아닌 육신의 아버지(아버지의 영혼을 축복한다)의 이미지에 기도하고 있었다는 사실이 눈에 들어온다. 나는 내 육신의 아버지가 내 깊은 고민이나 문제는 듣고 싶어 하지 않고 오직 유쾌하거나 좋은 것(최소한 문제가 없는 것)만 듣고 싶어 한다고 가정했다. 내가 삶에서나 아버지와의 관계에서나 아무런 문제가 없어 보이는 것이 아버지가 원하는 것이라는 관념이 언제부터인가 내 안에 자리를 잡고 있었다.

그래서 하나님이 내 마음속에 있는 것을 듣고 싶어 하신다는 생각을 전혀 하지 못했다. 내 안에 자리 잡은 그릇된 가정 때문에 기도 중의 경험을 잘못 해석해 왔다는 사실을 전혀 몰랐다. 나는 성자와 성령이 이미 나를 위해 중보하고 계시며, 하늘 아버지께서 내가 구하기도 전에 내게 필요한 것을 아신다는 점을 간과했다(마 6:8). 하나님의 사랑과 용서 안에서 그분께 무엇이든 말할 수 있다는 점을 놓쳤다. 내가 내 안의 가장 더러운 것들까지 진실하게 말하는 것이 하나님이 원하시는 것이라는 사실을 몰랐다.

깊고 진실한 기도로 들어가려면 하나님이 실제로 어떤 분이신지 깊이 생각해 봐야 한다. 앞에서 배운 기도에 관한 복음을 외우기만 해서는 부족하다. 옳은 지식을 받아들이는 것 이상이 필요하다. 나아가 그 지식에 따라 변화되어야 하며, 그러려면 시간이 걸린다. 우리가 기도 중에 멈춤 버튼을 누르는 것은 자신을 보호하려는 의도에서다. 과거에 죄를 지었다고 고백하는 것까지는 괜찮지만 현재도 죄를 짓고 있다고 고백하는 것은 불편하기 때문이다. "아버지, 제 기도를 들으시는 줄 압니다. 그리고 저를 사랑하고 받아 주시며 용서하신 줄 믿습니다. 하지만 지금은 기도하고 싶은 마음이 생기질 않습니다. 하나님, 긍휼을 베푸시고 저를 도와주옵소서!" 이렇게 기도하기는 쉽지 않다.

솔직한 기도는 힘들다.

기도에 관한 생각 바꾸기

내(카일) 신앙이 얼마나 이기적이었는지 깨닫고 큰 충격을 받았던 순간이 지금도 생생하다. 그때 내 신앙생활이 얼마나 자기중심적인지 똑똑히 보았다. 내 삶을 하나님께 바치지 않고 내 삶을 개선하기 위해 하나님을 이용하려고 했다는 사실이 뼈저리게 다가왔다. 그때 "하나님, 이럴 생각은 없었습니다"라고 기도했던 기억이 난다. 다시 그리스도의 십자가를 바라보았다. 내 힘으로 자아를 세우려는 육신의 절박한 시도를 버리라는 그분의 부르심을 떠올리자, 내가 이기적으로 살기 위해 그분을 영접한 것이 아니라는 사실을 깨닫게 되었다.

하지만 그분은 은혜와 긍휼 가운데 어리석은 나를 받아 주셨다. 이제 나는 나를 그분께 내드리고 그분의 넉넉하심을 믿을 또 다른 기회를 얻었다. 나는 베드로의 말을 따라 겸손하게 기도했다. "주여 영생의 말씀이 주께 있사오니 우리가 누구에게로 가오리이까 우리가 주는 하나님의 거룩하신 자이신 줄 믿고 알았사옵나이다"(요 6:68-69). 이어서 내 입에서 성경 속의 위대하고 솔직한 기도가 튀어나왔다. "내가 믿나이다 나의 믿음 없는 것을 도와주소서"(막 9:24). 나는 믿었고, 내 불신은 하나님 앞에서 솔직해질 기회가 되었다.

우리 마음이 진정으로 바라는 것이 무엇인지 알려면 하나님에 관한 우리의 가정을 보아야 한다. 그리고 우리가 누구인지 더 정확히 보아야 한다. 그럴 때 '하나님은 우리가 진짜 바라는 것을 듣고 싶어 하시지 않는다'는 우리의 그릇된 선입견을 발견할 수 있다. 이런 생각은 하늘 아버지보다 육신의 아버지와 더 많은 관련이 있다. 하나님이 스스로 선포하신 그분이 맞다고 믿는다면, 하나님이 우리를 성자와 성령의 기도 속으로 인도하신 분이라고 믿는다면, 기도 중에 멈춤 버튼을 누를 일이 없다.

하늘 아버지를 믿는다는 것은 더 이상 기도 중에 스스로를 비난하거나 격려할 필요가 없다는 뜻이다. 우리의 소망은 올바로 기도하는 우리 자신의 능력이 아닌 하나님께 있다. 우리가 긍정적으로 느끼든 부정적으로 느끼든, 하나님이 우리를 버리셨다고 느끼든 그분을 전보다 더 가깝게 느끼든, 그 모든 진실을 은혜롭고 자비로우신 하나님 앞에 솔직히 털어놓아야 한다. 하나님을 떠나서는 우리에게 아무런 소망이 없다. 하나님만이 우리의 진정한 피난처이시다.

우리의 기도에서 자기대화를 제거하는 법을 배워야 한다. 우리의 마음을 하나님께 드리는 데 필요한 자기대화만 허용해야 한다. 기도 중 올바른 자기대화는 시편 기자처럼 말하는 것이다. "내 영혼아 네가 어찌하여 낙심하며"(시 42:5). 시편 기자는 자신의 영혼에게 하나님께 진실을 고하라고 말한다. 하나님은 우리에 관한 진실을 듣고 싶어 하신다. 하나님은 우리가 마음속에 있는 모든 것을 털어놓기를 기다리신다.

하나님이 정말 나와 함께 계신 것이 맞는지 의심이 몰려올 때 나는 나 자신과 논쟁을 벌이는 대신, 그 의심을 하나님께로 가져갔어야 했다. "하나님, 어디 계십니까? 왜 이토록 멀게 느껴집니까?" 이것이 진정한 기도로 가는 길이다. 이렇게 기도할 때 따분한 기도 생활에 빠지지 않는다. 이렇게 기도할 때 하나님의 약속을 진정으로 알게 된다.

내(㈜) 경우, 정말 뜻밖이었던 사실은 더 깊고 솔직한 기도로 들어가서 보니 내가 믿는다고 주장했던 것을 실제로는 거의 믿지 않고 있었다는 점이다. 나는 그리스도께서 내가 지은 죄 때문에 나를 위해 돌아가셨고, 그래서 이제 내가 하늘 아버지께 나아갈 수 있다고 믿었다. 하지만 실제로는 내 안에 불신이 가득했다. 하나님과 함께 이 불신을 다룬 뒤에야 비로소 이 진리를 진정으로 받아들일 수 있었다. 내 모든 죄가 온전히 용서받았다는 확신이 필요했다.

하나님의 용서를 받아들이면 진실한 기도가 가능해진다. 하나님이 나에 관한 모든 것을 아신다는 사실을 믿고 나니 내 입에서 진실한 기도가 터져 나왔다. 진실한 기도는 쉽지 않다. 내가 하나님을 어떻게 생각하는지 솔직히 아뢰며 기도한다는 것은 생각만 해도 두렵고 떨리는 일이다. 하지만 불신을 솔직히 고백하며 기도하자 기도에 관한 주님의 가르침이 무슨 의미인지 알게 되었다. 기도는 육신의 아버지가 아니라 하늘에 계신 새 아버지와 대화하는 것이다.

이제 기도할 때마다 나는 스스로에게 이렇게 말한다. '존, 너는 육신의 아버지나 양부모에게 말하는 것이 아냐. 너는 하늘에 계신 새 아버지께 말하는 거야. 이분은 모든 것을 보고 용서하시며, 성령의 기도 사역(롬 8:26)과 그리스도의 중보(히 4:14-16)를 통해 네 안의 가장 깊은 부분을 이미 경험하신 네 진짜 아버지셔. 그러니 하나님이 보시는 것을 또한 듣고 싶어 하신다는 온전한 확신을 품고 모든 것을 아뢰자.'

그릇된 내 기대에 얽매이지 말고

사람들이 그리스도인의 삶에 대해 가지는 기대는 대개 신앙 초기에 형성된다. 즉 젊은 시절 혹은 회심한 직후에 형성되는 것이다. 카일은 어릴 적부터 교회에 다녔고 나는 (주) 고등학교를 졸업할 무렵에 그리스도인이 되었지만 우리 두 사람의 기대는 매우 비슷했다. 우리는 둘 다 흥분과 낙관주의로 가득 차서는 복음주의의 세계로 몸을 던졌다. 신앙생활을 열심히 하기만 하면 하나님의 임재를 분명히 경험할 수 있다고 굳게 믿었다. 하지만 알고 보니 교회의 역사는 정반대 방향을 가리키고 있었다. 우리는 우리가 약하고 시험을 당하고 실패할 때, 심지어 하나님께 버림받은 것처럼 보이는 순간, 하나님이 우리를 만나 주신다는 사실을 발견했다. 우리 안에 자리한 가정이 얼마나 틀렸고 하나님의 은혜가 얼마나 더 깊은지 깨달았다.

우리의 기대는 가장 가까운 관계 속에서 가장 강하게 형성된다. 우리는 우리가 안 좋은 소식을 전하면 부모님이 어떻게 나오실지 안다고 생각한다. 우리는 우리의 직장에 관한 나쁘거나 좋은 소식에 배우자가 어떻게 반응할지 안다고 생각한다. 대개 자신이 이런 기대를 품고 있다는 사실을 결혼 초기에 발견하게 된다.

결혼 초기, 배우자의 가족에게서 우리 가족과 전혀 다른 가치, 관습, 상호작용의 방식을 본다. 그전까지는 우리의 기대가 얼마나 깊이 뿌리를 내리고 있는지 모른다. 배우자의 가족에게서 다른 행동을 보기 전까지는 우리의 가족이 무엇을 '정상적인' 행동으로 여겨 왔는지를 잘 깨닫지 못한다. 우리는 크리스마스를 어떻게 보내고, 생일을 어떻게 축하하고, 관계적 갈등을 어떻게 다룰지(혹은 다루지 않을지)에 관한 기대를 갖고 있다. 이런 기대는 나아가 모든 관계에 대한 우리의 기대에 영향을 미친다. 우리는 하나님이 자신을 어떻게 드러내셨는지 고려하지 않고 이런 기대에 따라 하나님과 함께하는 삶을 해석하는 경우가 너무도 많다.

그리스도인의 삶에 대한 한 가지 암묵적인 가정이 이런 경우다. 우리는 그리스도가 돌아오실 때까지 계속해서 죄를 이기고 성장을 이루며 하나님께 가까워지기만 하는 것이 성숙이라고 가정할 때가 너무도 많다. 물론 대부분은 자신이 이런 가정을 따르는 줄도 모른다. 문제는 우리가 실제로 이것을 경험하지 못한다는 것이다. 신앙생활을 오래할수록 점점 우리의 죄가 더 분명히 보인다.

우리 대부분은 하나님이 완전히 사라진 것은 아니더라도 멀게 느껴지는 긴 시기를 겪는다. 때로는 기쁨이 전혀 느껴지지 않기도 한다. 이럴 때 우리의 기대를 아는 것이 특히 중요하다. 안타깝게도 우리의 기대는 잘못되었기 때문에 잘못된 가정을 한다. '내가 뭔가 잘못한 것이 분명해. 내가 충분히 행하지 않은 것이 분명해. 내가 열심히 기도하지 않은 것이 분명해. 내가 충분히 선하지 않은 것이 분명해.'

그릇된 기대를 품은 탓에 진정한 소망이 있는 하나님께로 가지 않고 자기 힘으로 해결하려고 한다. 스스로에게 이렇게 묻는 사람은 별로 없다. '내가 신앙생활에 그릇된 기대를 품고 있나? 기도에 대한 내 가정이 잘못된 건가?" 희한하게도 이 문제를 놓고 성경을 뒤져 보는 사람은 별로 없는 듯하다. 우리는 예수님과 '그분의' 영의 기도 생활 안에서 기도하고 있다. 그렇다면 어디서 그분을 볼 수 있는가? 바로 성경에서다. 성경에서 우리는 시험을 받기 위해 성령에 이끌려 광야로 가신 예수님을 볼 수 있다(마 4:1). 예수님은 겟세마네 동산에서 기도하며 하나님이 주신 소명과 씨름하셨다(마 26:36-46). 예수님은 십자가 위에서 하나님이 자신을 버리신 이유를 울부짖으며 물으셨다(막 15:34). 그러므로 우리가 비슷한 경험을 할 때 "왜 이런 일이 일어납니까?"라고 질문할 것이 아니라 "하나님, 어떻게 하면 이 상황에서도 믿음을 잃지 않을 수 있습니까?"라고 질문해야 한다.

신앙이 어린 시기에 우리는(존과 카일) 열정과 기대로만 충만했을 뿐, 안타깝게도 지식과 지혜와 분별력은 충만하지 못했다. 신앙의 이 시기에 우리는 흥분된 느낌을 하나님의 임재와 동일시했다. 그래서 우리의 마음속에서 두 현실은 하나로 합쳐졌다. 흥분감이 느껴지지 않을 때는 우리가 하나님을 쫓아내기 위해 무언가를 한 것이 분명하다고 생각했다. 이 얼마나 교만한 생각인가!

그리스도께서 우리를 위해 돌아가신 것은 다름 아닌 우리의 죄 때문인데도 불구하고(롬 5:8) 우리는 예수님이 죄를 쳐다보기도 싫어하시기 때문에 우리가 완벽하지 못한 모습을 보일 때마다 우리를 떠나신다고 생각했다. 우리는 이 생각을 대놓고 표현하지는 않았고, 이런 생각을 누구에게서 배운 적도 없었다. 이것은 오직 기도할 때만 드러나는 우리의 암묵적인 가정이었다.

기도 중에 하나님께 해도 되는 말과 하면 안 되는 말이 있다고 생각한다면 당신도 마음속에 이런 가정이 자리하고 있는 것이다.

'내 느낌'보다 크신 분

우리의 기대를 바꾸어야 한다. 그리고 우리가 느끼는 느낌이 하나님과 세상에 관한 진실이 아니라는 사실을 기억해야 한다. 우리의 느낌은 우리 마음에 관한 진실을 말해 준다. 그러나 우리의 느낌과 감정은 우리 밖에 있는 것들을 판단하기 위한 적절한 기준은 될 수 없다. "저 사람이 나를 화나게 해"와 같은 말은 스스로를 속이는 것이다. 그 말의 진짜 뜻은 '나는 화가 나 있고, 그가 그 화를 폭발하게 만들었다'이다. 우리의 화를 인정하지 않고 다른 사람의 탓을 하기가 쉽다.

(요한일서 3장 19-20장에 관한 논의에서 보았듯이) 하나님 앞에 나아올 때 우리의 마음이 우리를 책망할 수 있다. 그런데 우리의 느낌이 현실이라고 착각하면 이 경험을 '하나님의 정죄'로 해석할 수 있다. 성경은 우리의 마음이 진실을 말한다고 가정하지 않는다. 대신 성경은 진실 자체이신 분, 즉 우리의 마음보다 크신 하나님을 가리킨다. 하나님은 자신이 누구인지를 우리에게 밝히셨으며, 우리의 대제사장이신 그리스도를 믿으라고 말씀하셨다. 따라서 우리는 우리의 '느낌'에 상관없이 그분께 자신을 열어야 한다. 그분은 우리의 느낌보다 크시다.

우리의 느낌은 '엔진 뚜껑 아래서' 어떤 일이 벌어지는지 보여 주는 자동차 계기판의 등처럼 우리 영혼의 계기판에서 반짝이는 작은 등과도 같다. 우리의 느낌과 감정은 우리 마음 깊은 곳의 신념과 보물을 보여 주며, 그런 신념과 보물은 예기치 못한 상황에서 삶의 표면 밖으로 폭발한다. 접시가 바닥에 떨어져 깨지면 우리는 소리를 지른다. 그런데 그 분노는 그 순간에 만들어진 것이 아니다. 접시가 깨지는 사건이 그 분노를 깨운 것일 뿐이다. 다른 비유를 사용하자면, 우리의 느낌과 감정은 무언가가 우리의 영혼을 찌를 때 표출되는 것이다. 우리가 찔림을 당할 때 감정이 새어 나온다. 이것이 감정이 표출될 때 스스로도 놀라는 경우가 많은 이유다.

자녀에게 화를 내야겠다고 의식적으로 선택할 필요가 없다. 분노가 저절로 흘러나온다. 이런 감정의 유출에 주의해서 우리 영혼 안에 고통과 망가진 것들의 저장고가 있는지 확인해야 한다. 기도 중에나 삶에서나 이런 것을 유심히 살펴야 한다. 이런 신호들은 우리의 마음속에서 실제로 어떤 일이 벌어지고 있는지 말해 준다. 우리는 이런 것들을 기도로 하나님 앞에 내놓아야 한다.

우리의 마음이 우리를 책망할 때 그것을 하나님께 투사해 그 비난이 우리를 향한 하나님의 마음이라고 착각해서는 안 된다. 육신의 거짓말과 씨름하면서 자비의 하나님을 만나야 한다. 정죄의 감정이 느껴질 때는 우리가 왜 그런 느낌을 받으며 우리가 그리스도 안에서 누구인지 하나님과 대화해야 한다. 이것이 진짜 기도다. 우리의 기대를 밝히고 변화시키기 위해서는 정보 이상의 것이 필요하다. 기도 생활에서 이런 것들을 다루어야 한다. 기도 가운데 이런 것들을 다룰 때 비로소 하나님의 용서, 임재, 자비를 진정으로 받아들일 수 있다. 그럴 때에야 비로소 강물이 서서히 지형을 바꿔 놓듯 기도가 천천히 깊어진다.

하나님은 모든 것을 보고 아신다. 하나님은 우리 마음의 깊은 곳을 살피시며 그 안에 어떤 것이 있든 상관없이 그분을 아버지라고 부르라고 말씀하신다. 이 사실을 이해하고 받아들일 때 우리의 기도는 완전히 달라지기 시작한다. 이런 변화는 지난 장에서 논했던 기도에 관한 복음에서 비롯한다. 기도에 관한 복음은 우리가 예수 그리스도 안에서 용서와 구속을 받고 하나님과 화해했으며, 이제 그리스도가 하늘 아버지 앞에서 우리를 대변하신다는 것이다.

성령을 통해 우리는 하나님을 아버지라 부르고 모든 것을 아뢸 수 있다. 하지만 이것은 단번에 이루어지지 않는다. 우리 마음의 깊은 곳으로 들어가는 것은 긴 여행이며, 이것은 성령이 이미 시작하신 여행이다. 우리는 하나님께 입양된 자녀로서 '아버지의 자녀'라는 것이 가지는 의미를 다시 배워야 한다. 그러기 위한 유일한 방법은 우리 안의 모든 것을 하늘 아버지께 아뢰고 그분의 인도하심을 받는 것이다. 그분이 참으로 우리의 아버지이시며 우리는 그분의 자녀라는 사실을 믿으면 우리의 기대와 기도가 변한다. 모든 것을 아시며 우리 주 예수 그리스도 안에서 모든 것을 용서하시는 분께 모든 것을 아뢸 때 기도가 깊어진다.

+ '진정한 하늘 아버지'
하나님께 나아가는 연습

잠시 시간을 내 당신이 누구에게 기도하고 있는지 생각해 보라. 하나님께 이렇게 물으라. "제가 아버지 하나님 대신 예수님이나 성령님께 기도하고 있습니까?" 이와 관련한 깊은 질문들이 있지만, 여기에서는 우리가 아버지 하나님께 드리는 기도를 어떻게 경험하고 있는지 돌아보아야 한다. 어떤 이들에게는 이것이 매우 힘든 일이다.

아버지라는 단어에 개인적으로 큰 아픔이 스며들어 있을 수 있다. 당신이 그런 경우라면 성부가 아닌 예수님께 기도하려는 것은 이해할 만한 일이다. 하지만 어떻게든 치유의 길로 나서야 한다. 하나님을 아버지라 부르는 것이 그리 어렵지 않은 사람도 있다. 하지만 그런 경우에도 육신의 아버지가 자신의 기도에 어떤 영향을 미쳤는지 정확히 알아야 한다. 이런 문제를 놓고 기도하라.

15분간 다음과 같이 기도하라. "아버지, 제가 아버지께 나아갈 때 어떤 성품들에 초점을 맞춥니까? 제가 주님을 멀리 계시거나 진노해 있거나 무관심하거나 너무 바쁘거나 제게 실망한 분으로 보고 있습니까? 왜 그럴까요?" "제가 주님을 부드럽고 따뜻하고 정죄하시지 않는 분으로 보고 있습니까? 왜 그럴까요? 제가 주님을 어떻게 이해하고 있으며,

그것이 제 기도에 어떤 좋은 영향을 주었습니까?"

하나님을 바라보는 시각이 당신의 기도에 어떤 좋은 영향을
미쳤는지, 어떤 악영향을 미쳤는지를 볼 수 있도록 마음을 열라. 그렇게
본 것을 하나님께 아뢰라. 이런 것들에 관해 생각만 하지 말고 하나님
앞으로 가져가라.

마지막으로, 하나님이 긍휼과 용서로 가득하신 분이며 예수
그리스도 안에 있는 자들에게는 정죄함이 없다는 사실을 당신이 어떻게
받아들이는지 믿음을 점검하라(롬 8:1). 하나님에 관한 풀리지 않은
감정들 혹은 하나님의 선하심에 대한 의심이 있다면 밝혀 달라고 5분간
기도하라. 하나님이 당신을 돌보시거나 당신의 문제를 위해 시간을
내시지 않을 것 같은가? 하나님이 멀게 느껴지는가? 그런 부분이 있는지
밝혀 달라고 하나님께 요청하라.

이런 것을 솔직하고 정확하게 하나님께 아뢰고 그분이 어떻게
인도해 주시는지 보라. 좋은 것이라고 생각하든 나쁜 것이라고 생각하든
상관없이 마음속에 있는 모든 것을 하나님께 맡기라. 하나님을 믿고 모든
것을 고백하라. 그분이 이해해 주실 줄 믿고, 필요하다면 용서를 받으라.
당신이 그리스도 안에 있고 용서를 받았다는 사실을 기억하라. 그 순간,
기쁨이 느껴지면 기뻐하라. 여전히 마음이 메말라 있다면 하나님께
그 사실을 아뢰라. 혼란 속에서 은혜와 긍휼을 구하고, 바로 이것이
그리스도께서 당신을 위해 돌아가신 이유라는 사실을 기억하라.

다른 사람들과 함께 이 기도 연습을 하고 있다면 기도 중에 있었던 일을 적은 뒤에 함께 나누라.

CHAPTER 4

하나님이
'내 죄와 고통스러운 마음'을
부담스러워하신다 생각했다

다른 사람들의 죄나 실패, 의심을 보면 어떻게 하는가? 기도 중에 자신의 죄를 보면 어떻게 하는가? 앞서 보았듯이 육신에 거하는 우리 모두는 하나님이 우리에게서 모든 것을 듣고 싶어 하시는 선한 아버지이시라는 사실을 잘 믿지 못한다. 우리는 하나님이 안전한 피난처이시며 내 힘으로 내 삶을 관리할 수 없다는 사실을 잘 받아들이지 못한다. 이 사실을 인정하는 것도 힘들지만 이 사실대로 사는 것은 더욱 힘들다. 과거에 우리는(존과 카일) 특별히 나쁘거나 '부정한' 죄와 씨름하고 있을 때 우리의 영적 삶을 바로잡기 전까지는 기도해 봐야 진노와 거부만 당할 것이라고 생각했다. 육신의 아버지에 관한 경험이 하늘 아버지를 바라보는 시각에 악영향을 끼친 탓이었다.

우리만이 아니다. 모든 사람은 기도할 때 하나님이 어떻게 받으실지에 관한 나름의 가정을 갖고 있다. 어떤 이들은 자신을 기뻐하며 환영해 주시는 하나님을 떠올린다. 하지만 자신이 기도로 나아가면 하나님이 못마땅한 얼굴로 쳐다보실 것이라고 생각하는 이들이 너무도 많다. 성경 속 탕자 비유의 둘째 아들처럼 아버지 하나님이 자신을 자녀로 받아 주시지 않기 때문에 종으로서 나아가야 한다고 생각하는 이들이 많다. 하지만 결국 아버지의 품으로 돌아간

둘째 아들과 달리 우리는 하나님이 자비와 사랑이 넘치며 우리가 더이상 "종이 아니요 아들이니 아들이면 하나님으로 말미암아 유업을 받을 자"라는 사실을 좀처럼 받아들이지 못한다(갈 4:7).

예를 들어, 하나님에 대한 요나의 가정을 보라. 하나님이 요나에게 그의 적들을 벌하실 것이라고 말씀하셨다면 당신은 요나가 기뻐하고, 심지어 자신에게 역할을 달라고 요청했으리라 생각했을 것이다. 하지만 전혀 그렇지 않았다. 요나는 하나님이 죄인에게도 은혜로우시다고 가정했다. 이것이 그가 하나님의 명령을 거부한 이유다. 그는 하나님이 "은혜로우시며 자비로우시며 노하기를 더디하시며 인애가 크시사 뜻을 돌이켜 재앙을 내리지 아니하시는" 분이라고 가정했다(욘 4:2). 때로 하나님을 인색하고 다혈질인 분으로 보는 우리와 달리, 요나는 하나님께 용서와 은혜가 넘친다는 사실을 알았다.

그래서 요나는 자비와 사랑으로 행하라는 하나님의 명령을 거부한 채 반대 방향으로 가는 배에 몸을 실었다. 결국 회개하고 니느웨 사람들에게 설교를 하여 가장 우려하던 일이 벌어지는 것을 본 그는 삐쳐서 성을 떠났다. 탕자 비유에 나오는 아버지처럼 하나님은 그를 찾아가 그의 마음이 얼마나 망가져 있는지 보여 주셨다(욘 4:5-11). 우리가 기도할 때도 그런 일이 일어날 때가 많다. 기도 중에 하나님은 우리의 망가짐, 그릇된 욕구, 이루어지지 않을 갈망을 보게 하신다. 우리가 어떤 것을 놓고 기도할 때 우리 안에서 기도하시는 성령은 우리 자신에 관한 전혀 다른 것을 보여 주시며, 그것을 그분 앞에 내려놓으라고 말씀하신다. 이것이 우리가 기도에 관한 복음을 부여잡아야 하는 이유다. 복음 없이는 예수님이 부르시는 곳으로 따라갈 수 없다.

우리는(존과 카일) 우리가 죄 때문에 하나님의 치유와 용서와 사랑이 있는 곳에서 도망쳤다는 사실을 깨달았다. 하나님께로 도망치지 않고 그분에게서 숨었던 아담과 하와처럼, 우리는 그분께 모든 것을 아뢰기보다 그분을 관리해야 한다고 생각했다. 불행히도 우리는 이렇게 기도한 값을 치러야 했다. 우리의 기도는 점점 비현실적이고 따분해졌고, 급기야 거의 기도를 안 하는 지경에 이르렀다. 신학자들에게는 이보다 더 안타까운 일이 없다!

하지만 우리의 실질적인 바람을 놓고 기도하기 시작하면서 변화가 나타났다. 우리의 기도가 마치 전에 들었던 것처럼 익숙하게 들리기 시작했다. 우리의 기도가 시편처럼 들리기 시작했다. 그전까지 우리는 시편을 피해 왔다. 특히 신학교에서 그랬다. 그것은 시편을 어떻게 연구해야 할지 알 수 없었기 때문이다. 우리는 시편이 연구하기만 할 것이 아니라 기도해야 할 것이라는 사실을 보지 못했다. 우리는 연구한 만큼 실제로 기도하지 않았기 때문에 시편의 깊이를 경험할 수 없었다. 기도는 좋은 모습을 보여야 하는 시간이 되었다. 그래서 시편은 나쁜 기도처럼 보였다.

시편으로 기도하기

시편은 교회의 기도서다. 하지만 시편은 우리의 기도이기에 앞서 그리스도의 기도다. 지금 우리는 그리스도 안에서 그리스도의 이름으로 이 기도를 하며, 그분 안에서 이 기도는 우리의 것이 될 수 있다. 우리가 그리스도의 기도를 하는 것은 각자 자신의 기도를 드리기 위해 훈련하는 것이다. 주기도문과 시편으로 기도하면서 우리는 자신만의 기도를 빚어가고, 예수님처럼 자녀로서 성령 안에서 성자의 이름으로 아버지께 기도하는 것이 무슨 의미인지 이해할 수 있다. 물론 주기도문과 시편으로 기도하는 것은 우리 자신에게서 나와 다른 사람의 기도 속으로 들어가는 것이다. 그럴 때 비로소 우리 마음의 진실을 하나님께 열어 보이게 된다.

처음 시편으로 기도하기 시작했을 때 우리 두 사람(존과 카일) 다 이상한 경험을 했다. 기도할 때마다 이런 생각을 하게 되었다. '이런 기도는 할 수 없어. 하나님은 이런 말을 원치 않으셔. 하나님은 이런 것을 듣기 싫어하셔.' 처음에는 깨닫지 못했지만, 이런 생각이 사실상 하나님이 그분 자신의 말씀을 듣기 싫어하신다는 생각, 심지어 들으실 수 없다는 생각이라는 사실을 차츰 깨달았다. 이 얼마나 황당한 생각인가. 하지만 우리가 기도하는 모습이 이와 같은 생각을 반영하고 있었다.

따라서 우리 안에 자리한 가정들을 의심하면서 우리가 어떤 식으로 하나님을 제한하는지 살펴봐야 한다. 하나님이 우리에게서 듣기 원하시는 것을 우리 마음대로 판단하고 있지 않은지 돌아보아야 한다. 시편은 하나님이 듣기 원하시는 것을 보여 주면서 우리 자신만의 기도를 빚어 가는 데 도움을 준다. 디트리히 본회퍼는 시편에 관해 다음과 같이 말했다.

> 자식은 자신에게 말을 하는 부모를 통해 말하는 법을 배운다.
> 자식은 부모의 언어를 배운다. 우리도 우리에게 말씀하셨고 지금도
> 말씀하시는 하나님을 통해 그분께 말하는 법을 배운다. 하나님의
> 자녀는 하늘 아버지의 언어를 통해 그분과 말하는 법을 배운다.
> 우리는 하나님의 말을 반복하면서 그분께 기도하기 시작한다.[1]

시편에서 우리는 하나님이 우리의 말을 진정으로 듣기 원하신다는 사실을 발견한다. 하나님은 우리에게 그분께 마음을 쏟아 내는 법을 가르치고자 하신다. 우리의 마음은 이미 그분 앞에 훤히 드러나 있기 때문이다(잠 15:11). 하나님은 우리 안에 있는 것을 이미 보고 계신다. 우리 마음속의 모든 생각; 관념, 의도, 혼란을 다 알고 계신다. 하나님은 우리 영혼 깊은 곳에서 탄식하면서 우리의 고통을 경험하신다. 하나님은 우리의 가장 깊은 갈망, 고통, 바람을 이미 아신다는 사실을 우리가 이해하기를 원하신다. 시편을 통해 우리는 이런 현실을 표현할 언어를 발견한다. 하나님은 우리를 깊은

기도로 초대하시며, 시편은 이 부르심을 위한 중요한 훈련 도구 역할을 한다.

기도가 외롭고 따분해지는 이유

우리 모두는 누군가가 우리의 참모습을 보고 깊이 관심을 가져 주기를 바란다. 하지만 동시에 우리 자신이 드러나는 것을 두려워한다. 에덴동산에서 하나님을 피해 숨었던 아담과 하와, 혹은 부모가 불순종을 볼까 봐 숨기는 아이처럼, 타락한 인간의 영혼은 나쁜 것을 숨긴다. 우리는 좋은 것을 보여 주고 싶어 하고, 좋은 것을 경험하지 못할 때는 보여 주지 않는 편이 낫다고 생각한다.

시편에서 이런 긴장을 볼 수 있다. 한편으로 시편 기자는 다음과 같이 기도한다.

내가 주의 인자하심을 기뻐하며 즐거워할 것은 주께서 나의 고난을 보시고 환난 중에 있는 내 영혼을 아셨으며(시 31:7).

시편 기자는 하나님이 자신을 보시는 것을 악에서 구원받는 것과 연결시켰다. 그래서 그는 다음과 같이 기도했다.

하나님이여 우리를 돌이키시고 주의 얼굴빛을 비추사 우리가 구원을 얻게 하소서(시 80:3)

하지만 이 바람에는 어두운 측면이 있다. 하나님이 우리를 보시는 것 같지 않다고 느껴진다면? 시편 기자는 이 문제를 놓고도 기도한다.

주의 얼굴을 나에게서 어느 때까지 숨기시겠나이까(시 13:1).

여호와여 어찌하여 나의 영혼을 버리시며 어찌하여 주의 얼굴을 내게서 숨기시나이까(시 88:14).

시편 기자는 하나님이 자신을 보시는지 확신하지 못해 부르짖는다. 그는 하나님의 임재라는 빛 아래서 이 세상과 자신의 삶이 왜 망가졌는지 도무지 이해할 수 없다. 하나님이 계시지 않은 것만 같다. 섭리가 없는 것처럼 보인다. 왜 하나님이 고개를 돌리신 것처럼 보일까?

시편 기자는 현실이 아닌 자신의 경험을 말하고 있다. 시편 77편 7-8절은 낙심한 신자의 마음을 잘 담아낸다.

주께서 영원히 버리실까 …… 그의 인자하심은 영원히 끝났는가.

하나님이 실제로 고개를 돌리신 것으로 보아서는 곤란하다. 우리는 시편 기자의 경험을 이해한다. 우리도 그런 경험을 해 본 적이 있다. 물론 그리스도께서도 그런 경험을 하셨다. 이 시편을 통해 하나님을 의심하는 자신을 돌아보며 기도할 수 있다.

그런가 하면 자신의 죄와 불순종 앞에서 하나님의 시선이 불편해질 수 있다. 그럴 때 우리는 이렇게 기도한다.

> 제가 떠나서 다시는 오지 않기 전에, 제가 다시 웃을 수 있도록
> 제게서 시선을 거두어 주옵소서(시 39:13, NRSV 성경).

이런 순간 우리는 마음의 진실을 기도하되 하나님께 더 좋은 방법이 있다는 사실을 깨닫는다.

가장 큰 자기기만은 우리가 우리 자신을 보는 것처럼 하나님이 우리를 보신다고 생각하는 것이지 않나 싶다. 이것이 기만적인 것은 우리 자신이 망가졌다고 해서 하나님도 망가졌다고 생각하는 것이기 때문이다. "어찌하여 주의 얼굴을 제게서 숨기십니까?"는 아주 완벽하고 솔직한 기도지만, 이 기도를 할 때 그 의미는 "하나님, 왜 주님이 제게서 얼굴을 숨기시는 것처럼 느껴지지요?"가 되어야 한다.

우리의 느낌이 곧 현실이라고 가정해서는 안 된다. 하나님에 관해서는 더없이 조심해야 한다. 하나님이 계시지 않은 것처럼 느

껴지면 실제로 하나님이 계시지 않은 것이라고 생각하는 사람이 많다. 그들은 아직 눈으로 온전히 보는 시대가 오지 않았으며, 지금은 믿음의 시대라는 사실을 알지 못하는 이들이다(고전 13:12). 그러므로 하나님에 대한 의심을 솔직히 아뢰면서 기도해야 한다. 왜 의심이 생기는지 그분께 아뢰어야 한다. 그런데 우리는 이런 의심을 더 깊은 기도로의 초대로 보지 않고 기도를 '더 잘하려고만' 할 때가 많다.

이를 악물고 기도를 더 잘하려고 하면 상상에 빠지기 쉽다. 하늘에 계신 우리 아버지는 성자 안에서 성령을 통해 그분께 진실을 아뢰라고 말씀하신다. 상상이 아니라 현실 속에서 그분께 나아오라고 말씀하신다. 하지만 우리는 상상을 추구한다. 그렇게 하면 안심이 되고, 하나님이 그것을 눈치 채시지 못할 거라고 생각하기 때문이다. 하나님을 우리가 원하는 모습으로 상상하거나 우리 삶을 '덜 충성스러워 보이는(혹은 더 악해 보이는) 이들'과 비교하면 마음이 편해진다. 반대로, 상상은 우리를 두려움을 몰아가기도 한다.

예를 들어, 하나님을 용서와 인내를 모르는 무자비한 분으로 상상하면 그렇다. 하지만 이런 상상도 어떤 이들에게는 자신의 판단이 옳다고 확인시켜 준다는 점에서 일종의 안도감을 준다. 두려운 것을 자신의 힘으로 해결할 길을 마련해 준다는 점에서도 안도감을 줄 수 있다. 우리는 '하나님이 용서와 인내를 모르는 분이라면 내가 지금보다 더 잘해야 한다'라고 생각한다. 그렇게 기도는 좋은 모습을 보이기 위한 시간이 되고, 솔직한 기도는 사라진다. 기도 중에 극도로 부정적인 감정들이 일어날 때는 특히 이런 모습이 나타나기 쉽다.

부정적인 감정이 일어날 때 우리는 하나님이 하셔야 할 일을 대신하기 위해 기도를 멈춘다. 요한은 요한일서 4장 18절에서 "온전한 사랑이 두려움을 내쫓나니"라고 말한다. 하지만 두려움, 걱정, 죄책감, 수치심 속에서 우리는 완벽한 사랑이신 하늘 아버지를 바라보는 대신, 이런 부정적인 감정으로 스스로 다루려고 한다. 완벽한 사랑에 관한 '관념'이 두려움을 내쫓는 것이 아니다. 오직 완벽한 사랑 자체만이 그 일을 할 수 있다. 우리를 깨끗하게 하는 일은 오직 하나님만 하실 수 있는데, 스스로 그 일을 하려고 할 때 기도는 우리의 영적 삶에 대한 자신감을 얻기 위한 수단으로 전락한다.

자신의 선함을 보기 위한 기도는 생명을 주는 진실한 기도가 아니다. 앞서 보았듯이 이것이 우리의 기도가 외롭고 따분하게 느껴질 때가 많은 이유다. 이런 기도는 하나님을 관리하기 위한 시간일 뿐이다. 이런 식으로는 친밀한 기도 생활이 불가능하다.

기 도 중 에 분 노 를 다 루 는 법

나는⒥ 분노 때문에 내 기도가 얼마나 잘못되었는지 깨달을 수 있었다. 하나님께 이야기하는 중에 내 마음속에서 깊은 분노, 때로는 분개와 고통이 느껴졌다. 거의 자동적으로 분노가 일어났다. 그때마다 나는 기도에 멈춤 버튼을 누르고서 나 자신에게 말하기 시작했다. 그렇게 나는 문제를 하나님께 맡기는 대신 자기 관리 모드에 돌입했다.

분노가 그릇된 것으로 느껴졌고 고통은 내가 약한 자라는 생각이 들게 만들었다. 나는 이런 감정을 하나님께 가져가는 대신, 기도를 멈추고 스스로에게 말했다. '존, 분노하는 것은 옳지 않아. 도움이 되지 않아. 사람의 분노는 하나님의 의를 이룰 수 없어. 그러니 분노를 버려.' 더 이상 내 고통에 관해 생각지도 않기로 마음을 먹고서 기도를 재개했다. "하나님, 죄송합니다. 이 사람에게 화를 내지 말았어야 했습니다. 저를 용서해 주옵소서." 그러고 나서 기도를 계속하려고 애썼다.

보다시피 내 목표는 고통과 그 고통 때문에 생기는 분노를 다루지 않고 그냥 떨쳐 내는 것이었다. 무엇보다도 나는 하나님이 내 안에서 이런 것을 다루시도록 맡기지 않았다. 고통과 분노라는 내 현실을 보지 않고 내 의지로 그것을 떨쳐 낼 수 있다고 상상했다. 비록 좋은 의도로 자기 관리를 시도한 것이지만 그렇게 해서는 깊은 곳에 자리한 분노를 다룰 수 없었다. 단지 분노를 잠시 억누를 뿐이었다. 그렇게 다루지 않은 분노는 언제라도 다시 튀어나올 수 있었다. 무엇보다도 이런 종류의 자기대화는 자신의 힘으로 자신을 깨끗하게 하려는 시도다. 내가 왜 이렇게 했을까? 나를 고통과 분노가 없는 선한 그리스도인, 강한 그리스도인으로 보고 싶었기 때문이다.

내 진짜 모습을 보고 싶지 않았기 때문에 나는 아담과 하와처럼 숨고 자신을 가렸다. '기도를 잘하는' 모습이 나를 숨기는 수단이었다. 하지만 하늘에 계신 우리 아버지는 모든 것을 보고 모든 것을 아시며 모든 것을 용서하신다. 그리고 모든 것을 듣기를 원하신다. 하나님은 자녀들의 마음속에 있는 모든 고통과 망가짐을 변화시키기를 원하신다.

안타깝게도 스스로 해결하려는 유혹은 쉽게 사라지지 않는다. 그것은 우리 마음속 깊은 곳에 자리한 원죄의 흔적이기 때문이다. 원죄 이후로 인류는 하나님처럼 될 수 있다고 믿어 왔다. 기도할 때 죄, 고통, 망가짐을 내 힘으로 다루려는 것이 바로 '하나님처럼' 되려는 시도다.

내 죄를 바로잡으려고 하고 분노와 두려움, 걱정을 다루는 법을 배우려고 하지 말고 하나님께로 나아가야 한다. 그분 안에 거할 때만이 스스로 삶을 통제하고 내적 세상을 정의하려는 노력을 멈출 수 있다. 오직 하나님만이 나를 깨끗하게 하시고 내 분노를 다루실 수 있다. 나는 그분께로 나아가 용서와 사랑이 충만한 그리스도를 발견하고 성령의 변화시키시는 역사를 경험해야 한다. 자기 안에서 분노를 발견하면 그 분노가 내게 어떤 영향을 끼치며 하나님이 그 분노를 어떻게 하기를 원하시는지 깨달아야 한다. 하나님이 내 분노에 관해 무엇을 가르치시려는지 귀를 기울어야 한다. 하나님께 진실하게 나아가 그 분노를 그분께 아뢰어야 한다.

2부에서 분노에 관해 바울처럼 (그리고 시편 기자처럼) 기도하는 법을 구체적으로 다루겠지만, 지금은 "당신은 하나님이 무엇을 들어주실 수 있다고 생각하는가?"라는 질문을 고민해 보자.

기도 중에 두려움, 걱정, 분노, 문제, 망가짐을 하나님께 아뢰는가? 혹은 뭔가 중요한 것들을 배제시키는가? 시편 기자처럼 하나님이 당신에게서 얼굴을 돌리신 것처럼 느낄 때 어떻게 하는가? 하나님께 나아가 그분의 얼굴을 구하는가, 아니면 문제라고 생각되는 것을 고치기 위해 자기 관리를 시도하는가?

현실 한복판에서 기도하라

이 모두는 결국 '우리의 참된 소망이 어디에 있는가' 하는 문제로 귀결된다. 자신에 관한 진실을 보면 어디를 바라보는가? 성경에서 우리의 마음속에 있는 죄, 걱정, 혹은 하나님이 계시지 않은 것 같은 느낌 등을 꾸짖는 말씀을 보면 어디로 가는가? 이런 문제를 어떻게 헤쳐 나가는가? 성경 말씀은 우리 존재의 깊은 곳을 쪼개 "마음의 생각과 뜻"을 드러냄으로 우리를 "벌거벗은 것같이" 만드는 양날의 검이다(히 4:12-13). 이런 상황에서 우리는 어떻게 해야 하는가?

하나님은 보시는 것을 들으실 수 있다. 우리는 이 놀라운 진리를 받아들여야 한다. 또한 우리가 하나님이 보시는 것을 솔직히 털어놓고 그것을 위해 기도해야 한다. 숨은 죄, 마음 깊은 곳에 있는 충족되지 않은 바람, 오랫동안 가슴 깊이 숨기고 살아온 슬픔까지 우리 마음속에 있는 모든 것을 하나님께 털어놓고 기도해야 한다. 성령은 탄식 가운데 이런 것을 성부께 올려 드린다. 기도 중에 진실을 고백하지 않는 것은 성령의 탄식 밖에서 기도하는 것이다. 하나님은 보시는 것을 듣기 원하신다. 하나님은 언제나 현실 속에서 역사하시기 때문이다. 하나님은 결코 상상 속에서 역사하시지 않는다. 이런 진실한 기도는 기도에 관한 복음을 받아들일 때 나타나는 열매다.

하나님의 말씀 앞에서 우리 마음속의 모든 생각과 의도가 벌거벗은 것처럼 드러난다. 이런 상황과 관련해서 히브리서 기자는 이렇게 말한다. "우리에게 큰 대제사장이 계시니 승천하신 이 곧 하나님의 아들 예수시라"(히 4:14). 그렇기 때문에 우리는 "긍휼하심을 받고 때를 따라 돕는 은혜를 얻기 위하여 은혜의 보좌 앞에 담대히 나아갈" 수 있다(16절).

성경은 죄책감을 느낄 때 우리 스스로 해결하라고 말하지 않는다. 하나님은 우리 힘으로 우리 자신을 관리하거나 바로잡으라고 말씀하시지 않는다. 그분 앞에서 무사할 수 있도록 나름의 전략을 마련하라고 말씀하시지 않는다. 그런 것에는 소망이 없다. 우리에게는 대제사장이 계시다. 그분께 소망을 두어야 한다.

요나가 옳았다. 하나님은 은혜롭고 자비로우시며 노하기를 더디 하시며 인자가 크시다(욘 4:2). 특히 기도 중에 우리의 죄와 망가짐이 드러날 때 우리가 가야 할 곳은 하나뿐이다. 바로 하나님 앞으로 가야 한다. 우리에게는 하늘에 오르사 성부 하나님 앞에 계신 대제사장 예수님이 계시기 때문에 우리의 마음이 적나라하게 드러난 상태에서도 하나님의 은혜의 보좌 앞에 담대히 나아갈 수 있다. 사실, 우리는 우리 자신의 이름이 아닌 예수님의 이름으로 보좌 앞에 나아간다. 우리는 그분이 상처 입으심으로 우리가 나음을 받았고(벧전 2:24) 그분의 말씀으로 깨끗해졌다는(요 15:3) 사실을 알고 믿는다. 이제 우리는 하늘 아버지의 자녀다.

하나님이 그리스도를 통해 행하신 구원의 역사 덕분에 우리의 기도는 진실해질 수 있다. 하나님은 그분이 보시는 것을 고백하라고 말씀하신다. 은혜의 보좌 앞으로 담대히 나오라고 초대하신다. 이것이 마침내 자유를 찾는 유일한 길이다. 우리 마음속에 있는 모든 것을 나누어야만 그리스도 안에서 가진 자유를 누릴 수 있다. 우리의 모든 생각, 심지어 가장 더러운 생각까지 전부 고백해야 한다. 그럴 때 하나님이 우리를 위하시며 그 무엇도 "우리를 우리 주 그리스도 예수 안에 있는 하나님의 사랑에서 끊을 수 없"(롬 8:39)다는 사실을 우리가 진정으로 믿는다고 말할 수 있다.

하나님이 보시는 것을 우리가 고백하며 기도하기 시작할 때 비로소 우리는 진실한 기도를 하는 것이다. 우리 영혼 깊은 곳의 가장 더러운 것들을 놓고 기도할 때 하나님의 용서와 십자가가 얼마나 멀리까지 미치는지 비로소 이해할 수 있다. 그리스도의 사역은 우리 마음 깊은 곳의 불신, 망가짐, 죄에까지 미친다. 우리는 디모데후서 2장 13절에서 바울이 디모데에게 한 말을 온전히 이해하게 된다. "우리는 미쁨이 없을지라도 주는 항상 미쁘시니 자기[그리고 우리를 위해 아버지와 맺으신 언약]를 부인하실 수 없으시리라." 아무것도 우리를 그리스도 안에 있는 하나님의 사랑에서 끊을 수 없다는 사실을 추상적으로만이 아니라 '경험적으로' 알기 시작한다. 무엇보다도, 우리가 자신의 가장 더러운 부분을 하나님께 고백해도 상관없이 사랑을 받는다는 사실을 보기 시작한다. 우리가 자신의 훌륭한 성품 때문이 아니라 그리스도 안에서 사랑을 받는다는 사실을 아는 것이 시편으로 기도하기 위한 열쇠다.

　　그래서 시편으로 기도하는 것이 어렵다. 우리 대부분은 하나님께는 고사하고 자신에게도 이 정도로 솔직한 것에 익숙하지 않다. 시편에서 적에 대한 복수심을 발견하면 우리는 그런 종류의 분노를 느끼지 않는 체하기 쉽다. 우리의 SNS 댓글이나 운전 스타일, 가족들에게 하는 말은 우리의 분노를 보여 주는데도 우리는 신자라면 분노를 품지 말아야 한다고 생각한다. 하지만 우리는 분노를 담은 시편 139편으로 기도하면서 자신의 분노와 씨름해야 한다.

내가 그들을 심히 미워하니 그들은 나의 원수들이니이다(시 139:22).

누군가가 너무 미운가? 당신 안에 분노가 들끓는가? 분노를 부인하는가, 아니면 곧바로 고백하는가? (고속도로에서 누군가가 위험하게 끼어들 때나 자녀가 말을 듣지 않을 때, 혹은 삶이 뜻대로 풀리지 않을 때, 정치 이야기를 할 때) 분노가 튀어나오면 변명부터 하는가?

시편 139편을 통해 우리는 자신의 분노를 솔직히 고백해야 한다. 하나님은 모든 것을 보시기 때문에 심지어 누군가를 죽여서 복수하고 싶다는 말을 하더라도 그 모든 것을 하나님께 고백해야 한다. 우리 마음속의 진실을 놓고 기도할 때 시편 기자처럼 하나님께 악한 행위가 있는지 우리의 마음을 살펴 달라고 요청해야 한다(시 139:23-24). 마음속의 분노와 미움을 인정하면서 그것을 우리 대제사장의 손에 내려놓아야 한다. 그분이 올바로 판단해 주실 줄 믿어야 한다.

정직한 기도, 죄를 가볍게 보지 않는다

자신의 분노를 하나님 앞으로 가져가는 것을 생각하면, 마태복음 5장 43-45장에 기록된 예수님의 말씀이 신경이 쓰일 수 있다. "또 네 이웃을 사랑하고 네 원수를 미워하라 하였다는 것을 너희가 들었으나 나는 너희에게 이르노니 너희 원수를 사랑하며 너희를 박해하는 자를 위하여 기도하라 이같이 한즉 하늘에 계신 너희 아버지의 아들이 되리니."

이 말씀을 읽으면 예수님이 분노하지 않으려 노력하라고 말씀하시는 것 같다. 하지만 보다시피 여기서 예수님 말씀은 우리가 누군가를 원수로 여길 수 있다는 점을 가정하고 있다. 예수님은 "너희가 분노를 품고 누군가를 원수를 여긴다고 상상해 보라"고 말씀하시지 않는다. 예수님은 우리가 현재 분노를 품고 있고 이미 누군가를 원수로 여기고 있다고 가정하시는 것이다. 기도 중에 우리는 이런 것들을 솔직히 고백해야 한다. 하지만 이런 고백만으로는 부족하다. 자신의 분노를 그냥 고백하고 넘어가서는 안 된다. 우리가 그분의 원수였을 때도 우리를 사랑하신 그리스도의 임재 안에서 이 분노를 고백해야 한다.

어떤 사람 때문에 깊은 곳의 분노가 깨어나면 우리 마음속의 가장 깊은 죄들을 용서하신 하나님 앞으로 그 사실을 가져가야 한다. 솔직함은 하나님 나라 안에서 사는 데 반드시 갖추어야 할 요소다. 진실을 고백해야 한다. 우리가 어떤 사람인지 솔직히 고백해야 한다. 하지만 이런 고백 자체가 목표는 아니다. 자신에 관한 진실을 하나님께로 가져가고 나서 그분이 알려 주신 그분 나라의 삶으로 나아가야 한다. 미움에서 사랑으로 나아가게 해 달라고 기도해야 한다. 원수 때문에 분노해 있을 때 우리 마음의 진실을 고백하고 나서 하나님 나라의 현실에 따라 그 마음을 바꿔 나가야 한다.

분노를 고백한다고 해서 그 분노가 정당화되는 것은 아니다. 고백은 우리를 더 나은 길로 부르시는 분 앞으로 나아갈 수 있게 도와줄 뿐이다. 그 길은 원수를 사랑하고 용서하며 그를 위해 기도하는 것이다. 그분은 은혜 안에서 우리를 있는 그대로 받아 주시되, 은혜 안에서 우리를 그 상태로 놔두시길 거부하신다. 이런 것들과 씨름하기 위한 첫 번째 자리가 바로 기도의 자리다.

우리가(존과 카일) 가르치는 학생 가운데 자신의 죄와 망가짐에 관해 하나님과 이야기하는 것을 신자답지 못하다고 생각해 솔직한 기도를 드리지 못하는 이들이 적지 않다. 그들은 하나님의 거룩하심 때문에 늘 긴장한다. 그들은 우리가 죄를 자책하고 나서 재빨리 넘어가는 것이 하나님이 바라시는 것이라고 생각한다. 그런 악한 것들에 관한 생각은 최대한 짧게 하는 것이 바람직하다고 말이다.

하지만 죄와 망가짐을 솔직하게 고백하는 것은 죄를 정당화하거나 죄를 좋은 것으로 받아들이는 것이 아니다. 오히려 정반대다. 자신의 죄와 망가짐을 무시하거나 단순히 자책하고 넘어가는 것은 그것들을 심각하게 받아들이지 않는 것이다. 정직한 기도는 죄를 가볍게 보지 않는 것이다. 정직한 기도는 투명하지 못한 기도를 거부하는 것이다. 정직한 기도의 반대는 진짜 모습으로 하나님께 나아오는 대신 '선한 그리스도인'의 아바타를 내세워 기도하게 하는 것이다.

우리가 이런 기도의 길로 갈 때 성령은 진리를 사용해 아무것도 두려워할 것이 없다는 사실을 가르쳐 주신다. 하나님이 우리 안에서 보시는 것을 고백하며 기도하기 전까지는 하나님이 어떤 분이시며 무엇을 듣고 다루실 수 있는지 알 수 없다. 우리의 걱정과 두려움은 하나님이 누구시며 우리가 누구인지 아는 과정을 방해하기 때문이다. 이는 이중적인 기만으로 이어진다.

첫째, 하나님이 제대로 보시지 못한다고 착각하게 된다. 둘째, 그분이 보시는 것에 관해 듣고 싶어 하시지 않는다고 착각하게 된다. 그 결과는 마음 깊은 곳의 문제를 하나님께 아뢰지 않아도 시간이 지나면 그 문제가 저절로 사라지거나 해결된다는 착각이다. 실제로 이런 것들이 자신의 마음속에 더 이상 남아 있지 않다고 믿는 사람들이 너무도 많다. 그들은 현실 속에서 믿음으로 살기보다는 상상 속에서 예배하고 기도하고 예수님을 찾는다. 이런 이중적인 기만 속에서 살면 하나님을 믿는 믿음이 제한을 받는다.

이와 반대로, 하나님이 스스로 말씀하신 것처럼 은혜와 자비가 충만하며 보는 것을 듣기 원하시는 분이라고 믿는다면 솔직한 기도를 통해 그분의 품으로 점점 더 깊이 들어간다. 이제 말씀을 읽고 내가 걱정, 두려움, 때로는 분노에 빠져 있다는 진실을 볼 수 있다. 내 삶의 이런 망가진 측면을 스스로 고치려고 하지 않는다(불가능한 일). 대신 내게 하나님이 절실히 필요한데 하나님이 성령을 통해 예수 그리스도 안에서 자신을 내주셨다는 복음을 의지한다. 말씀이 내 생각을 드러내도록, 내 마음을 쪼개어 드러내 사랑 안에서 점점 더 깊고도 솔직한 대화로 들어가도록 맡길 수 있다. 나에 관한 진실을 두려워할 필요가 없다. 그리스도가 내 그런 모습을 위해 돌아가셨고 진짜 모습 그대로 나아와 그분 안에서 거하라고 부르시기 때문이다.

사랑과 용서로의 초대

어떤 이들에게는 이 모든 것이 비생산적으로 보일 수 있다. 그들은 이렇게 생각한다. '분노로 행동하거나 걱정하는 것을 멈추고 고통을 이겨 내야 해. 내 죄를 과거의 일로 만들어야 해.' 이를 성경은 육신, 혹은 "자의적 숭배"라고 부른다(골 2:23). 바로 자신의 죄를 자신의 힘으로 이겨 내려고 하는 것이다. 하지만 예수님이 사역하실 때 누구에게 관심을 기울이셨는지 생각해 보라. 예수님은 죄, 고통, 망가짐이 표면으로 드러난 사람들을 돌보셨다.

성전에서 "가슴을 치며 이르되 하나님이여 불쌍히 여기소서 나는 죄인이로소이다"라고 부르짖은 사람은 의롭게 되어 갔지만(눅 18:13), 자신의 선함을 내세우며 기도하려고 했던 바리새인은 그렇지 못했다. 예수님은 그분을 저녁 식사에 초대한 바리새인은 받아 주시지 않았지만 자신의 눈물로 그분의 발을 씻은 여인은 받아 주셨다.

예수님이 바리새인들에게 하신 말씀을 반드시 기억해야만 한다. "사함을 받은 일이 적은 자는 적게 사랑하느니라"(눅 7:47). 이것이 우리가 마음의 진실을 보기를 두려워할 필요가 없는 이유다. 용서가 필요함을 더 분명히 볼수록 용서받았다는 사실을 더 분명히 알게 되며, 예수님은 이 지식을 '사랑하는 능력'과 연결시키신다. 우리는 사랑해야 한다. 점점 더 깊은 사랑으로 들어가야 한다. 따라서 우리가 이미 용서받은 모든 것들을 보고 받아들여야 한다.

기도는 우리의 고통과 죄 속으로 들어가는 여행이다. 믿음은 진실 속에서 하나님과 함께하는 여행이기 때문이다. 고통, 그리고 죄에 관한 양심의 찔림 속에서 우리는 이렇게 부르짖는다. '내가 이 문제에 관해 진정으로 용서를 받았나? 이런 문제에서 치유가 가능할까? 하나님이 이런 문제를 가진 나를 진정으로 받아 주실 수 있을까?'

자신의 죄와 망가짐을 볼 때 우리는 그것이 사랑과 용서로의 초대라는 사실을 알고 믿어야 한다. 그런 순간, 하나님의 사랑이 얼마나 깊고 친밀하며 우리를 얼마나 자유하게 하는지 알게 된다. 이는 사랑 속으로 들어가는 여행이 우리에게 용서가 얼마나 절실히 필요한지 깨달아 가는 여행이라는 뜻이다. 죄에 대한 승리는 내 힘과 자립에 있지 않다. 그리스도 없이는 우리가 아무것도 할 수 없다는 사실을 더 깊이 깨닫고 우리의 망가짐과 죄를 더 깊이 자각해야 한다. 마음속에서 발견되는 것들을 두려워할 필요가 없다. 이제 그것들이 하나님의 용서하시는 은혜와 자비를 받아들이기 위한 통로가 되기 때문이다.

+ 내 죄와 고통을 내놓고
하나님께 나아가는 연습

10-15분 동안 당신이 기도 중에 죄, 고통, 죄책감, 수치심을 주로 어떻게 대하는지 하나님께 아뢰라. 그리고 시편에서처럼 당신의 영혼을 향해 말하라. 하나님께 이렇게 물으라.

"제가 제 고통, 죄, 패배감에 관해 기도해도 괜찮습니까? 제가 주님께 이런 것을 아뢰어도 됩니까?"

하나님이 성경에서 손발과 눈을 치유해 주셨듯이 당신의 고통을 치유해 주시기를 남몰래 소망하는가? 이에 관해 하나님께 여쭈라. 모든 것을 보시는 하나님께 고통을 솔직하고도 온전히 아뢰지 않고 그냥 "하나님, 이것을 없애 주세요"라고 기도하는가? 가족의 문제와 갈등, 직업, 그릇된 대접을 받아 온 관계 등 고통이 느껴지는 삶의 영역들에 관해 생각해 보라. 이것을 놓고 기도하라. 성령의 함께하심에 마음을 열라. 그분과 함께 이런 감정을 다루는 법을 배우라.

"아버지, 아버지께서는 모든 것을 알고 보십니다. 제 분노, 좌절감, 후회를 보십니다."

잠시 시간을 내어 당신이 살면서 겪는 고통을 어떻게 대하는지 하나님께 있는 그대로 아뢰라. 복수하고 싶은가? 마음 깊은 곳에서

분노를 끓여 왔는가? 그것을 하나님께로 가져가라. 걱정과 두려움을
그분 앞에 내려놓으라. 당신의 고통 속으로 그분을 초대하라. 감정을
관리하려고 하지 말고 하나님께로 가져가고, 성령 안에서 고통을
경험하는 것이 무슨 의미인지 배우라. 이것이 혼란, 상처, 분노, 죄가
가득한 마음의 영역에서 성령과 동행하는 법을 배우기 위한 출발점이다.

살아 움직이는
기도 배우기

찬양 인도자가 새로운 노래를 선보일 때마다 나는(카일) 속으로 한숨을 쉰다. 새로운 찬양을 부르는 것이 힘들어서다. 새로운 찬양을 배우려고 애를 쓰다 보면 찬양의 대상이신 하나님보다도 노래 자체에 관해 더 많이 생각하게 된다. 곡조를 익히고 가사를 이해해서 내 노래로 삼아 하나님께 나를 진정으로 드리는 도구로 삼기까지 꽤 시간이 걸린다.

나는 교회 예배에 대해서도 비슷한 문제점을 안고 있다. 예배의 소소한 부분까지 다 알아야만 그 리듬을 진정으로 파악할 수 있다. 조나단 에드워즈는 그리스도인의 삶이 영원히 부를 새로운 노래를 배우는 것이라는 말을 했다. 지금 우리는 하늘에서 울려 퍼지는 위대한 교향곡의 불협화음들이다. 하지만 "복의 근원 강림하사"라는 위대한 찬송가 가사처럼 하나님은 그분의 은혜를 찬양하도록 우리의 마음을 변화시키고 계신다. 우리 모두는 우리의 노래로 삼기 힘든 새로운 노래를 배우고 있다.

새로운 노래를 자신의 것으로 삼으려면 시간이 걸린다. 다른 사람이 만든 노래를 부르면 하나님에 대한 우리의 찬양에 좋거나 나쁜 영향을 미친다. 기도도 다르지 않다. 지금까지 읽은 내용에 따라 정직한 기도는 뭐든 마음속에 떠오르는 것으로 기도하는 것이라고 생각할 수 있다. 하지만 이는 기도를 위한 훈련을 고려하지 않은 생각이다. 찬양곡이 즉흥적인 찬양을 위한 훈련인 것처럼 기도에도 훈련이 필요하다.

성경적인 기도 훈련을 하려면 우리 자신의 것이 아닌 다른 기도들 속으로 들어가야 한다. 이런 기도는 자신만의 기도를 하는 데 도움을 준다. 이것이 낯설고 이상하게 느껴지는가? 심지어 거짓된 것처럼 느껴지는가? 우리는 이런 종류의 제자 훈련을 더 이상 가치 있게 여기지 않는 경향이 있다. 현대 문화는 모방보다 독창성을 높이 평가한다. 하지만 여기는 큰 맹점이 있다.

제자들이 기도하는 법을 가르쳐 달라고 요청하자 예수님은 우리가 "주기도문"으로 부르는 기도문을 주셨다. 앞서 보았듯이 시편도 150편의 기도문이다. 이 시편을 통해 우리는 다른 사람의 기도 속으로 들어가 그 기도를 우리의 기도로 삼으려 노력해야 한다. 이것은 우리 자신의 노래를 만드는 데 도움을 주는 새로운 노래를 배우라는 초대다.

하지만 이 훈련은 단순한 반복이 아니다. 다른 사람의 말을 통해 우리가 불러야 할 노래의 리듬과 가사를 얻어야 한다. 우리의 마음이 하나님과 그분 나라의 현실과 불협화음을 이루면 온갖 고통과 혼란과 권태가 따른다. 우리의 마음이 그분의 은혜의 곡조와 일치되려면 그분께 솔직하게 나아가야 한다.

변질된 우리의 기도를 제자리로

기도에 대한 우리의 경험은 우리의 마음을 온통 망가지고 부정확한 방식으로 비추는 거울의 방과 같을 때가 많다. 수십 년간 기도하고도 이런 거울이 진실을 보지 못하도록 우리의 눈을 가린다는 점을 전혀 모를 수 있다. 우리의 기도가 주문을 외우듯 적절한 단어를 적절한 순서로 배치해 하나님을 조종하려는 수단으로 전락할 수 있다는 점을 알아야 한다. 혹은 단순히 하나님을 우리 편으로 끌어들이기 위한 도구로 기도를 사용할 수 있다. 기도는 망가질 수 있다.

어릴 적부터 교회에 다니거나 오랫동안 신앙생활을 한 사람들에게 기도는 너무도 당연한 것이어서 자신이 어떻게 기도하는지에 관해 생각지도 않는 경우가 많다. 그냥 기도한다(혹은 기도하지 않는다). 익숙함 탓에 어떻게 기도하는지 혹은 기도하는 중에 어떤 일이 일어나는지 거의 의식하지 못한다. 그럴 경우, 어떻게 기도할지 몰라서 결국 기도를 피하게 될 수 있다. 기도는 그리스도인의 가장 기본적인 습관 가운데 하나이자 동시에 기독교 공동체에서 가장 덜 사용되는 습관이기도 하다. 성(性)과 마찬가지로 기도는 대부분의 사람들이 공개적으로 이야기기 싫어하는 주제다. 하지만 기도는 우리의 삶에 깊고 중대한 영향을 미친다.

제자들이 예수님께 기도하는 법을 가르쳐 달라고 요청한 것도 무리가 아니다. 기도는 많은 질문을 낳는다. 물론 제자들은 기도에 관해 '무언가'를 알고 있었다. 시편을 듣고 시편으로 기도해 왔으며, 성전에서도 기도해 왔기 때문이다. 그럼에도 불구하고 예수님이 기도하시는 모습을 본 그들은 도움을 요청했다. 누가는 이렇게 말한다. "예수께서 한 곳에서 기도하시고 마치시매 제자 중 하나가 여짜오되 주여 요한이 자기 제자들에게 기도를 가르친 것과 같이 우리에게도 가르쳐 주옵소서"(눅 11:1).

제자들은 스승에게 두 가지를 물었다. 첫째, "예수님은 어떻게 기도하십니까?" 둘째, "예수님의 가르침에 따라 우리는 어떻게 기도해야 합니까?" 예수님은 곧바로 기도에 관한 방법론적 질문으로 들어가시지 않고 신앙생활을 방해하는 더 깊은 동기들을 지적하셨다. 그전에도 이미 진정한 문제인 마음의 가장 깊은 동기들을 가르치셨다(마 5:1-6:8). 제자들이 이런 가르침을 듣고서 기도에 관해 물은 것은 너무도 당연했다.

> 또 간음하지 말라 하였다는 것을 너희가 들었으나 나는 너희에게 이르노니 음욕을 품고 여자를 보는 자마다 마음에 이미 간음하였느니라 만일 네 오른 눈이 너로 실족하게 하거든 빼어 내버리라 네 백체 중 하나가 없어지고 온몸이 지옥에 던져지지 않는 것이 유익하며 또한 만일 네 오른손이 너로 실족하게 하거든 찍어 내버리라 네 백체 중 하나가 없어지고 온몸이 지옥에 던져지지 않는 것이 유익하니라(마 5:27-30).

예수님의 이 가르침은 죄의 눈을 피해 숨을 곳이 없다는 점을 보여 주심으로써, 제자들이 복음을 들을 수 있도록 준비시키기 위한 것이었다. 예수님은 기도가 다른 사람들에게 자신을 과시하기 위한 수단이 될 수 있다는 점을 지적하셨다(마 6:5). 그리고 나서 그들에게 은밀한 가운데 기도하라고 가르치셨다. 예수님은 영적 지식을 가졌다 해서 스스로 뿌듯하게 여기고 다른 사람들에게 과시하려는 욕구를 경계하시고, 하나님이 들으시게끔 유도하려는 기도 방식의 문제점을 지적하셨다. 예수님은 이방인들처럼 말을 많이 해야 하나님이 들으실 줄로 생각하지 말라고 말씀하셨다(마 6:7-8). 하나님이 귀를 여시도록 유도하기 위해 많은 말을 할 필요가 없다. 대신 예수님은 깊은 진리를 밝혀 주셨다. 그것은 하나님이 우리가 필요한 것을 구하기도 전에 아시는 아버지이시라는 것이다.

하나님은 우리가 기도를 시작하기도 전에 우리에게 필요한 것을 아신다. 그러니 말실수를 했다고 해서 괴로워하지 말라. 당신의 열심이나 진심이 충분하지 않을까 걱정하지 말라. 하나님은 당신의 아버지이시니 그냥 나아가라. 하나님은 당신에게 필요한 것을 당신이 알기도 전에 이미 다 아신다. 마르다처럼 많은 일로 걱정하고 있는가? 그렇다면 걱정을 안고 나아와 하나님 앞에 걱정을 쏟아 내라. 신약학자 크레이크 키너는 염려하지 말라는 바울의 권고(빌 4:6)에 관해 이렇게 주장한다. "바울이 염두에 둔 염려의 반대는 염려를 억누르려는 시도가 아니라 자신의 필요를 하나님 앞에서 인정하고 그분께 맡기는 것이다."[1] 참으로 옳은 말이다.

이럴 때 기도는 매우 이상하게 느껴진다. 기도가 친밀하고도 솔직하다는 개념은 실천하기는 어려워도 이해하기는 어렵지 않다. 하지만 기도가 그토록 친밀한 순간이라면 왜 예수님은 정해진 기도문을 주셨는가? 그렇게 정해진 기도문은 딱딱한 느낌이 들어서 친밀함을 방해할 것만 같다. 이런 형식주의는 다정한 느낌을 방해한다. 하지만 아무도 예수님의 주기도문을 그대로 따라 하기만 해야 할 것으로 받아들이지 않았다는 것이다. 예수님이 우리 마음대로 기도하지 못하게 하시려고 주기도문을 주셨다고 생각한 이들도 없다. 예수님이 허용되는 한 가지 기도문 혹은 '올바른 기도'의 정해진 공식을 주신 것이라고 결론을 내린 이들은 아무도 없다.

이런 면에서 주기도문은 성전 시스템과 비슷한 역할을 한다. 이 시스템은 하나님께 다가가기 위한 온갖 규제를 포함하고 있었다. 정결, 제사, 제물 등이 그런 규제다. 그리고 이 시스템은 특별한 날, 특별한 전례, 특별한 식사의 리듬을 따랐다. 하지만 그런 것이 핵심은 아니었다. 목표는 의식 자체가 아니라 하나님과 '함께하는' 삶을 위해 백성을 빚어 가는 것이었다.

그런데 하나님의 백성은 그런 의식을 그분과 교제하기 위한 수단보다 그분을 관리하기 위한 방식으로 잘못 받아들인 경우가 너무도 많았다. 그들은 형식에만 초점을 맞춘 나머지, 목적을 놓친 경우가 너무도 많았다. 우리는 노래를 올바로 부르는 것에만 신경을 쓰고 그 노래를 통해 하나님께로 나아가지 않을 때가 너무도 많다. 주 기도문에 대해서도 같은 실수를 할 수 있다.

기 준 이 되 는 기 도

예수님은 주기도문에서 기도하는 방법을 알려 주셨다. 이 기도 는 하나님을 통제하기 위한 방법이 아니다. 이 기도는 현실 속으로 들어가는 길이다. 이 기도는 기준이 되는 기도다. 다시 말해, 자녀로 서 하나님께 어떻게 나아갈지 보여 주고 우리의 기도를 그렇게 만들 어 주는 기도다. 이 기도는 우리의 모든 기도를 빚어 준다. 우리의 모 든 기도가 철저히 현실에 따라 이루어지도록 해 준다. 이 기도를 드 리는 것은 기도를 진정으로 드리도록 우리의 마음을 빚으시는 예수 님의 말씀, 나아가 예수님의 세상으로 들어가는 것이다.

"우리 아버지"라는 말을 할 때 우리는 "내 아버지"께 기도하시 는 예수님과 함께 기도하는 것이다. 우리 아버지께 기도할 때 우리 는 예수 그리스도 안에서 받은 은혜를 떠올린다. 이제 우리는 아들 이신 예수님 안에서 아버지 하나님의 자녀다. 따라서 우리는 예수 님이 아버지와 맺고 계신 관계 안에서 기도한다. 예수님은 이 기도 를 진정으로 드리신 분이다. 그분의 삶은 이 기도와 조화를 이룬 삶 이었다. 이 기도는 단순히 기도의 한 형태가 아니다. 이 기도는 자녀가 어떻게 아버지에게 기도하는지 보여 준다. 이 기도는 예수님의 기도지만, 그리스도의 중보를 통해 이제 하나님의 자녀로 입양된 죄인들이 사용할 수 있게 된 기도다.

예수님의 기도로서 주기도문은 하나님께 우리 자신의 기도를 드리는 데 필요한 거울 역할을 한다. 주기도문은 내 것이 아닌 말을 통해 내가 드리는 기도를 다시 빚기 위한 훈련의 장이다. 이 기도는 하나님이 누구이시고 내가 누구이며 하나님 나라의 삶이 어떤 모습인지에 초점을 맞추도록 내 기도를 다듬어 준다. 주기도문에 쓰인 단어들은 상상과 두려움을 뚫고 가장 진정한 대화를 하는 것이 무엇인지를 이해하게 해 준다. 예수님은 하늘에 계신 우리 아버지와 대화하라고 가르치신다. 내가 원하는 하나님을 상상하는 미성숙함에서 벗어나 하나님이 실제로 이 세상에서, 그리고 내 기도 가운데 행하시는 일을 받아들이라고 가르치신다.

"하늘에 계신 우리 아버지"

"우리 아버지"께 기도하는 것은 다른 분의 지위와 정체성 속으로 들어가는 것이다. 아버지라는 단어를 말할 때 우리는 우리가 생각하는 하나님의 모습이 아니라 하나님 스스로 말씀하시는 그분의 모습을 떠올려야 한다. 하나님은 우리에게 아버지라는 단어가 부정적인 의미를 함축하고 있음을 알면서도 우리에게 그 단어를 사용하라고 말씀하신다. 앞서 보았듯이 우리 대부분에게 '아버지'라는 단어는 많은 의미가 뒤섞인 단어다. 어떤 이들은 아버지라는 단어에서 망가짐을 떠올린다. 따라서 이 기도에서 이 단어를 말할 때 그 의미에 관한 몇 가지 질문을 던져야 한다.

우리가 '이 땅의 아버지'에게 어떤 식으로 말하는지 돌아보아야 한다. 사람마다 육신의 아버지에게 말하는 방식이 있다. 육신의 아버지와의 관계는 우리 자신과 우리의 마음에 알게 모르게 영향을 미친 상태다. 하지만 이제 우리는 진정한 하늘 아버지 앞에 서 있다. 우리의 마음을 이미 아시는 하늘 아버지는 우리가 그 마음을 솔직히 털어놓기를 원하신다.

하나님은 우리 마음을 아시며, 우리가 요청하기도 전에 우리의 모든 필요를 아신다. 여기서 한 가지를 물어야 한다. '육신의 아버지는 내 마음속에 있는 것을 알았지만 두 팔을 벌려 나를 받아 주지 않았어. 그래서 나는 육신의 아버지에게 어떤 식으로 말을 했지?' 이렇게 물으면 우리가 육신의 아버지를 조종하려고 했던 것처럼 기도로 하나님도 조종하려 하고 있다는 것을 깨달을 수 있다. 아버지에 대한 우리의 기대가 하나님에 대한 우리의 기대에 영향을 미쳤다는 것을 깨달을 수 있다. 우리의 기도에서 육신의 아버지에게 영향을 받은 모든 부분은 하늘 아버지께 붙들려 변화되어야 한다.

단순히 '내' 아버지가 아닌 '우리' 아버지 앞에 서면 또 다른 깨달음이 찾아온다. 하나님은 단순히 나만을 사랑하시는 것이 아니라 세상을 사랑하신다(요 3:16). 즉 하나님은 내가 사랑하지 않는 자들도 사랑하신다. 내가 세상을 사랑하지 않을 때도 하나님은 세상을 사랑하고 깊이 아끼신다. 자신과 갈등 관계에 있는 사람들을 놓고 기도할 때 이 점을 고려해야 한다. 우리는 다른 사람들이 변하거나 회개하거나 우리의 필요를 채워 주기를 바란다. 그리고 그 이면의 동기는 사랑이 아닌 죄책감, 분노, 갈등 상황에서 오는 피로감일 수 있다.

하지만 하나님은 우리만큼이나 그들의 아버지이시다. 우리의 사랑이 하나님의 사랑에 얼마나 미치지 못하는지 솔직히 인정해야 한다. 우리가 기도하는 이 아버지는 만물의 아버지이시고, 모든 피조물이 비롯하고 의존하는 창조주이시며, 하늘에서 내려다보며 뭐든 원하시는 대로 하실 수 있는 분이다. 기도는 우리의 바람이 그분의 뜻과 일치하지 않을 수 있는 점을 깨닫는 시간이 되어야 한다.

주기도문으로 기도할 때 우리의 바람이 변화되어야 한다는 사실과 씨름해야 한다. 우리의 간구는 달라져야 한다. 그래서 우리의 바람을 솔직히 털어놓아야 한다. 그것을 부인하는 것은 상상 속에서 사는 것이기 때문이다. 하지만 그런 유혹은 항상 존재한다. 우리의 문제점에 대해 이렇게 생각하기 쉽다. '하나님은 염려하지 말라고 했어. 그러니 염려를 멈춰. 정신을 차려!' 이런 자기대화가 이루어지는 까닭은 하나님에 관한 진실을 받아들이지 못해서다. 이 경우, 이런 자기대화는 염려를 없애기는커녕 오히려 악화시킬 뿐이다. 주기도문을 통해 이런 염려를 털어놓는 것은 하나님이 응답하시도록 만들기 위해 기술을 사용하는 것이 아니다. 주기도문은 염려 가운데 자녀로서 아버지께 나아가는 것이다.

탕자의 비유를 기억하는가?(눅 15:11-32) 이 비유에서 가장 두드러지면서도 우리가 쉽게 놓치는 요지는, 형(아버지와 함께 집을 지키면서 아버지가 시키는 대로 했던 '착한' 아들)이 아버지와 전혀 다른 모습을 보였다는 것이다. 그의 아버지는 두 아들을 다 사랑했지만 첫째 아들은 동생을 거부하고 아버지와 함께 가기를 거부했다. 첫째 아들은 아버지와의 관계를 순전히 금전적인 측면에서만 보았다. 그래서 아버지와 '함께 하는' 삶이야말로 보물이라는 점을 보지 못했다.

아버지는 첫째 아들에게 자신과 함께 둘째 아들에게 은혜를 베풀자고 했지만 그는 날카롭게 반응했다. "내가 여러 해 아버지를 섬겨 명을 어김이 없거늘 내게는 염소 새끼라도 주어 나와 내 벗으로 즐기게 하신 일이 없더니"(눅 15:29). 그리고 나서 자신의 동생을 "[당신의] 이 아들"로 불렀다(눅 15:30). 첫째 아들은 아들의 역할을 하는 법을 배웠지만 아버지 앞에서 아들답게 굴지 못했다. 주기도문은 우리의 마음속에서 이런 상태를 비춰 우리를 진실로 이끈다. 주기도문은 우리가 하늘에 계신 우리 아버지와 같지 않다는 점을 보게 해 준다.

우리의 기도가 하나님을 우리의 편으로 끌어들이거나 우리의 선함을 증명해 보이거나 단순히 하나님을 이용해 죄책감을 없애는 수단일 수 있다는 점을 보게 해 준다. 이것은 하늘에 계신 우리 아버지의 자녀답게 기도하는 것이 아니다. 자녀답게 기도한다면 마음속의 진실을 있는 그대로 고백해야 한다. 하나님이 새로운 종류의 아버지, 완벽한 아버지이심을 깨닫고, 그 깨달음에 따라 우리의 마음을 변화시켜야 한다.

하나님 앞에서 서로 상반되지만 같은 결과로 이어지는 두 가지 큰 함정이 있다. 첫 번째 함정은 우리가 스스로를 깨끗하게 하고 하나님이 좋아하실 만한 선한 모습만 보이는 것이 그분이 원하시는 것이라고 믿는 것이다. 이것은 '바리새인의 함정'이라고 부를 수 있다. 이것은 영혼의 죽은 뼈들은 숨기려고 하면서 회칠한 껍데기를 하나님께 보여 주려는 시도다. 이는 기도 없는 삶으로 이어진다. 혹은 자신이 '괜찮다'는 느낌을 얻기 위해 자신과 하나님을 관리하려는 수단으로써의 기도로 이어진다. 이런 기도는 하나님과의 깊은 삶을 낳을 수 없다.

두 번째 함정은 하나님이 사랑이시기 때문에 우리에게 그분처럼 될 것을 강요하시지 않는다고 생각하는 것이다. 이런 종류의 하나님은 거룩함과 정의에 별로 관심이 없고 우리가 무엇을 하든 안아 주기만 하는 아버지와도 같다. 따라서 우리는 우리의 망가짐과 죄를 둘 다 다루어야 하는 것을 깨닫고서 둘 다 하나님께로 가져가는 대신, 죄의 개념은 없애버리고 단순한 망가짐이라고만 말하게 된다. 이것도 기도 없는 삶으로 이어진다. 이 하나님은 우리의 상처, 독립적인 자세, 세속적인 모습을 그냥 인정하고 받아 주는 하나님이기 때문이다. 그러면 굳이 기도할 필요가 없고 그냥 우리가 원하는 대로 살면 된다.

두 함정은 모두 우리가 원하는 삶을 얻기 위해 하나님을 이용하려는 것이다. 둘 다 "그리스도와 함께 하나님 안에 감추어"진 우리의 생명을(골 3:3) 찾는 대신 우리 자신을 삶의 중심에 놓는 실수를 범한다. 둘 다 기도에 관한 복음이 얼마나 좋은 것인지 보지 못한 결과다.

진실 속으로

주기도문으로 기도할 때 우리는 진실 속으로 들어간다. 주기도문은 믿음과 소망의 기도다. 우리 삶이 이 기도대로 완벽히 되지 않고 있음을 알면서도 믿음과 소망으로 기도하는 것이다. 가장 먼저, 이 기도는 하늘 아버지 앞에서 자녀가 되라는 부름이다. 그리고 이 기도의 중심으로 들어가면 여섯 개의 명령이 나타난다. 이것들은 "하나님, 가서 이렇게 하세요!"라고 말하는 명령이 아니다. 오히려 우리 자신의 의도가 무엇인지 확인하기 위해 내면화해야 할 명령이다. 믿음과 소망으로 이런 명령을 기도하는 것은 또한 그렇게 되겠다는 의도를 표현하는 것이기도 하다. 이것은 "내 명철에 네 귀를 기울여서"라는 하나님의 명령을 따르는 것이다(잠 5:1).

그렇다면 이 기도는 우리에게 어떤 의도를 갖게 하는가?

"이름이 거룩히 여김을 받으시오며"라고 기도하는 것은(마 6:9; 눅 11:2) 우리의 모든 기도와 행동에서 하나님의 이름이 거룩하게 여겨지고 높여지기를 의도하는 것이다. 어머니의 암이 치유되거나 사촌이 구원받는 일을 위해 기도할 때 모든 상황에서 하나님의 거룩하심을 보여야 한다는 의도로 기도해야 한다. 심지어 우리가 이것을 느끼거나 온전히 이해하지 못해도, 기도한다는 것은 이 의도를 품으라는 초대를 받아들이는 것이다.

어머니나 사촌을 위해 기도하는 것은 어떻게 하면 하나님의 이름이 거룩히 여김을 받을 수 있는지 보여 달라고 요청하는 것이다. 어떻게 하면 우리가 살면서 처하는 모든 상황에서 그분의 거룩하심이 실현되거나 드러날 수 있는지 알고 싶다는 뜻을 표현하는 것이다. 하지만 동시에 우리는 시험대 위에 놓인다. 우리가 정말로 이 모든 일에서 하나님과 그분의 거룩하심을 추구하는가, 아니면 단순히 어머니 병이 낫는 것만을 원하는가?

여기서 숨지 말고 진실에 자신을 열어야 한다. 주기도문이 우리의 진짜 모습을 드러내도록 자신을 열어야 한다. 하나님의 거룩하심이 드러나도록 기도할 때 그것이 우리의 진짜 바람과 일치하는지 유심히 살펴야 한다. 만약 일치한다면 놀라운 일이다. 진실을 향해 성장하는 것이기 때문이다. 우리의 마음이 하나님의 거룩하심에 관심이 없다면 이 사실을 아는 것이 중요하다. 그리고 이것을 자비의 하나님께로 나아갈 기회로 삼아야 한다. 기도를 그만두지 말고 자신만의 기도를 새로이 해 나갈 기회로 삼아야 한다.

주기도문에서 우리에게 제시하는 두 번째 의도는 이것이다. "하나님, 제가 구하는 모든 것에서 주님의 나라가 임하옵소서. 이것이 이 기도에서 제가 원하는 것입니다. 이것이 제가 주님께 이것을 구하는 의도입니다." 친구의 구원이나 자신의 재정 문제로 기도할 때 하나님은 우리에게 무엇이 필요하며 무엇이 최선인지 이미 알고 계신다. 하나님은 우리의 지시나 조언을 기다리고 계시지 않는다. 하나님은 우리가 우리 삶에서 그분의 나라가 실현되기를 원하는 마음으로 우리의 필요를 아뢰기를 원하실 뿐이다.

예를 들어, 이런 식으로 기도해야 한다. "아버지, 제가 연봉 인상을 원한다는 거 다 아시죠? 이 일에서 주님의 통치가 나타나고 제 삶에서 주님 뜻이 이루어지기를 원합니다. 만왕의 왕 예수님이 이 요청과 제게 필요한 것을 온전히 다스리시길 원합니다. 이 요청을 이루어 주시든, 다른 계획을 갖고 계시든 주님 뜻이 이루어지게 하옵소서."

이번에도 우리는 거울 앞에 놓인다. 자신에게 물으라. '이 요청에서 내가 정말로 예수님 뜻이 이루어지기를 원하는가, 아니면 내가 원하는 것을 얻는 데만 관심이 있는가? 내 기도가 하나님 나라의 경제와 일치하는가, 아니면 서로 충돌하는가?'

우리는 하나님 나라가 임하는 것보다 우리 자신의 판단이나 바람에 따른 '좋은' 요청을 한 적이 많다. 물론 이런 요청을 해야 하지만 어디까지나 하나님 앞에 우리의 의도를 솔직히 드러내야 한다. 하나님 앞에서 솔직해서 잃은 것은 없지만 숨겨서는 잃을 것이 많다.

하나님께 기도할 때 우리가 품어야 할 세 번째 의도는 이것이다. "아버지, 제가 병 고침이나 대학원 입학, 결혼 상대에 관해 기도할 때 제 삶에서 주님 뜻이 이루어지기를 원합니다. 제 바람을 주님 앞에 내려놓습니다. 하늘에서처럼 이 땅에서 주님 뜻이 이루어지기를 원합니다." 이번에도 진실의 거울이 우리 앞에 놓인다. 하나님 뜻이 우리 뜻과 서로 충돌할 때도 우리가 정말로 그분 뜻을 원하는가? 우리가 하나님 뜻에 관심이 있는가, 아니면 하나님을 우리 뜻을 이루는 수단으로 보는가?

우리 대부분은 결과에 상관없이 하나님 뜻이 이루어지기를 바란다. 하지만 동시에 어떻게든 우리 바람이 이루어지기를 원한다. 우리 자신에 관한 이 진실을 보면서 하나님께 이렇게 이야기해야 한다. "아버지, 자비를 베풀어 주옵소서. 제게 무엇이 최선인지 아시는 줄 믿습니다. 저는 주님의 종입니다. 제가 사실 주님 뜻보다 제 뜻을 더 원한다 해도 용서하시고 참아 주시며 변함없이 사랑해 주시니 감사합니다. 성령 안에서 주님 뜻이 이루어질 것을 생각하며 기뻐합니다. 주님 뜻이 아닌 제 뜻이 이루어지기를 바라는 육신의 욕심을 바로잡아 주옵소서."

삶의 변화를 구하는 기도

우리는 하나님의 이름이 거룩히 여김을 받고, 하나님 나라가 임하고, 이 땅에서 하나님 뜻이 이루어지기를 위해 기도해야 한다. 주기도문은 이어서 우리가 기도할 때 품어야 할 세 가지 의도를 더 제시한다. 하나님께 무엇을 구하든 우리는 하나님 뜻을 구할 뿐 아니라 우리의 자기중심적인 삶이 하나님과 다른 사람들 중심으로 변화되기를 구해야 한다. '우리' 아버지께 기도하는 것은 '나의' 아버지께 기도하실 수 있는 예수님과 함께 기도하는 것이다. 하지만 그것은 성도의 교제 안에서 기도하는 것이기도 하다. 우리는 공동체의 일원으로서 다른 사람들과 함께 기도해야 한다.

이 세 가지 의도는 자녀로서 우리의 지위를 기억하게 해 준다. 우리는 명령을 내리는 위치에 있지 않다. 우리는 세상을 상대로 우리의 뜻을 관철시키도록 부름받지 않았다. 따라서 우리의 기도는 더 높으신 분에 의해 겸손한 탄원과 요청으로 변화되어야 한다. "하나님, 주님 뜻이라면 이것을 주옵소서. 저희가 용서하는 것처럼 저희를 용서해 주옵소서. 저희를 인도해 주옵소서. 저희를 구해 주옵소서."

이렇게 기도할 때 각자의 개인적인 기도가 '우리'를 위한 요청이라는 점을 기억해야 한다. 우리만 이런 것이 필요한 것이 아니다. 아버지의 자녀로서 기도할 때 우리는 홀로 기도하는 것이 아니다. 기도할 때 다른 사람들을 고려해야 한다. 자녀로서 기도하는 것은 언제나 우리처럼 나름의 (때로는 우리보다 더 큰) 필요와 바람을 가진 수많은 하나님 자녀의 형제자매로서 기도하는 것이다. 따라서 기도할 때마다 이런 의도로 요청을 해야 한다.

첫 번째는 매일의 삶을 위해 필요한 것을 달라는 요청이다. 기도할 때마다 우리가 요청하는 모든 것을 돌아보고, 오늘 필요한 모든 것을 하나님이 주실 줄 우리가 진정으로 믿는지 확인해야 한다. '하나님이 진정으로 나를 아끼신다고 믿는가, 아니면 하나님을 의지할 필요 없이 스스로 삶을 통제하고 힘을 키워야 한다고 생각하는가? 내게 무엇이 필요한지 내가 정말로 잘 아는가?'

광야의 이스라엘 백성들처럼 우리 영혼 안의 무언가는 오늘을 위한 만나를 원하지 않는다. 우리는 쉴 수 있도록 나중에 필요한 것까지 '지금' 확보하기를 원한다. 우리의 통제권을 내려놓고 하나님의 발치에서 내일을 걱정하기를 원하지 않는다. 이는 우리가 하나님을 의지하는 것을 얼마나 원하지 않는지 보여 준다. 매일의 양식을 위해 기도하는 것은 하나님의 공급하심을 의존한다는 뜻일 뿐 아니라 그것이 좋다는 사실을 받아들이는 것이다. 하나님의 공급하심을 의지하기도 어렵지만 그런 의지를 좋은 것으로 받아들이기는 더더욱 어렵다. 우리는 자신을 의지하고 싶어 한다. 물론 우리의 삶이 하나님의 손안보다 우리의 손안에 있는 편이 더 낫다는 것만큼 어리석은 거짓도 없다.

하지만 우리 마음속에 그런 거짓이 있다면 그것을 들고 하나님께로 나아가야 한다. 그래서 이렇게 기도해야 한다. "아버지, 아버지께서는 저를 너무도 잘 아십니다. 제가 아버지를 의지하기보다 제 힘으로 하는 것을 얼마나 더 편하게 여기는지 잘 아십니다. 이렇게 믿음 없는 모습을 다 보시고도 용서해 주시는 인자하심에 감사드립니다. 제게 자비를 베풀어 주시고 저를 믿음으로 이끌어 주옵소서."

두 번째는 용서에 관한 것이다. 이 간구는 우리가 용서받기를 절박하게 원하면서도 다른 사람들에게 용서를 베풀기는 꺼리는 현실을 돌아보게 만든다. 그래서 우리는 이렇게 기도해야 한다. "하나님, 주님이 저를 용서하시는 것처럼 다른 사람들을 용서하게 해 주옵소서."

하나님은 우리를 온전히 용서하신다. 하지만 우리는 다른 사람들을 좀체 용서하지 못한다. 이 간구는 하나님처럼 용서하는 사람으로 자라게 해 달라는 요청이다. 하지만 이것은 단순한 요청이 아니라 우리가 다른 사람을 위해 드리는 모든 간구를 철저히 돌아볼 기회다. 이 간구를 다시 들어 보라. "하나님, 우리가 우리에게 죄지은 자(혹 우리에게 빚진 자)를 사하여 준 것같이 우리 죄(혹은 우리의 빚)를 사하여 주시옵고"(마 6:12).

이것은 우리 마음이 듣기를 원하는 것과 다르다. 이 말을 듣는 즉시 우리의 양심이 찔린다. "정말로 내가 다른 사람들을 용서한 것처럼 나도 하나님께 용서받기를 원하는가?" 전혀 아니다! 우리는 하나님의 용서와 우리의 용서가 비교되는 것조차 원하지 않는다. 우리는 우리에게 죄지은 사람을 느리고 또 인색하게 용서한다. 우리는 후한 용서와 후한 사랑을 바라면서 그런 용서와 사랑을 베풀기는 원치 않는다. 우리는 자신만 용서받기를 원한다. 용서가 우리에게로 흘러들어 와 멈추기를 원한다. 그것이 다른 사람들에게로 흘러 나가기를 원치 않는다. 따라서 우리는 이렇게 기도해야 한다. "아버지, 자비를 베풀어 주옵소서. 제가 어떻게 해야 후하게 용서할 수 있을까요?"

다른 사람들을 위해 기도하다 보면 우리 안에서 온갖 숨은 동기가 발견될 수 있다. 우리가 누군가의 회심이나 성장, 삶의 상황에 관해 기도하는 것은 부분적으로 그들을 향한 풀리지 않은 감정 때문이다. 그들을 위한 우리의 기도 이면에 깊은 상처나 분노, 피로감 같은 것들이 있을 수 있다. 우리는 그들을 위해 기도하지만 그들이 더 이상 우리 삶을 괴롭히지 않았으면 하는 마음에서 기도한다. 주기도문에 따라 우리의 기도를 빚으면, 우리와 기도 대상이 어떤 관계에 있는지 깨닫게 된다. 우리의 기도에서 용서를 통해 변화되어야 할 원한이 발견될 수 있다.

용서를 위한 간구를 드리고자 한다면, 다른 사람들을 위한 우리의 기도 내용과 방식부터 달라져야 한다. 우리의 기도는 새로운 깨달음과 겸손에 따라 다른 사람들에게 진정으로 좋은 것을 반영하여 부드러워지고 새로워질 수 있다. 우리의 마음이 다른 사람들에게 새롭게 열릴 수 있다. 그러고 보면 그들에게(혹은 우리에게) 필요하다고 생각했던 것과 실제로 그들에게 필요한 것이 전혀 다르다는 사실이 눈에 들어올 수 있다.

하나님이 용서하신 것처럼 용서하게 해 달라는 이 간구에 따라 우리의 요청을 바라보아야 한다. 그렇게 하면 우리의 요청을 새로운 시각으로 볼 수 있다. 하나님의 용서는 후하시지만, 우리에게 용서가 얼마나 필요하며 다른 사람 용서하기를 우리가 얼마나 원치 않는지를 스스로 깨달을 때만 그 용서가 우리 밖으로 흘러 나갈 수 있다. 적게 용서받은 사람은 적게 사랑한다(눅 7:47).

따라서 우리의 요청을 솔직히 돌아보아, 우리의 질투, 분노, 탐욕에 얼마나 하나님의 용서가 필요한지 보아야 한다. 우리의 믿음 없는 모습을 들여다보기를 두려워하지 않고 용서의 필요성을 깨달을 때 사랑의 명령에 순종할 수 있다. 우리에게 얼마나 용서가 필요하고 하나님의 은혜가 얼마나 넘치는지 기억하며 "아버지, 용서해 주옵소서"라고 기도해야 한다.

세 번째는 우리가 요청한 모든 것을 바울이 말하는 "이 악한 세대"(갈 1:4)의 관점에서 점검하는 것이다. 이 간구는 이스라엘 백성들처럼 우리가 노예의 땅에서 해방되었지만 현재 시험의 광야에 있다는 사실을 일깨워 준다. "우리 아버지여 …… 우리를 시험에 들게 하지 마시옵고 다만 악(혹은 악한 자)에서 구하시옵소서." 여기서 "시험"은 유혹을 받는다는 부정적인 의미나 테스트를 받는다는 긍정적인 의미로 사용된다. 우리가 이런 종류의 시험을 당할 때 하나님은 그분에 대한 우리의 믿음을 다듬고 정화시키신다.

하지만 시험이 하나님에게서 멀어지게 유혹하는 것일 때는 부정적인 시험이 된다. 따라서 이 간구는 우리가 약해서 하나님의 세심한 지켜 주심과 돌보심을 필요로 하고 소망한다는 점을 표현한 것이다. 이것은 남편이나 아내가 "날 떠나지 마"라고 말하는 것과 비슷하다. 이것은 배우자가 떠날까 봐 걱정하는 것이 아니라 늘 함께하고 싶다는 바람을 표현하는 것이다. 이 간구는 사랑 많으신 아버지 앞에서 우리의 약함을 소망 가운데 인정하는 것이다. 이것은 시편

103편 14절의 고백과 맥을 같이 한다. "그가 우리의 체질을 아시며 우리가 단지 먼지뿐임을 기억하심이로다."

이 마지막 간구의 핵심은 이것이다. "하나님, 무엇을 구하는 것이 최선인지 저는 제대로 알지 못합니다. 그러니 저나 다른 사람들이 주님에게서 멀어지지 않도록 지켜 주옵소서. 제가 구하는 모든 것과 관련해서 악과 악한 자로부터 구해 주옵소서. 제 모든 기도와 제 모든 상황에서 저를 악에서 건져 내어 제 삶을 향한 주님 뜻으로 인도해 주옵소서."

내가(存) 나이를 먹을수록 이 마지막 간구가 점점 더 귀해졌다. 이 간구를 전보다 더 깊이 묵상하며 이렇게 기도한다. "하나님, 저나 제 가족, 제가 아는 사람들을 주님에게서 멀어질 수 있는 장소와 상황으로 이끌지 말아 주옵소서."

삶에는 우리를 서서히 파괴적인 방향으로 이끌어 갈 수 있는 일과 선택의 순간이 너무도 많다. 우리의 기도가 응답되면 우리가 어디에 이를지 우리는 정확히 알 수 없다. 그래서 우리는 이렇게 기도해야 한다. "하나님, 저희를 악한 자에게서 지켜 주옵소서."

우리의 모든 간구는 하나님의 자비와 보호하심을 구하면서 이루어져야 한다. 세상과 우리의 악한 소욕 자체만 해도 무서운 적이다. 나아가 우리는 영적 전쟁의 한복판에서 살고 있다. 바울은 이렇게 말한다. "우리의 씨름은 혈과 육을 상대하는 것이 아니요 통치자들과 권세들과 이 어둠의 세상 주관자들과 하늘에 있는 악의 영들을 상대함이라"(엡 6:12). 계속해서 그는 하나님의 전신갑주를 입고서 "모든 기도와 간구를 하되 항상 성령 안에서 기도"하라고(18절) 권고한다. 하나님의 구하심과 인도하심을 구하는 간구를 통해서도 우리 자신의 바람이 드러나는 경험을 해야 한다.

주기도문으로 기도드리는 것은 우리 주님의 기도 속으로 들어가는 것이다. 그러면 주님은 '우리에게 속했지만 아직은 낯선 세상'으로 우리를 인도하신다. 주님이 빛 가운데로 부르셨지만 우리의 눈은 여전히 어두움을 향하고 있다. 그래서 우리는 진실하게 기도하되 주기도문을 통해 우리의 마음을 살펴야 한다. 예수님의 겟세마네 기도를 우리의 기도로 삼아야 한다. "내 원대로 마시옵고 아버지의 원대로 되기를 원하나이다"(눅 22:42).

주기도문을 우리의 기도로 삼되 이 기도에 우리가 하나님께 구해야 할 모든 것이 담겨 있지는 않다는 점을 기억해야 한다. 주기도문이 우리의 기도를 제한해서는 안 된다. 주기도문은 하늘에 계신 우리 아버지와 더 깊은 대화를 나누도록 우리의 기도를 빚고 다듬어 주는 역할을 한다. 주기도문의 마지막 대목("나라와 권세와 영광이 아버지께 영원히 있사옵나이다")은 "내 원대로 마시옵고 아버지의 원대로 되기를 원하나이다"라는 기도가 무엇을 의미하는지를 보여 준다.

나라는 내 것이 아니다. 권세는 내 것이 아니다. 영광은 내 것이 아니다. 이 현실에 따라 우리의 기도 속에 자주 스며드는 내 나라, 내 권세, 내 영광에 대한 환상을 걷어 내야 한다.

+ '주기도문'으로
하나님께 나아가는 연습

이번 장을 마무리하면서 지금까지 정말 중요한 것을 위해 해 왔던
간구를 주기도문의 각 단계에 비추어 다듬기를 바란다. 예를 들어,
절실히 필요한 직장이나 망가진 관계가 치유되기를 기도하던 중이었다면
5-10분간 주기도문의 각 단계에 따라 그 기도를 다듬으라. 당신의 동기와
깊은 바람을 솔직히 보고 그것을 하늘 아버지와 그분의 뜻에 맞추라.

하늘에 계신 우리 아버지여

이름이 거룩히 여김을 받으시오며

나라가 임하시오며

뜻이 하늘에서 이루어진 것같이

땅에서도 이루어지이다

오늘 우리에게 일용할 양식을 주시옵고

우리가 우리에게 죄지은 자를 사하여 준 것같이

우리 죄를 사하여 주시옵고

우리를 시험에 들게 하지 마시옵고

다만 악에서 구하시옵소서

나라와 권세와 영광이

아버지께 영원히 있사옵나이다

아멘.

하나님께 가식 없이,

하나님께
마음 깊이

Part 2

오늘,

다시 기도 시작

2부에서는 기도의 실천적인 측면을 다루고자 한다. 각 장은 한 가지 유형의 기도를 개괄적으로 살펴본 뒤 기도에 도움이 되는 간단한 실습을 제시한다. 이런 기도로 당신의 기도 시간만이 아니라 하나님과 함께하는 삶 전체가 즐거워지기를 바란다.

이 기도의 형태들은 하나님이 명령하신 믿음과 소망과 사랑의 여행으로 들어가는 길이다. 자신에게 물어보라. '내가 하나님과 함께하는 이 깊은 여행에 마음을 열고 있는가? 내가 더 깊은 기도의 삶을 진정으로 원하는가? 아니면, 단순히 내 기도를 고쳐 효과를 보고 싶은가?'

당신을 더 깊은 기도의 삶으로 초대한다. 우리가 소개할 다섯 가지 형태의 기도들은 시편 기도, 의도의 기도, 거둠의 기도, 성찰의 기도, 중보기도다. 좀 버겁게 느껴질지도 모르겠다. 처음부터 이 모든 기도를 자신의 삶에 적용하려고 하지 말라. 하나님이 현재 당신을 어떤 상황에 놓으셨는지, 하나님이 당신을 무엇으로 부르셨는지, 당신이 지금까지 어떤 기도의 삶을 살아왔는지에 비추어, 어떻게 기도를 진행해 나갈지 충분히 고민하라. 각 기도가 당신의 기도에 어떤 장점과 특성을 더해 줄지 고민하라.

우리는 모든 그리스도인에게 이 모든 기도가 필요하다고 믿는다. 하지만 이 모든 기도를 매일 할 필요는 없다. 출발점으로, 이 책을 계속 읽으면서 시편으로 매일 기도해 보길 바란다. 그러다 이어지는 내용들을 읽으면서 시편 외에 한 가지 기도를 더해 보라. 그렇게 시작하라. 당신이 이런 형태의 기도들을 어떻게 경험하는지, 그 경험이 '좋게' 느껴지는지 '나쁘게' 느껴지는지 유심히 살피라. 기도하는 '방식'만이 아니라 그리스도인의 삶 전체에 관한 당신의 기대를 바로잡는 시간이 될 것이다.

　이런 형태의 기도들이 1부에서 논한 타락한 마음의 도구로 쉽게 전락할 수 있다는 점을 기억해야 한다. 이 기도들은 자칫 죄책감을 숨기고 달래는 새로운 수단이 될 수 있다. 이 기도들은 솔직함을 피하거나 진노한 하나님을 다루거나 자신의 영적 삶에 대한 자신감을 얻기 위한 수단이 될 수 있다. 앞서 논한 모든 것이 이 형태의 기도들까지도 변질시킬 수 있다. 우리의 악하고 망가진 전략이 스며들 수 없는 형태의 기도는 없기 때문이다. 모든 행동이 육신적인 방식으로 이루어질 수 있다. 따라서 이런 기도를 하는 동안 눈과 마음은 오직 하나님께 향해야 한다. 그리고 우리의 마음을 하나님께 솔직히 아뢰어 변화를 받아야 한다.

　이 시간을 하나님께 더 깊게, 솔직하게, 의도적으로 다가가는 시간으로 삼으라. 당신의 기도가 현실을 바탕으로 이루어졌는지, 혹은 하나님을 달래거나 길들이기 위한 수단으로 전락했는지 진지하게 돌아보라. 속마음이 어떠하든 솔직히 드러내라. 그것을 보고 듣고 용서하실 만큼 하나님이 크시고 사랑과 용서가 충만하시다는 사실을 믿으라. 하나님이 당신을 가까이 부르신다. 그분은 당신의 아버지이시다. 이 확신을 품고 기도하라.

내 모습 이대로
열어 보이는

시편 기도

나는(존) 아내와 함께 3개월 동안 일주일에 6일씩 아침저녁 시편으로 기도한 적이 있다. 우리는 특별히 무슨 기도를 하겠다는 계획 없이 단순히 시편을 읽고 그 내용으로 기도했다. 당시 내 삶이 힘들었고 시편 기자의 경험이 다양했기 때문에 우리의 기도는 마치 롤러코스터처럼 급선회를 반복했다. 그 기간은 힘든 시기를 지나던 우리 부부에게 매우 귀하고 의미 있는 시간이었다. 시편은 이 세상의 혼란스러운 현실에서 하나님의 백성들을 이끌어 주는 귀한 선물이다.

예부터 그리스도인들은 신자의 삶에서 시편이 얼마나 중요한 역할을 하는지 잘 알았다. 장 칼뱅은 시편을 "영혼의 모든 부분에 대한 해부"라고 설명했고, 교부 아나타시우스는 "시편은 영혼의 인생길에 대한 완벽한 이미지를 담고 있다"라고 말했다.[1] 칼뱅은 시편이 우리의 감정적 삶 전체를 보여 준다고 보았다. 같은 맥락에서 아나타시우스는 시편이 상한 심령의 치료법을 가르쳐 준다고 믿었다. 시편은 하나님과 함께하는 삶이 어떤 것인지를 보여 주는 거울과도 같다. 시편은 우리 삶의 모든 것을 솔직히 털어놓으면서 하늘 아버지와 함께할 수 있도록 우리의 기도를 이끌어 주는 역할을 한다.

시편으로 기도할 때 시편 기자의 지독한 솔직함(시 137:9)과 원수를 사랑하고 우리를 핍박하는 자들을 위해 기도하라는 예수님의 명령(마 5:44) 사이의 이상한 긴장을 경험하게 될 수 있다. 시편은 우리 안에 있는 스스로 보고 싶지 않은 부분들로 우리를 이끈다. 이것은 당연히 하나님께도 보이고 싶지 않은 부분들이다. 이것은 우리 삶을 향한 하나님의 부르심과 충돌하는 부분들이다. 시편은 우리가 삶에서 실제로 마주하는 긴장들의 일부를 보여 줄 뿐이다. 이 시편으로 기도할 때 비로소 우리 삶의 긴장 전체를 경험할 수 있다. 시편은 하나님 앞에서 우리 자신에 관한 진실을 솔직히 털어놓고 그 진실과 씨름하라고 우리를 초대하고 있다.

시편은 마법의 공식처럼 기도해야 할 것이 아니다. 시편은 멀리 계신 하나님, 안전한 하나님, 우리 상상 속의 하나님에 관한 기계적 신학이 아니다. 시편은 우리를 성경에서 드러나는 진짜 하나님, 온전히 자유롭고 거룩하신 하나님 앞으로 인도한다. 하나님의 백성들을 위한 찬송가인 시편은 하나님에 관한 깊은 신학을 제공하지만, 그것이 언제나 일반적인 의미에서의 깊은 신학은 아니다. 시편은 하나님이 무엇을 들으실 수 있는지 말해 줌으로써 하나님이 어떤 분이신지 가르쳐 준다.

누군가가 무엇을 들을 수 있는지 보면 그 사람에 관해 많은 것을 알 수 있다. 하나님은 놀라운 것, 즐거운 것, 힘든 것, 화나는 것, 짜증 나는 것까지 다 들으실 수 있다. 심지어 모함과 거짓 주장까지 들으실 수 있다. 시편에는 이 모든 것이 가득하다. 하나님의 백성들은 고통 속에서 말할 때 꼭 현실을 말하는 것이 아니라 자신이 그 현실을 어떻게 경험하고 있는지 말할 때가 많다. 시편을 보면 하나님은 사람들의 감정을 듣고 싶어 하신다. 특히 털어놓기 힘든 감정. 그런 의미에서 시편은 우리 하나님이 어떤 분이신지 많은 것을 말해 준다.

그분 안에 거하지 않고 기도할 수 없다

고린도후서 12장을 보면 바울이 기도로 하나님께 무엇을 털어놓았는지 알 수 있다. 그는 고린도 교인들에게 사역과 관련된 어려움을 이야기한 뒤에 자기 육체의 "가시"에 관해 말한다. 그것은 그를 괴롭히는 "사탄의 사자"다(고후 11:16-33; 12:1-7). 바울은 복음을 선포하다가 어려움을 겪은 뒤에도 사탄의 사자를 다루어야 했다. 그래서 그가 어떻게 했을까? 기도했다. 그는 하나님께 이 가시를 없애 달라고 세 번이나 간청했지만 하나님은 그 간구를 들어주시지 않았다(고후 12:8).

하나님이 바울의 가시를 없애 주시지 않은 이유가 있었다. 첫째, 그가 교만에 빠지지 않도록 막기 위해서였다(고후 12:7). 둘째, 부활하여 승천하신 하나님은 그의 간구에 이렇게 말씀하셨다. "내 은혜가 네게 족하도다 이는 내 능력이 약한 데서 온전하여짐이라"(고후

12:9). 바울이 없애 달라고 간구한 가시는 사실은 하나님의 선물이었다. 하나님은 바울이 그리스도 안에 거하고 겸손함을 유지할 수 있도록 고난을 '선물로' 주셨다. 이 가시가 무엇이었든 바울은 '자신과 자신의 힘'에서 멀어지고 '하나님과 그분의 능력'으로 향하기 위해 이 가시를 필요로 했다. 하나님의 목표는 바울을 귀찮게 하는 것을 없애 주는 것이 아니었다. 하나님의 목표는 바울이 그리스도 안에 거하고 겸손을 갖추는 것이었기 때문에 그가 그분께 나아와 자신의 고통을 솔직히 털어놓게 만드셨다.

우리의 기도에서도 이와 같은 상황을 예상해야 한다. 청교도 신학자 존 오웬은 이것이 우리에게 무엇을 의미하는지 묵상한 끝에 하나님께 자신의 정욕을 없애 달라고 간청하는 신자에 관한 글을 썼다. "하나님은 이렇게 말씀하신다. '그가 이 정욕을 없앤다면 그가 나를 찾는 소리를 더 이상 들을 수 없을 것이 분명하다. 그가 이것과 씨름하게 두지 않으면 그를 잃게 될 것이다.'"[2] 존 오웬이 의미한 것, 그리고 바울이 깨달은 것은 바로 다음 사실이다. 하나님이 우리의 문제, 심지어 때로 우리의 죄까지 없애 주신다면 우리는 더 이상 그분께 나아가지 않는다는 것이다.

하나님은 우리가 많은 열매를 맺고 능력의 근원이신 그분을 알도록 그분 안에 거하라고 말씀하신다. 하지만 우리는 그분 안에 거할 필요가 없도록 우리 죄들을 없애 달라고 구하곤 한다. 인생의 이 시기에 우리의 기도가 '좋거나' '신나는' 경험이라면 그것은 그리스도 안에 거하는 데 가장 큰 걸림돌이 될 수도 있다. 기도 방식을 완벽히 터득하는 것이 하나님의 역사를 방해할 수 있다. 우리가 기도에서 실패하는 것이야말로 우리가 약할 때 하나님의 능력이 온전해진다는 점을 이해하는 가장 좋은 길일 수 있다. 하나님이 "이 고통을 제게서 없애 주옵소서"라는 기도를 들어주시면 우리가 기도를 그만두고 더 이상 그분을 의지하지 않을지도 모른다.

당신의 삶을 돌아보라. 언제 가장 열심히 기도하는가? 만족할 때인가, 힘들 때인가? 이유가 무엇인가? 좋은 시절에는 기도의 필요성을 느끼지 못하기 때문에 덜 자주, 덜 열심히 기도하는가? 삶이 만족스러울 때는 스스로 삶을 헤쳐 나갈 수 있다는 착각에 빠진다. 심지어 그리스도 안에 거하지 않고도, 기도하지 않고도 다른 사람들을 사랑하고 섬길 수 있다고 생각한다. 주여, 우리를 불쌍히 여기소서!

하지만 시련과 고난은 우리가 얼마나 연약하고 하나님의 개입이 필요한 존재인지 절감하게 만든다. 힘든 시절이 닥치면 하나님과 함께하고 그분 안에 거해야 한다는 사실을 깨닫는다. 그분 없이는 아무것도 할 수 없다는 사실을 깨닫는다(요 15:5). 바울은 기도로 하나님과 씨름하는 법을 배워야 했고, 이 부분에서 가시가 도움이 되었다. 시편은 이렇게 하나님과 씨름하는 기도로 우리를 이끈다.

"왜 이 사람을 치유해 주시지 않았습니까?" "왜 이 고통을 없애 주시지 않습니까?" "왜 제 삶에 이 사람을 보내셨나요?" "왜 이 상황을 바꿔 주시지 않습니까?"

우리는 이런 씨름을 원치 않지만 하나님은 이 씨름 안에 우리를 위한 선물을 두셨다. 비록 그것이 우리가 원하지 않는 선물이긴 하지만 말이다. 씨름 자체가 중요하다. 우리의 마음이 하나님의 마음과 같지 않은 부분을 솔직히 털어놓는 과정이 꼭 필요하다. 이것이 하나님이나 신자의 삶에 관한 깔끔한 묘사를 찾는 사람들에게 시편이 좌절감만 안겨 주는 이유다.

시편으로 기도하면 우리가 단순한 기도, 아니 단순화된 기도를 원한다는 사실을 발견하게 되며, 여기서 긴장이 발생한다. 시편 기자는 하나님의 변함없는 인자를 찬양하는(시 105, 106편) 동시에 하나님이 그분의 언약을 잊으셨다고 탄식한다(시 13, 77, 88편). 도대체 무엇이 맞는 것인가? 신학교에 다닐 때 우리는(존과 카일) 이 사실에 짜증이 났다. 최소한, 영적으로 혼란스러웠다. 그러다 보니 점점 기도를 하지 않게 되었다.

시편으로 기도하지 않고 나아가 아예 기도를 하지 않자 하나님이 무엇을 들으실 수 있는지에 관한 사실, 그리고 그 사실에 함축된 하나님에 관한 진리들을 볼 수 없었다. 솔직한 기도를 경험한 뒤에야 시편 속의 명백한 긴장들을 이해할 수 있다. 숨어 있던 곳에서 나오면 우리가 '하나님'과 '우리 자신'과 '기도'에 관해 하나님과 충돌하는 감정과 생각을 가질 때가 많다는 사실을 깨닫게 된다. 이런 감정과 생각을 하나님께 털어놓는 것이 그분 안에 거하는 삶의 일부다. 이런 감정과 생각을 고백하는 것은 하나님이 그것을 들으실 수 있고,

우리가 기도하기도 전에 이미 아신다는 사실을 인정하는 것이다.

나중에 기도 중에 좌절감과 분노를 쏟아 내면서 우리 둘은 시편이 얼마나 심오한지를 깨달았다. 우리는 하나님이 우리 마음속에 있는 모든 것에 관해 듣고 싶어 하신다는 사실을 깨달았다. 그러고 나서 이렇게 고백했다. "아버지, 아버지께서 제 마음속에 있는 것, 특히 아버지께서 기뻐하시지 않는 것들에 관해서는 듣고 싶어 하시지 않는다고 생각했습니다." 우리는 시편이 우리의 마음을 하나님께 모두 열어 보이기 위한 훈련의 장이었다는 사실을 깨달았다.

시편으로 기도하라

시편은 하나님의 백성들이 영감을 받아 쓴 기도문으로, 영적 삶의 시기마다 하나님께 어떻게 기도해야 할지 알려 준다. 시편의 특성과 흐름을 이해하는 많은 방법이 있지만 우리는 월터 브루그만의 분석을 유용하게 보았다. 브루그만은 영적 삶의 세 시기에 해당하는 세 가지 종류의 시편이 있다고 말한다. 방향 정립의 시편(psalms of orientation), 방향 상실의 시편(psalms of disorientation), 방향 회복의 시편(psalms of reorientation)이다.[3] 하나님을 따르면 삶에서 방향 정립, 방향 상실, 방향 회복을 경험하게 되며, 이 모든 현실은 거의 모든 시편에서 나타난다.[4] 여기서 우리는 이런 범주를 시편 전체의 흐름으로써 다루지만, 이 경험들은 대부분의 각각의 시편들에서도 나타난다.

예수님은 시편에서 자신의 삶과 사명을 발견하셨다. 예수님은 이 시편들을 자신의 것으로 삼아 하나님의 임재와 구속으로 들어가셨다. 예수님은 십자가에서 방향 상실을 경험하셨고, 시편 22편을 사용해 아버지께 슬픔을 표현하셨다. 예수님은 부활 후 시편이 어떻게 이루어져야 할 것을 보여 주시면서 제자들의 방향을 회복시키셨다(눅 24:44). 예수님은 시편을 통해 하나님의 아들로서 자신의 소명에 관해 기도하셨고, 하나님의 고난받는 종이 무슨 의미인지 기도하셨다.

일부 시편들에 대해서는 오직 예수님만이 진정으로 그 시편을 통해 기도하실 수 있었다. 그 시편들을 통해 예수님은 가장 지독한 상처, 좌절, 오해, 거부, 분노의 감정들을 솔직하게 표현하는 동시에 (예를 들어, 시편 69편) 원수를 향한 사랑과 돌봄, 용서에서 자라 가셨다. 우리도 하나님께 마음을 솔직히 토로하고 싶을 때 시편으로 기도할 수 있다.

시편은 우리 마음의 모든 측면에 관해 기도할 길을 제공해 주는데, 바로 예수님의 삶 덕분이다. 그리고 이제 우리는 그 삶에 참여하고 있다. 성령이 우리의 삶을 그 삶으로 빚어 가고 계신다. 예수님은 부모를 사랑하는 기쁨과 그들과의 의견 차이를 경험하셨다(눅 2:49). 예수님은 친구를 사귀는 기쁨과 조롱과 경멸당하는 기분을 아셨다(시 69:7-12, 20-21). 예수님은 시험, 거부, 버림당함이 무엇인지 아셨고 아버지와의 사랑의 연합과 성령의 임재를 경험하셨다. 겟세마네 동산에서 예수님은 기도로 하나님과 씨름하는 경험을 하셨다. 예수님은 자신의 뜻이 아버지의 뜻과 다르다는 사실을 분명히 인식하고서 악 앞에서도 아버지께 신실하기 위해 몸부림치는 경험을 하셨다.

예수님과 마찬가지로 시편은 우리도 하나님의 구속으로 들어가도록 도와준다. 주기도문과 마찬가지로 시편은 우리의 기도를 빚어 가는 데 도움을 준다. 시편은 최종 형태로 고정된 기도문이지만 우리의 기도는 그렇지 않다. 우리도 예수님처럼 시편의 글들을 우리 것으로 삼아야 한다. 시편은 성자 안에서 성령을 통해 성부께 기도하도록 우리 마음을 만들어 준다. 정상에 서든 광야를 헤매든, 신자로 살아가는 삶의 모든 시기에 시편은 우리의 마음을 성부께로 이끌어 준다.

시편을 가지고 주기적으로 기도할 때 방향 정립, 방향 상실, 방향 회복을 기억해야 한다. 모든 시편이 우리의 마음에 믿음, 소망, 사랑을 불어넣지만 방향 정립의 시편, 방향 상실의 시편, 방향 회복의 시편은 이것들 가운데 하나를 특별히 강조한다. 방향 정립의 시편은 믿음의 시편이다. 그 시편은 하나님 뜻이 분명히 보이지 않을 때 하나님 세계에 관한 진리를 말해 주기 때문이다. 예수님은 우리를 하나님의 길이라는 보이지 않는 현실로 부르신다. 그래서 하나님 나라에서 우리는 보이는 것이 아니라 믿음으로 산다. 우리는 하나님의 길이 유일하게 참된 길이라고 믿음으로 고백하며, 이 현실에 따라 살고 기도하기 위해 노력한다.

방향 상실의 시편은 소망의 시편이다. 이 시편은 하나님이 들으시고 구속하시리라는 소망 가운데 우리의 문제, 고통, 갈망을 그분께 아뢰는 것이기 때문이다. 하나님은 고린도후서 12장에서 바울에게 하셨던 것처럼 우리를 이 방향 상실에서 즉시 건져 주시지 않을 수도 있다. 하지만 이 시편은 우리에게 참된 소망을 가리킨다. 이것은 예수님 "앞에 있는 기쁨"에(히 12:2) 대한 소망이다. 예수님은 기쁨을 소망하신 덕분에 십자가에서의 방향 상실을 견뎌 내실 수 있었다.

방향 회복의 시편은 사랑의 시편이다. 그것은 이 시편이 우리 삶이 시련을 지나 하나님의 임재가 충만한 날, 즉 '그분의 참모습 그대로를 보아 우리가 그와 같게 될 날'에 이르는 과정을 엿보게 해 주기 때문이다(요일 3:2). 방향 회복의 시편은 사랑의 하나님이 만물을 회복시키실 것이며 믿음, 소망, 사랑 중 가장 큰 것은 사랑이고 사랑은 영원하다는 진리의 빛을 쬐도록 도와준다(고전 13:13).

믿음으로 '방향 정립'

방향 정립의 시편은 하나님이 정하신 세상의 작동 방식들을 인정한다. 그 방식들 가운데 일부는 명백하다. 그럴 때 우리는 하나님이 그분의 법에 따라 세상을 다스리신다고 확신한다. 불의한 자들이 벌을 받고 경건한 이들이 복을 받는 모습이 보인다. 우리는 세상의 주장과 상관없이 하나님이 보좌에 계시다는 사실을 믿음으로 안다. 우리는 우리 삶에서 하나님의 역사가 이루어져 선한 열매를 맺으리라고 확신한다. 모든 것이 질서가 잘 잡혀 있다. 하나님의 임재 안에서 삶이 평온하다.

이런 방향 정립의 시편에는 찬양의 시편(33, 150편 등)뿐 아니라 지혜의 시편(1편 등)이 포함된다. 이런 시편은 기도하고 하나님께 자신을 연 상태를 유지하고, 그분을 찬양하고, 그분이 그분의 백성들을 위해 삶을 온전히 다스리고 계신다고 믿으라고 권고한다. 여기서 조심해야 할 점은 모든 일이 잘 풀릴 때 하나님께 기도하고 의지하는 것을 멈출 위험이 있다는 것이다.

힘든 시절에는 힘든 시절대로 이런 시편으로 하나님을 찬양하고 싶지 않을 수 있다. 하지만 이 시편의 내용은 여전히 사실이며, 이것을 아는 것이 우리에게 유익하다. 이런 시편은 시련 너머를 바라보며 하나님 안에 더 깊이 거하게 만든다. 하지만 때로는 이 시편 기자가 느끼는 것이 우리가 느끼는 것과 너무 달라 오히려 답답함을 느낄 수도 있다.

이런 시편이 성경에 있다는 이유만으로 우리가 그 내용을 정말로 믿는지 돌아보지도 않고서 그냥 따라서 기도하기가 너무 쉽다는 문제점이 있다. 예를 들어 다음 시편 말씀을 보자.

만군의 여호와여 주의 장막이 어찌 그리 사랑스러운지요 내 영혼이

여호와의 궁정을 사모하여 쇠약함이여 내 마음과 육체가 살아

계시는 하나님께 부르짖나이다 …… 주의 궁정에서의 한 날이 다른

곳에서의 천 날보다 나은즉(시 84:1-2, 10).

하나님의 궁정에서의 하루가 다른 곳에서의 천 날보다 낫다고 정말로 믿는가? 우리 마음속의 진실에 관심을 기울이면서 믿음으로 이 기도를 드리고 있는가? 이 시편이 사실인 것처럼 이 세상에서 살아가는 것은 무엇을 의미하는가? 어떤 이들의 경우, 이런 시편으로 기도하면 마음이 살아 움직인다. 그러면서 한편 항상 이런 경험을 하게 된다고 생각할 수 있다. 그래서 이 시편으로 다시 기도하다가 이번에는 마음이 동하지 않으면 그런 마음을 하나님께 열어 보이는 대신 억지로 강력한 느낌을 짜내려고 할 수 있다.

어떤 이들은 이 시편으로 기도해도 그 안에서 아무것도 깨어나지 않는다. 심지어 그 내용이 무슨 의미인지도 이해하지 못한다. 하나님의 궁전에서의 하루가 다른 곳에서의 천 날보다 나을 수 있을까 의아해한다. 당신이 이런 경우라면 이 시편을 건너뛰거나 억지로 자신을 설득시키려는 유혹을 조심해야 한다.

이 시편을 마법의 기도문쯤으로 여길 위험도 있다. 그러니까 올바른 주문을 올바른 열심으로 계속해서 외우면 그것이 현실이 된다고 착각할 수 있다. 혹은 열심히 기도하다 보면 하나님이 손발을

치유하시듯 우리의 영혼을 치유하여 고통, 죄, 망가짐의 현실을 경험할 필요가 없게 된다고 생각할 수 있다. 자신의 마음 상태가 전혀 그렇지 않다는 사실을 돌아보지 않고 성경 구절이 참이라고 그냥 선포하기만 하는 신자가 너무도 많다.

추상적으로만 생각하지 말고 잠시 실제로 시편 33편으로 기도하면서 당신의 마음 상태를 유심히 살펴보라. 다음과 같이 하나님과 그분이 행하신 일을 찬양할 때 당신의 마음 상태가 어떠한가?

> 너희 의인들아 여호와를 즐거워하라 찬송은 정직한 자들이 마땅히 할 바로다 수금으로 여호와께 감사하고 열 줄 비파로 찬송할지어다 새 노래로 그를 노래하며 즐거운 소리로 아름답게 연주할지어다 여호와의 말씀은 정직하며 그가 행하시는 일은 다 진실하시도다 그는 공의와 정의를 사랑하심이여 세상에는 여호와의 인자하심이 충만하도다(시 33:1-5).

이 말씀이 지금 당신의 마음 상태를 그대로 반영하는가? 이런 고백이 당신 마음에서 자연스럽게 우러나오는가? 그렇다면 하나님께 감사하라.

혹시 이 찬양의 기도가 당신의 마음 상태와 전혀 맞지 않는가? 현재 겪는 시련이나 영적 고통 때문에 하나님을 찬양하기가 어려운가? 이 구절이 목마르거나 지친 당신의 영혼에 모래처럼 무미건조하게만 느껴지는가? 이것을 아는 것이 중요하다. 시편의 구절들을 '당신의 마음을 비추는 거울'로 삼을 기회다. 이 시편을 통해 하나님과의 진정한 대화에 마음을 열라. 지금 마음속에서 일어나는 일을 하나님께 솔직히 아뢰라. 그러면 그분이 그런 현실에서도 당신을 사랑하고 가르쳐 주실 것이다. 시편을 통해 하나님의 선하심과 공급하심 쪽으로 마음을 돌리라. 당신의 마음이 어떻게 반응하든 그것(기쁨이나 애통, 감사, 분노, 죄책감, 수치심)을 내용으로 기도하라.

소망을 부르는 '방향 상실'

물론 인간의 삶은 진리를 발견하고 그곳으로 우리 자신을 향하는 것보다 더 복잡하다. 그렇지 않다면 우리는 단순히 올바른 코딩을 요하는 로봇에 불과할 것이다. 시편은 우리 삶이 그렇지 않다는 사실을 보여 준다. 실제로, 시편의 가장 많은 부분을 차지하는 것은 방향 상실의 시편이다. 이것들은 고뇌, 상처, 좌절감, 분노, 소외, 고난, 혼란의 시기를 위한 기도들이다. 이 기도들은 현재의 고통과 고뇌를 다루는 데 도움이 된다. 나아가, 우리가 숨은 곳에서 나와 우리 마음속에서 실제로 일어나는 일을 경험하게 해 준다. 이런 시편을 우리의 기도로 삼아 속마음을 토로하는 법을 배워야 한다. 이런 시편은 우리 자신의 방향 상실을 표현하는 법을 가르쳐 주고, 다른 사람들의 방향 상실 속으로 들어가도록 도와준다.

모든 시편에서 가장 많은 부분을 차지하는 것은 '애통'의 시편이다. 즉 하나님께 불만을 토로하는 시편이다. 이런 시편에는 후회, 자기혐오, 분노, 심지어 다른 사람들을 향한 분노가 포함되어 있다. 때로 이런 시편에는 하나님을 향한 비난과 분노도 포함되어 있다. 내게는(존) 이런 방향 상실의 시편이 흥미롭고 매력적으로 다가온다. 이런 시편을 읽을 때면 왜 진작 이렇게 솔직하게 기도하는 법을 배우지 못했을까 하는 생각이 든다. 나는 연구하고 순종하는 법을 배웠지만 힘든 시기에 어떻게 기도해야 할지 너무도 몰랐다. 신앙을 갖고 처음 25년 동안 나는 모든 기도를 방향 정립의 시편처럼 드렸다. 물론 내 현실은 전혀 그렇지 못했다. 내 삶의 모든 경험이 방향 정립의 경험은 아니었다.

돌이켜보면 내 기도는 내 현실을 방향 정립의 시기로 재해석하려는 시도였다. 하나님이 선하시고 모든 것이 괜찮을 것이라고 나 자신을 설득하려는 시도였다. 하지만 상황이 항상 괜찮아지지는 않았다. 나는 내 마음의 상태를 솔직히 보고 그 안에 실제로 있는 것을 놓고 기도하지 못했다. 하나님이 그것을 듣고 싶어 하신다고 생각하지 않았기 때문이다. 내 기도는 현실과 동떨어져서 하나님과 내 상황을 통제하려는 시도로 전락했다. 젊은 신자에게는 이런 기도가 적합할지도 모른다. 당시 나는 내 안의 모든 혼란스러운 것들에 관해 하나님과 이야기할 준비가 되어 있지 않았다. 하지만 점점 어린아이와 같은 방식을 내려놓고 성숙해져야 했다.

방향 상실의 기도는 우리가 마음속에 있는 것을 감추지 않고 하나님께 열어 보일 때만 의미가 있다. 잠시 멈춰서 당신의 마음속에서 어떤 일이 일어나는지 살피고 나서 다음 시편을 당신의 기도로 삼으라.

> 내 죄악이 내 머리에 넘쳐서 무거운 짐 같으니 내가 감당할
> 수 없나이다 내 상처가 썩어 악취가 나오니 내가 우매한
> 까닭이로소이다 내가 아프고 심히 구부러졌으며 종일토록 슬픔 중에
> 다니나이다 내 허리에 열기가 가득하고 내 살에 성한 곳이 없나이다
> 내가 피곤하고 심히 상하였으매 마음이 불안하여 신음하나이다 주여
> 나의 모든 소원이 주 앞에 있사오며 나의 탄식이 주 앞에 감추이지
> 아니하나이다 내 심장이 뛰고 내 기력이 쇠하여 내 눈의 빛도 나를
> 떠났나이다(시 38:4-10).

처음 신앙을 가졌던 시절에는 죄책감 때문에 이런 기도를 드릴 수 없었다. 아담과 하와의 경우처럼 죄책감은 나를 하나님에게서 멀어지게 만들었다. 내 자기혐오, 후회, 신음, 고통을 하나님께로 가져갔으면 정말 좋았을 것이다. 깨끗하지 않으면 않은 채로 진실을 하나님께 아뢰었어야 했다. 하지만 대신 나는 '옳게' 기도하려고 노력했다.

나는 이런 애통의 시편으로 기도하더라도 상황을 너무 빨리 해결하려고만 했다. 마음속의 진실을 놓고 하나님과 씨름하기보다는

믿음과 동떨어진 소망에 빠졌던 것 같다. 이것은 하나님 안에서의 소망이 아니라, 긍정적인 생각을 하면 모든 것이 저절로 좋아질 것이라는 헛된 바람이다. 이것은 바울이 우리 죄를 가리켜 "하나님의 뜻대로 하는 근심"과 다른 "세상 근심"이라고 부른 것과 비슷하다. "하나님의 뜻대로 하는 근심은 후회할 것이 없는 구원에 이르게 하는 회개를 이루는 것이요 세상 근심은 사망을 이루는 것이니라"(고후 7:10).

우리는 우리의 망가짐과 세상의 망가짐을 보고 세상 근심에 빠질 때가 너무도 많다. 이것이 결심이나 회개로 너무 빨리 넘어가지 않는 것이 중요한 이유다. 우리는 육신 안에서 자신의 망가짐과 죄에 대해 슬퍼하기 쉽다. 이것은 단순히 나쁜 기분을 재빨리 떨쳐 버리고 최선의 상황을 바라는 전략에 불과하다. 자신에 관한 진실 속으로 들어가고, 하나님이 그런 부분에서 우리를 용서하셨을 뿐 아니라 우리를 위해 중보하셨다는 사실을 믿어야 한다. 스스로 온전히 보고 절감하지 못했으면서 무턱대고 회개하기가 너무도 쉽다. 회개는 세상 근심을 하기 위한 도구로 쉬이 전락하곤 한다.

이 시편이 당신의 현재 상태를 반영하고 있지 않다면 그렇게 될 때까지 기다리라. 이 시편이 당신이 지나온 시기를 묘사하고 있지만 그 시기에 당신이 자신의 경험에 관해 솔직하게 기도하지 않았다면 여전히 마음속에 있는 묵은 의문, 감정, 생각을 꺼내 하나님께 아뢰라. 어떻게 하나님과 함께 그것들 속으로 들어가고, 그분 안에서 그리고 그분과 함께 그것들에 관해 슬퍼할 수 있을까?

　이 시편이 영적 혼란 혹은 자신이 저지른 짓이나 자신의 망가진 상태에 대한 자기혐오, 자신의 실패로 인한 영적 '기절'(fainting)이라는 당신의 현재 상태를 완벽히 묘사할 수도 있다. 이제 나는 이런 상태에 대해서도 잘 안다. 이런 문제를 놓고 하나님께 기도할 때 이런 시편은 내게 고통이자 동시에 위로가 되었다.

　우리 모두는 삶이 기대한 것과 다르게 펼쳐지는 시기를 경험한다. 우리가 상상했던 것과 다른 하나님을 마주하게 된다. 하나님은 우리가 이해할 수 없는 일을 행하신다. 성경 속의 하나님은 우리의 모든 기대에 부응하시는 분이 아니다. 오히려 하나님은 우리를 당혹스럽게 만드신다. 그러면서 우리에게 그분 앞에서 애통해하고 그분에 관해 불평할 방법을 알려 주는 기도서를 주셨다. 정말이지 그분의 길은 우리의 길과 다르다.

　이런 기도는 하나님이 멀게 느껴지거나 더 이상 우리를 아끼시지 않는 것처럼 보이거나 우리의 기도를 전혀 듣지 않으시는 것 같은 상황에 관해 기도하는 법을 가르쳐 준다. 이런 상황에서 기도를 완전히 그만두는 것보다 다음과 같이 시편 기자와 함께 솔직히 기도하는 편이 훨씬 낫다.

　여호와여 어느 때까지니이까 나를 영원히 잊으시나이까 주의 얼굴을 나에게서 어느 때까지 숨기시겠나이까 나의 영혼이 번민하고 종일토록 마음에 근심하기를 어느 때까지 하오며 내 원수가 나를 치며 자랑하기를 어느 때까지 하리이까(시 13:1-2).

내가 하나님을 기억하고 불안하여 근심하니 내 심령이 상하도다 주께서 내가 눈을 붙이지 못하게 하시니 내가 괴로워 말할 수 없나이다 내가 옛날 곧 지나간 세월을 생각하였사오며 밤에 부른 노래를 내가 기억하여 내 심령으로, 내가 내 마음으로 간구하기를 주께서 영원히 버리실까, 다시는 은혜를 베풀지 아니하실까, 그의 인자하심은 영원히 끝났는가, 그의 약속하심도 영구히 폐하였는가, 하나님이 그가 베푸실 은혜를 잊으셨는가, 노하심으로 그가 베푸실 긍휼을 그치셨는가 하였나이다(시 77:3-9).

여호와여 오직 내가 주께 부르짖었사오니 아침에 나의 기도가 주의 앞에 이르리이다 여호와여 어찌하여 나의 영혼을 버리시며 어찌하여 주의 얼굴을 내게서 숨기시나이까(시 88:13-14).

여기서 정말 놀라운 점은 이런 불평이 너무나도 솔직하다는 사실뿐 아니라, 하나님이 시편 기자가 오해한 내용으로 기도하도록 허락하셨다는 점이다. 분명 하나님은 그분의 언약이나 그분의 백성들을 잊으신 적이 없다. 그런데도 하나님은 우리가 느끼고 생각하는 그대로 기도하라고 말씀하신다. 시편 기자처럼 우리도 마음속에 있는 것을(설령 그 내용이 우리의 착각이나 오해일지라도) 기도로 표현해야 한다. 하나님은 지금도 여전히 이런 기도를 들으신다. 이런 기도는 하나님 백성들의 진정한 외침이다. 앞서 했던 말을 기억하라. 하나님은 보시는 것을 들으실 수 있다. 따라서 우리는 이런 것에 관해 하나님께 이야기해야 한다.

시편을 공부하는 대신 시편으로 기도했다면 이런 시편이 영적으로 메마르고 혼란한 시기에 하나님의 백성들이 해야 할 기도라는 단순한 진리를 이해했을 것이다. 예수님이 시편 22편 1절로 기도하셨던 것처럼("나의 하나님, 나의 하나님, 어찌하여 나를 버리셨나이까", 마 27:46) 내가 버림받은 기분을 담아 이런 시편으로 기도했다면 이 시편들은 이런 시기를 헤쳐 나가기 위해 필요한 훈련의 장이 되었을 것이다. 그랬다면 월터 브루그만의 다음 말을 이해할 수 있었을 것이다.

> 기도에 지나친 것은 없다. 배제되어야 하거나 부적절한 것은 없다.
> 하나님과 나누는 마음의 대화에서는 모든 것이 적절하다. 사실,
> 그 대화에서 삶의 특정 부분들을 배제시키는 것은 그 부분들을
> 하나님의 주권 아래에 놓기를 거부하는 것이다. 따라서 시편은
> 중요한 사실을 말해 준다. 삶의 모든 부분에 대한 궁극적인
> 기준점이신 하나님께 모든 것을 말해야 한다.[5]

방향 상실의 시기에 이런 시편으로 기도하면 신자의 삶에는 언

제나 광야에서 방황하는 시기가 있음을 알고서 소망을 얻을 수 있다. 우리의 어둠을 피하지 않고 그 어둠 속으로 내려오신 하나님을 따르고 있기에 소망을 품는 것이다. 토드 빌링스는 애통에 관한 놀라운 책에서 이렇게 말했다. "애통의 시편은 혼란, 분노, 두려움의 시편인 동시에 소망의 시편이다. 소망 가운데 하나님께로 나아가 약속을 지켜 달라고 간청하는 기도다."[6]

사랑 안에서 '방향 회복'

우리는 방향 상실의 시기가 최대한 빨리 지나가기를 바라지만, 그것은 하나님이 원하시는 것이 아니다. 우리의 질문은 "여기서 어떻게 빠져나와야 할까?"가 아니라 "하나님, 여기서 어떻게 충성을 다해야 합니까?" 혹은 "하나님, 방향을 완전히 상실한 것처럼 느껴지는 이 상황에서도 어떻게 해야 주님과 주님의 사랑 안에 거할 수 있습니까?"가 되어야 한다. 어디로 가야 할지 방향을 잃은 시기에 우리는 하나님이 단순히 고통을 주려고 우리를 방황으로 이끄신 것이 아니라 그분의 쉼으로(설령 그곳에 이르기 위해 광야를 지나야 하더라도) 인도하고 계신다는 사실을 믿어야 한다.

방향 회복의 시편은 이 쉼을 위해 우리를 형성해 준다. 방향 정립과 방향 상실의 시기에 길러진 믿음과 소망을 강화해 준다. 친한 친구 관계와 마찬가지로, 갈등이 해결된 뒤에는 상황이 변한다. 하나님의 회복시키시는 긍휼을 받은 뒤에는 우리도 변하게 된다.

방향 회복의 시편은 상황이 잘 풀리지 않을 때를 위한 기도다. 이 기도를 드릴 때 선하신 하나님이 절망의 구름을 흩어 버리고 새로움과 평안의 시기를 주신다. 방향 회복의 기도는 기도 응답에 대한 감사의 기도요 사랑의 기도다. 이 기도를 통해 우리는 하나님과 함께하는 삶으로 더 깊이 들어간다. 예를 들어, 시편 40편으로 기도해 보라. 이번에도 이 시편을 당신의 기도로 삼아 하나님께 드리면서 그분께로 더 가까이 다가가라.

> 내가 여호와를 기다리고 기다렸더니 귀를 기울이사 나의 부르짖음을
> 들으셨도다 나를 기가 막힐 웅덩이와 수렁에서 끌어올리시고 내
> 발을 반석 위에 두사 내 걸음을 견고하게 하셨도다 새 노래 곧
> 우리 하나님께 올릴 찬송을 내 입에 두셨으니 많은 사람이 보고
> 두려워하여 여호와를 의지하리로다(시 40:1-3).

이런 시편은 시련이 지나간 뒤 새로운 시절에 접어들었을 때도 우리가 기도하도록 격려하기 위해 쓰였다. 많은 사람이 시련 중에는 열심히 기도하다가 상황이 나아지면 기도를 멈춘다. 이런 시편은 하나님이 우리 삶에서 깊은 회복의 역사를 행하셨던 지난 시절을 기억하며 감사하게 만든다. 슬픔의 시절에 이런 기도를 드리면 마음에 소망이 싹틀 수도 있지만, 오히려 답답함과 고통이 강해질 수 있다. 기도할 때 어떤 심정이 들든지 그것을 하나님께로 가져가라.

그럴 때 이 기도는 하나님이 부르신 사랑의 여행을 다시 시작하게 해 준다. 믿음과 소망 가운데 모든 눈물이 씻길 도성(계 21:4), 하나님이 잠잠히 우리를 사랑하시는 곳(습 3:17)을 바라보게 해 준다.

성경 말씀에 당신의 마음은 어떻게 반응하는가? 그것을 하나님께 가져가라. 현재 하나님의 사랑을 경험하지 못하고 있는가? 하나님 사랑에 아무런 감동이 없는가? 이런 기도는 신자의 삶이 영원한 사랑의 여정이라는 진리에 닻을 내리게 해 준다.

시편 기도를 자신의 기도로 삼기 힘든 사람도 있을 것이다. 다른 누군가가 쓴 모든 찬양도 마찬가지다. 그렇다 해도 시편의 글을 사용하면 기도하기 힘들 때 계속해서 기도할 수 있다. 기도를 그만두고 싶은 유혹을 줄일 수 있다. 시편은 우리 영혼의 많은 질문들, 무거운 질문들 속으로 깊이 들어가게 만든다. 자신이 사용하기 힘든 시편들에 특히 관심을 갖고, 모든 시편을 방향 정립이나 방향 상실, 방향 회복의 기도로 사용할 방법을 찾아보라.

하나님은 당신을 위해 립 서비스보다 훨씬 큰 것들을 준비하고 계시다. 하나님은 당신의 영혼을 위한 기도 학교로 시편을 받아들이라고 말씀하신다.

+ '시편 기도'로
하나님께 나아가는 연습

10분 정도 시간을 내서 아래에서 제안하는 내용 가운데 하나를 직접 하라. 혹은 20-30분 동안 시간을 내서 모든 활동을 해 보라. 150일 동안 이것을 습관처럼 행하기를 권한다. 아침마다 시편 한 편을 가지고 기도하라. 우리 둘에게 이 훈련은 큰 도움이 되었다.

크게 볼 때 시편으로 기도하는 데는 두 가지 방식이 있다. 첫 번째 방식은 한 번에 시편 한 편씩 기도하는 것이다. 하루에 시편 한 편으로 기도하는 것은 성경 공부나 기도를 시작하기에 좋은 방법이다. 해당 시편 전체를 한 번 읽고서 흐름을 파악한 뒤 천천히 그 시편으로 기도하면서 그 안의 말을 자신의 말로 삼으라. 먼저 한 번 읽으면 다시 기도하면서 읽을 때 만날 주제들로 마음을 향하는 데 도움이 된다.

먼저 한 번 읽고 나서 다시 읽는 것이 아니라, 어떤 내용이 펼쳐질지 모른 채 곧바로 해당 시편으로 기도할 수도 있다. 시편 기자의 글을 따라 뜻밖의 여행으로 들어가는 이 방법은 그 기도 속으로 더 온전히, 더 경험적으로 들어가는 데 도움이 될 수 있다. 어떤 경우든 마음의 반응에 주목하면서 큰 소리로 기도하는 것이 좋다. '이것이 내 영혼의 상태와 일치하는가?' '내 마음이 이런 기도를 거부하기를 원하는가?' 이런 면에서 시편 139편 23-24절을 병행해서 기도하는 것이 도움이 된다. "하나님이여 나를 살피사 내 마음을 아시며 나를 시험하사 내 뜻을 아옵소서 내게 무슨 악한 행위가 있나 보시고 나를 영원한 길로 인도하소서."

시편으로 기도하는 동안 그 안의 기도를 자신의 기도로 바꾸어야 한다. 나는(존) 시편으로 기도할 때 마음에 와닿고 내 현재 상황과 관련된 부분이 나올 때 멈춰서 그것을 내 상황에 맞게 내 언어로 바꾸어 기도한다. 뭉뚱그려 기도하지 않고, 내 '특정한' 상황에 대해 해당 시편이 이끄는 대로 기도한다.

시편으로 기도하기 위한 두 번째 방식은 자신이 처한 특정 상황에 맞는 시편으로 곧장 들어가는 것이다. 시편의 특정한 부분들이 자신의 현재 상황과 꼭 맞지는 않더라도 이렇게 자신의 상황과 마음을 하나님께 솔직히 아뢰는 법을 배우면 도움이 된다. 〈부록 1〉에 이런 기도의 실례와 도움의 말을 실었다. 이러한 경험이 당신만의 기도를 드리는 데 도움이 되기를 바란다.

CHAPTER 6

날마다 마음의 방향을
새로이 정하는

의도의 기도

몇 년 전, 나는(존) 아침에 눈을 뜰 때마다 내 마음이 저절로 어떤 방향으로 향한다는 것을 깨달았다. 내 마음은 즉시 내 진정한 바람, 걱정, 두려움 쪽으로 향하는 나침반 바늘과도 같았다. 아침에 눈을 뜨자마자 내 마음은 나를 짓누르는 것들로 향했고, 이런 생각은 나에 관한 무언가를 알려 주었다. 그것은 바로 내가 걱정이 많은 사람이라는 사실이다.

내 마음은 아침에 일어나 옷을 입는 대신 걱정을 입었다. 잠자리에 들기 전에도 걱정할 때가 많았다. 걱정은 친한 친구처럼 내가 눈을 뜨자마자 내 앞에 나타났다. 걱정은 두려움 때문에 우리의 문제를 스스로 해결하려고 할 때 나타난다. 우리는 우리가 문제에서 눈을 떼면 하나님을 포함해 그 누구도 그것을 대신 해결해 주지 않는다고 믿는다. 걱정의 본질은 바로 하나님에 대한 불신이다. 불신에 빠지면 마음이 걱정을 하도록 훈련이 된다.

물론 일부러 걱정하지는 않았다. 의식적으로 걱정하는 것이 아니었다. 그러니까 잠이 덜 깬 채로 침대에 앉아 '이제부터 무언가에 관해 걱정을 해야지'라고 생각한 것은 아니다. 대부분의 경우, 걱정은 너무도 저절로 생겨서 내가 알아채지도 못할 정도였다. 그렇게 걱정은 내 마음의 첫 움직임이었다. 그것은 내 인격 깊은 곳에 뿌리

내린 의도를 드러냈다. 하지만 문제는 걱정만이 아니었다. 눈을 뜨자마자 내 마음은 그날의 해야 할 일처럼 뭐든 신경이 쓰이는 것으로 향했다. "네 보물 있는 그곳에는 네 마음도 있느니라"(마 6:21). 예수님의 이 말씀은 우리의 마음이 자연스럽게 향하는 곳에 관한 말씀이다. 왜 내 마음은 저절로 걱정을 향했을까? 이 문제를 어떻게 해야 할까?

몇 해 전 갑자기 이런 생각을 하는 순간이 왔다. '이젠 지겹다. 이제부터는 아침에 가장 먼저 하나님께 마음을 열고 싶다.' 눈을 뜨자마자 걱정을 하는 내 마음의 악한 습관이 지긋지긋했다. 내 마음의 망가진 의도가 지긋지긋했다. 그때 나는 하나님께 내 하루를 다르게 '의도하고' 싶다는 말씀을 드렸다. 그런 결심의 이면에는 성경이 명령이나 할 일을 알려 줄 때마다 우리가 그것을 "영적 훈련"으로 바꿀 수 있다는 달라스 윌라드의 개념이 있었다.[1] 그래서 나를 하나님께 드리라는 명령(롬 6:13)을 '의도의 기도'(prayer of intention)로 바꾸었다. 의도의 기도는 아침에 눈을 뜨자마자 내 마음의 방향을 의도적으로 정하는, 아니 다시 정하는 방식이다. 나는 육신의 낡은 습관에 매여 살지 않고 성령과 동행하는 법을 다시 배우고 싶었다. 이 기도는 우리를 그런 재훈련으로 이끈다.

안타깝게도 이미 훈련된 습관과 마음의 의도가 우리의 생각을 지배하는 경향이 있다. 이미 훈련된 마음의 상태가 툭하면 깨어났는데, 내 마음은 다름 아닌 걱정으로 훈련되어 있던 것이다. 또한 분노로 훈련되어 있었다. 그래서 내가 그런 것에 순식간에 빠지는 것은 전혀 놀라운 일이 아니다. 즐거운 일(결혼식, 아이의 탄생, 새로운 직장 등)이 생기든 슬픈 일(실직, 가족의 죽음, 걱정스러운 진단 등)이 생기든 우리의 마음은 즉시 기존에 훈련된 방향으로 향한다. 이렇게 이미 프로그램된 우리의 마음은 그리스도가 아닌 자신을 의지한다. 이런 마음에 필요한 것은 그리스도를 향한 믿음, 소망, 사랑 안에서 '재훈련'을 받는 것이다. 우리의 마음을 주님께로 다시 향하겠다고 의식적으로 뜻을 정해야 한다.

그리스도 안에서, 다시 마음 훈련

그리스도께 삶을 바쳤다 해도 하나님 안에서 마음의 재훈련을 경험하지 않았을 수 있다. 우리 대부분은 어린 시절의 훈련, 대개는 거의 의도적으로 이루어지지 않은 훈련대로 계속해서 행동한다. 어떤 훈련은 최소한 실용적인 측면에서는 삶에 도움이 된다. 그런가 하면 삶에 큰 걸림돌이 되는 훈련도 있다. 어떤 경우든 우리는 의식적으로 생각하지 않고 훈련된 대로 행동한다. 이 훈련은 삶을 대하는 우리의 반응을 결정하는 무의식적인 대본을 만들어 낸다. 이것을 주님 안에서 변화시켜야 한다.

어린 시절, 카일과 나는(존) 둘 다 스포츠 세계에서 분노, 결정력, 용기를 사용하여 경기장을 지배하고 승리를 거두도록 훈련을 받았다. 당연히 신학교에 들어가고 나중에 목회를 하면서도 우리는 성공을 위해 바로 이런 훈련을 이용했다. 우리는 신학 수업, 시험, 학점, 나아가 목회에서 늘 이기기 위해 애를 썼다. 하지만 그런 방법은 통하지 않는다. 기도에서는 '전혀' 통하지 않는다. 그래서 우리는 좀처럼 기도하지 않았다. 결국 우리 마음의 훈련이 역효과를 일으켰다. 하나님의 길 안에서 재훈련이 필요했다. 알고 보니 기도가 이런 재훈련을 위한 주된 훈련장이었다.

우리가 던져야 할 질문은 이것이다. "어떻게 하면 내 마음에 깊이 박힌 악한 옛 훈련을 벗어버리고 모든 일에서 하나님을 입을 수 있을까?"(엡 4:22-24) 매일 눈을 뜨자마자 이런 벗기와 입기를 시작해야 한다. 하루가 시작되자마자 잘못 훈련된 우리의 마음이 방향을 정하려고 하기 때문이다. 하지만 이것은 하루 종일 계속되어야 하는 전체적인 훈련의 시작일 뿐이다.

도로에서 누군가가 갑자기 끼어들거나 자녀가 말을 안 듣거나 삶이 뜻대로 풀리지 않을 때 나는 내 분노를 먼저 하나님께 솔직히 아뢰며 마음을 재훈련해야 한다. "하나님, 제가 왜 그토록 화가 났습니까? 왜 제 마음은 삶을 제가 원하는 대로 할 수 있다고 생각하지요? 하나님, 저는 제 맘대로 살기를 원합니다. 긍휼을 베풀어 주옵소서."

매일 예기치 못한 일이 벌어진다. 따라서 우리는 매사에 하나님과 함께하기로 의도해야 한다. 늘 하나님과 함께하겠다는 기준을 품고서, 우리의 삶에 거슬리는 모든 일을 그분께로 나아갈 기회로 삼아야 한다. 예를 들어, 일터에서 우리에게 망신을 주는 사람, 자녀에게 악영향을 끼치는 학교 친구, 두려운 건강검진 등이 그런 기회가 될 수 있다. 이외에도 모든 것을 하나님께로 가져가 우리 자신을 어떻게 그분께 드릴지 하나님의 인도하심을 구해야 한다.

나는(카일) 만성 통증에 시달리고 있다. 내 삶이 그 통증의 지배를 받지 않도록 나는 되도록 그 통증에 관해 생각하거나 걱정하지 않으려고 한다. 하지만 그렇게 되면 내 고통은 무의미해진다. 옛 훈련에서 벗어나지 못한 내 마음은 이 고통을 그저 극복해야 할 장애물로 여길 뿐이다. 하지만 그리스도 안에서 이 고통은 선물일 수 있다. 물론 바울의 가시처럼 고통은 내가 원하는 선물은 아니며, 그 자체로 '선한' 것도 아니다. 오히려 이 고통은 일종의 악이다("사탄의 사자"). 하지만 하나님 안에서 이 고통은 더 큰 유익을 이룰 수 있다.

그 유익은 바로 내가 하나님을 온전히 의지하게 되는 것이다. 또한 이것은 바울이 말한 것처럼 그리스도의 고난에 참여하는 것일 수 있다(롬 8:17). 고난 자체가 그리스도를 의지하게 해 주지는 않는다. 고난이 저절로 나를 하나님께로 향하게 해 주는 것도 아니다. 매일 내가 내 힘이 아닌 그리스도 안에서 이 고난을 받아들이기 위해 노력해야 한다. 예수님께로 나아가려는 의도를 품어야 한다. 그렇지 않으면 내 안에 깊이 뿌리를 내린 옛 훈련이 계속해서 내 삶을 지배한다. 그렇게 되면 그저 고통이 너무 심해지지 않기만 바라면서 내 힘으로 고통을 이겨 내려고 하게 된다.

나를 하나님께 드리기

의도의 기도는 로마서 6장 13절에 기록된 바울의 명령에 따른 기도다. "너희 자신을 죽은 자 가운데서 다시 살아난 자같이 하나님께 드리며 너희 지체를 의의 무기로 하나님께 드리라." 바울은 로마서 12장 1절에서도 비슷한 말을 한다. "그러므로 형제들아 내가 하나님의 모든 자비하심으로 너희를 권하노니 너희 몸을 하나님이 기뻐하시는 거룩한 산 제물로 드리라 이는 너희가 드릴 영적 예배니라." 보다시피 핵심은 하나님께 우리 자신을 드리는 것이다. 더 구체적으로는, 하나님과 함께하는 삶을 살기로 마음의 방향을 정하는 기도다. 그리스도인으로서 우리 안에는 하나님을 향한 깊은 뜻과 사랑이 있다. 하지만 삶을 헤쳐 나가려는 육신의 노력 가운데 형성된 우리 마음의 습관과 의도가 이런 깊은 뜻을 뒤덮는 경우가 많다.

마음 깊은 곳에서 나(存)는 하나님 안에서 쉬고 그분을 믿고 모든 일에서 그분을 찾기를 의도한다. 하지만 아침에 눈을 뜨자마자 내 마음은 다른 무언가를 한다. 여전히 내 마음은 삶의 무게를 스스로 지고서 늘 하던 것을 하기 시작한다. 그래서 내 삶 전체를 하나님께 드릴 수 있도록 내 습관들이 내 마음의 깊은 의도에 다시 연결되어야 한다. 나는 하나님의 길 쪽으로 "내 마음을 기울"이기를 원한다(시 119:112). 내 마음의 깊은 뜻으로 들어가기를 원한다. 내 힘으로 사는 것이 아니라 그분 안에 거하기를 원한다.

이제 나는 아침에 눈을 뜨면 내 마음이 부여잡고 있는 것을 내려놓고 의도적으로 의도의 기도를 드린다. "주님, 제가 여기 있습니다. 저를 주님께 드립니다. 다른 무언가를 하기 전에 가장 먼저 주님과 함께하기를 원합니다."

잠에서 깬 뒤 하루의 첫 움직임이 내 걱정 거리를 해결할 방법을 찾는 것이어서는 안 된다. 가장 먼저 하나님과 함께하기로 뜻을 정해야 한다. 이는 실질적으로 하나님의 임재 안에 들어가야 한다는 뜻이다. 내 뜻대로 살아가기 위해 하나님을 이용하려고 하지 말아야 한다는 뜻이다. 나는 나를 향한 하나님의 계획이 무엇이든 그분과 함께하기를 원한다. 이 의도의 기도보다 더 간단하고 실행 가능한 기도도 없다. 이 기도는 내게 큰 선물과 위안이 되어 주었다. 하루 중에 여지없이 걱정이 고개를 쳐들면 나는 계속해서 그 길로 가기를 거부하고 의도의 기도로 돌아간다. "주님, 제가 여기 있습니다. 저를 주님께 드립니다!"

물론 이 결심을 오랫동안 유지하지 못할 수도 있다. 내 인격은 수십 년 동안 육신의 일에 익숙하게 훈련되었기 때문에 삶의 문제들을 맞닥뜨리면 내 마음은 자동적으로 걱정과 육신적인 노력의 옛 습관들로 돌아간다. 이것을 그냥 떨쳐 낼 수는 없다. 하루 종일 계속해서 새로운 의도의 기도로 나를 다시 하나님께 드려야 한다. '존, 그만! 이것은 하나님의 길이 아니야.' "주님, 저를 다시 주님께 드립니다. 제가 여기에 있습니다. 이 문제에 관해 이야기를 나누고 싶습니다." 그리스도인은 망가짐과 반항의 한복판에서도 하나님과 함께하기로 뜻을 정해야 한다. 육신에 얽매여 사는 삶 한복판에서 하나님이 마음을 인도해 주시도록 맡겨야 한다.

하나님께 나를 드린다는 것은 내 마음이 원하는 것을 무시하는 것이 아니라, 내 욕구와 내 힘으로 살기 위한 전략보다 더 깊고도 심오한 현실로 내 마음을 다시 부르는 것이다. 단, 내 욕구에 솔직해져야 그것을 하나님 앞으로 가져갈 수 있다. 내 걱정은 많은 부분 통제 욕구에서 비롯한다. 그래서 나는 내 힘으로 원하는 삶을 이루어 내기를 원한다. 내 뜻대로 살기를 원한다. 결과를 스스로 통제할 수 있기를 원한다. 나 자신을 하나님께 드리고 그분께 함께하는 것은 내 마음속에서 일어나는 것들을 그분 앞에 솔직히 내려놓는 것이다.

아버지, 이런 욕구를 보옵소서. 육신 안에서 저는 제 뜻대로, 제
목적을 위해 살고 싶어 합니다. 지금의 이 상황을 바로잡고 제가
원하는 삶을 얻기 위해 아버지를 이용하고 싶어 합니다. 오, 하나님,
저를 아버지께 드립니다. 하나님, 무엇보다도 아버지를 원합니다.
아버지께 신실하고 싶습니다. 저를 위해 어떤 계획을 세우셨든, 저를

어디로 인도하시든, 그대로 따르기를 원합니다.

이 기도를 드리는 중에도, 특히 마지막 문장을 말할 때 내 마음의 소리가 들린다. "존, 너는 거짓말쟁이야! 너는 무엇보다도 하나님을 원하지 않잖아!" 이런 소리도 하나님 앞으로 가져갈 수 있다. 우리 마음에 비난이 가득할 때도 하나님께 우리 자신을 드리고 그분 안에 거하기로 뜻을 정할 수 있다. "우리 마음이 혹 우리를 책망할 일이 있어도 하나님은 우리 마음보다 크시고 모든 것을 아"신다는 사실을 기억해야 한다(요일 3:20).

오, 하나님, 제 마음의 일부는 주님을 원하지 않는 줄 압니다. 심지어 제 마음의 일부는 저를 주님께 드리지 않고 혼자 걱정하며 삶을 제가 통제하고 싶어 합니다. 하나님, 제가 여기 있습니다. 제 마음을 솔직히 털어놓고 제 자신을 다시 주님께 드립니다. 이 상황에서 주님과 함께하기를 원합니다.

내가 이 생각을 하루 종일 지켜 나갈 수 없을지도 모르지만, 나를 드리는 이 기도를 언제든지 다시 드릴 수 있다. 이것은 우리가 지금 당장 할 수 있는 일이다. 오늘 무엇이 당신의 마음을 문제나 걱정, 답답한 일 쪽으로 향하게 만들었는가? 그것들을 하나님께 솔직히 아뢰고 그분과 함께하기로 뜻을 정하라.

+ '의도의 기도'로
하나님께 나아가는 연습

아침과 그날 하루를 이끌 마음의 방향을 다시 세우는 것이 이 연습의 핵심이다. 바로 자신을 하나님께 드리는 기도다.

또한 너희 지체를 불의의 무기로 죄에게 내주지 말고 오직 너희 자신을 죽은 자 가운데서 다시 살아난 자같이 하나님께 드리며 너희 지체를 의의 무기로 하나님께 드리라 죄가 너희를 주장하지 못하리니 이는 너희가 법 아래에 있지 아니하고 은혜 아래에 있음이라(롬 6:13-14).

그러므로 형제들아 내가 하나님의 모든 자비하심으로 너희를 권하노니 너희 몸을 하나님이 기뻐하시는 거룩한 산 제물로 드리라 이는 너희가 드릴 영적 예배니라 너희는 이 세대를 본받지 말고 오직 마음을 새롭게 함으로 변화를 받아 하나님의 선하시고 기뻐하시고 온전하신 뜻이 무엇인지 분별하도록 하라(롬 12:1-2).

의도의 기도는 언제나 다음 두 가지에 초점을 두어야 한다. 먼저, 자신의 마음이 실제로 어떤 상태인지 관심을 가지고 살펴야 한다. 그러고 나서 자신을 하나님께 드려 자신의 의도가 그분과 그분의 뜻으로 다시 향하게 만들어야 한다. 대개 이는 일상에서 하나님과 함께하는 짧은 시간들로 이루어진다. 〈부록 2〉에서 이를 더 자세히 다루었다. 여기서는 출발점으로써 우리가 '나를 드리는 기도'라고 부르는 것만 집중적으로 다루어 보자. 앞서 말했듯이 나를 하나님께 드리는 것은 내 내적 힘을 의지하는 것이 아니라, 그리스도 안에 거하기로 '의도하는' 것이다.

매일 아침 잠시 시간을 내 자신을 하나님께 드리라. 특별히 이 기도를 위해 아침에 눈을 뜨자마자 3분을 투자하라. 화장실에 가고 물이나 커피를 마시기 전에 이 일을 먼저 하라.

우선, 당신의 영혼이 원하는 것에 잠시 집중해 보라. 당신의 마음은 당신을 어디로 이끌기를 원하는가? 어떤 걱정이나 두려움, 기쁨, 사랑이 있는가? 마음이 이끄는 대로 끌려가지 않도록 이 활동을 너무 오래 하지 말라. 1분 이하면 족하다. 당신이 무엇을 느끼고 어떤 생각을 하는지, 그리고 지금 당신 마음의 보물이 무엇인지 주목하라.

둘째, 2분간 뜻을 정하여 당신을 하나님께 드리라. "하나님, 제가 여기 있습니다. 주님께 제 전부를 드립니다. 오늘 제 마음의 그 어떤 보물보다도 주님과 함께하기를 원합니다." 그분과 함께 앉으라. 그분을 당신의 최우선으로 삼고 그 순간을 즐기라. 때로는 즐겁고 놀라운 경험이 될 것이다. 그런가 하면 당신의 마음이 악했던 옛 모습을 드러낼 수도 있다. 나를 하나님께 드리고 싶지 않을 수도 있다. 내키지 않을 수도 있다. 눈을 뜨자마자 마음이 처음 향했던 곳으로 돌아가고 싶을 수도 있다.

그렇다면 그것을 숨기지 말고 하나님께 아뢰라.

"하나님, 이것을 하고 싶지 않습니다. 대신 저것을 하고 싶습니다. 이것이 솔직한 심정입니다. 하지만 저를 받으옵소서. 저를 주님께 드립니다. 하나님, 긍휼히 여겨 주옵소서. 저를 받으옵소서."

이렇게 잠깐이라도 반사적인 반응을 자제해 보면 이 기도가 점점 즐거워질 수 있다. 한번 해 보라. 하나님께 자신을 여는 것은 당신이 충분히 할 수 있는 일이다.

마지막으로, 오늘 있을지 모르는 어떤 일이나 오늘 있을 모임, 당신이 세운 계획, 혹시 닥칠지 모르는 어려움에 관해 잠시 생각해 보라. 그것들을 최대한 솔직히 아뢰면서 기도하라.

하나님, 제 마음속에 이런 생각이 있습니다. 이것들은 가져가옵소서. 이것들은 주님의 것입니다. 하나님, 저는 주님의 것입니다. 이 문제에서 주님과 함께하게 도와주옵소서. 이 문제를 비롯해서 오늘 있을 모든 일에서 주님 안에 거하게 도와주옵소서. 주님이 저를 인도하시는 모든 상황 속에서 주님께 신실하고 싶습니다. 저를 받으옵소서. 아멘.

일터에 가서 책상에 쌓인 일 더미나 이메일함의 메일들, 자주 부딪치는 동료, 스트레스를 부르는 프로젝트를 볼 때도 이 기도를 할 수 있다. 긴 하루 끝에 집에 주차를 하면서 1분간 하나님께 자신을 드리는 기도를 할 수 있다. 자녀가 있는 사람들은 인내심이 바닥을 드러낼 때

화장실에서 인내로 자녀를 키우기로 뜻을 정하는 기도를 드릴 수 있다.

육신의 옛 습관과 육신의 뜻에 끌려다니지 않고 하나님과 함께하는 삶을 살기 위해 의도의 기도를 적용할 방법이 무궁무진하다. 당신이 이 훈련을 잘 해내기를 응원한다.

CHAPTER 7

세상을 벗고
그리스도를 입는

거둠의 기도

이 세상의 소음과 바쁨 가운데서는 내가 누구인지, 무엇보다 내가 '누구의 것'인지 잊어버리기가 쉽다. 틈만 나면 SNS 피드를 보면서 자기 삶을 다른 사람들의 삶과 비교하고 자신이 그리스도 안에서 누구인지에 집중하지 못하고 있는가? 삶의 모든 일에서 하나님이 당신의 정체성의 중심에 계신가?

'거둠'(recollection)은 우리가 하나님을 삶의 중심으로 유지하는 것에 관해 이야기할 때 사용해 온 단어다. 여기서 거둔다는 것은 마음을 모아 그리스도와 그분 안에서의 우리의 정체성에 집중한다는 것이다. SNS와 인터넷, 심지어 전기가 생기기 이전에도 우리는 세상의 바쁨, 질투, 비교로 인해 그리스도 안에서의 '주된' 정체성에서 눈을 뗄 위험을 알고 있었다.

나는 부차적인 정체성들(교수, 저자, 학자 등)을 주된 정체성으로 사용하려고 할 때가 많다. 하지만 이런 정체성은 그리스도 안에서의 내 진짜 정체성만 한 무게를 지니지 못한다. 오랫동안 '거둠의 기도'(prayer of recollection)를 하다 보니 이런 부차적인 정체성들이 자꾸만 주된 정체성의 자리를 차지하려고 한다는 사실을 발견했다. 나는 이런 것을 통해 삶에서 안정을 찾기를 원한다.

하지만 이런 것들 속에는 안정이 없다. 이런 상황에서 나는 이렇게 기도한다. "아버지, 이런 것들은 저를 정의하지 못합니다. 저는 아버지 것입니다. 제 정체성은 그리스도에게서 나옵니다."

그리스도를 중심으로 하지 않는 다양한 상황에서 우리는 거듭의 기도를 드려야 한다. 이 기도는 자신에 관한 진리를 다시 기억해서 하나님과 진정으로 동행할 수 있게 해 준다. 빌립보서 3장은 부차적인 정체성을 주된 정체성으로 사용하는 경우들을 보여 줌으로써 이 기도에 관한 틀을 제공해 준다. 바울은 다른 모든 것이 그리스도 안에서만 적절한 자리를 찾을 수 있다는 점을 보이면서 그리스도 안에서 우리의 정체성을 재정립하게 해 준다.

신약에서 사도 바울을 보라. 그의 정체성은 그리스도 안에 고정되어 있었다. 이것이 그가 자신을 바라보는 시각이었다. 바로 그는 예수 그리스도 안에 있는 사람이었다. 빌립보서 3장을 보면 회심하기 전의 바울은 육신에서 정체성을 찾았다. 그는 자신의 공로, 영성, 능력으로 하나님과 다른 사람들 앞에서 서고자 했다. 그는 자신의 힘으로 자신을 개선하려고 했다. 이것이 바리새인으로서 그의 삶이었다. 하지만 예수님 안에서 그는 다른 길로 선회했다. 이제 그는 "나는 이런 것에 아무런 관심도 없다"라고 말할 수 있었다. 그의 말을 직접 들어 보자.

그러나 무엇이든지 내게 유익하던 것을 내가 그리스도를 위하여 다 해로 여길뿐더러 또한 모든 것을 해로 여김은 내 주 그리스도 예수를 아는 지식이 가장 고상하기 때문이라 내가 그를 위하여 모든 것을 잃어버리고 배설물로 여김은 그리스도를 얻고 그 안에서 발견되려 함이니 내가 가진 의는 율법에서 난 것이 아니요 오직 그리스도를 믿음으로 말미암은 것이니 곧 믿음으로 하나님께로부터 난 의라(빌 3:7-9).

바울의 삶을 움직이는 원동력이었던 것들이 이제 그리스도 앞에서 배설물로 보였다. 예수님께 구속받은 자로서 바울은 더 이상 율법을 통해 자신의 의를 이루는 데 관심이 없었다. 이제 그는 오직 믿음을 통해 하나님에게서만 받는 의를 갈망했다. 하지만 자신의 힘과 육신에 의존했던 옛 습관이 회심 즉시 사라지지는 않았다. 우리도 마찬가지다. 경험에서 알 수 있듯이 이런 것들은 계속해서 우리의 마음을 유혹한다. 따라서 그리스도 안에서의 정체성에 다시 닻을 내리고 그 진리에 따라 나머지 모든 것을 바라보는 시각을 바꾸어야 한다. 바울은 그리스도를 알게 된 이후 이전의 삶을 이기적이고 세상적이고 믿음 없는 삶으로 보았다.

빌립보서에서 거듭의 기도의 두 줄기가 나온다. 첫 번째 줄기는 '분리의 기도'(prayer of detachment)다. 에베소서 4장의 표현을 쓰자면 '벗어 버리는 것'이다. 여기서 목표는 우리가 그리스도 밖에서 유익을 추구하기 위해 사용하려는 모든 것들을 찾는 것이다. 이것들 자체가 꼭 나쁜 것은 아니다. 심지어 바울은 이 목록에 자신의 열심까지 포함시켰다. 하지만 하나님 앞에서 자신의 자리를 확보하거나 가장 깊은 정체성을 얻기 위해 이런 것을 사용하면 이것들은 육신의 일이 된다.

거둠의 기도의 두 번째 줄기는 '연합의 기도'(prayer of attachment) 다. 여기서 목표는 우리가 그리스도 안에서 누구인지를 보는 것이다. 분리의 기도가 '벗어 버리는 것'이라면 이 기도는 '새 사람'을 '입는 것'에 해당한다(엡 4:22-24). '옛 사람'은 일부 역본에서 번역하는 것처럼 단순히 '옛 자아'가 아니다. 우리가 벗어야 하는 '옛 사람'은 아담 안에서의 정체성이며, 우리가 입어야 하는 '새 사람'은 그리스도 안에서의 정체성이다. 거둠의 기도는 그리스도를 입고 육신을 벗으라는 성경의 명령을 따르도록 우리를 인도해 준다. 분리와 연합의 기도를 통해 예수 그리스도 안에서의 진짜 정체성 위에 다시 서게 해 준다.

세상이 주는 가짜 정체성 벗기

거둠의 기도는 바울이 설명한 진리를 우리 자신을 위한 기도로 삼는 것이다. 첫 부분에서 우리는 그리스도 밖에서 정체성을 찾게 만드는 모든 것을 "해"(害)로 여긴다. 이 모든 것을 그리스도와 비교해 "해"로 여긴다. 마음속에 있는 잠재적인 우상들에게서 분리된다

(최소한, 분리되겠다고 하나님께 말씀드린다). 물론 어떤 것으로부터 분리되었다고 말한다고 해서 실제로 분리되는 것은 아니다. 이런 것을 벗어던지겠다고 말한다고 해서 이런 것이 마술처럼 떨어져 나간다고 생각한다면 너무 순진한 생각이다.

우리는 예수 그리스도 안에서의 삶이라는 객관적인 진리를 선포하고 나서 이 진리를 향해 개인적으로 매진해야 한다. 이때 우리의 마음을 잘 살펴야 한다. 우리의 마음은 우리가 인정하기 어려운 것들을 말해 주기 때문이다. 우리의 마음은 전혀 뜻밖의 것들을 보여 주곤 한다. 우리가 그리스도 밖에서 기초를 다지기 위해 무엇을 사용하는지 유심히 보라. 주의 깊게 보면 무엇을 벗기가 진정으로 어려운지가 금방 눈에 들어온다.

분리의 기도는 바울이 빌립보서 3장에서 보여 준 본을 따르는 것이다. 그래서 우리는 이렇게 기도해야 한다.

하나님, 제 생명은 그리스도와 함께 하나님 안에 숨겨져 있습니다(골 3:3). 그리고 저는 그리스도 안에서 주님의 자녀입니다(갈 4:5-6). 이것이 제 정체성입니다. 하지만 이렇게 말하면서도 저는 제 정체성이 아닌 것들을 떠올리고 있습니다. 제 핵심 정체성은 성공한 사람도 실패한 사람도 아닙니다. 저는 부유한 사람도 가난한 사람도 아닙니다. 저는 법률가도 교사도 어머니도 아버지도 아닙니다. 하나님, 이런 것은 제 진짜 정체성이 아닙니다. 하나님, 저는 학생도 교사도 아닙니다. 이런 것은 저를 정의해 주지 못합니다. 이런 것은 주님 안에서의 정체성이 아닙니다.

존이 처음 내게(카일) 이 기도를 가르쳐 준 때가 기억난다. 특히 뜻밖이었던 부분은 "하나님, 제 핵심 정체성은 학생이 아닙니다"라는 부분이었다. 나는 수년 동안 신학교 학생이었고, 당시 이미 두 개의 석사 학위를 받은 상태였다. 하지만 이 기도에서 이 부분을 고백하기가 쉽지 않았다. 내가 하나님과 다른 사람들 앞에서 '학생'을 내 정체성으로 내세울 때가 얼마나 많은지를 미처 깨닫지 못했기 때문이다.

나는 그냥 학생이 아니라 '신학교' 학생이었다. 나는 이 사실에서 자부심을 느끼고 있었다. 여기서 끝이 아니었다. 나는 그냥 신학생이 아니라 두각을 나타내는 학생이었다. 이런 상황은 내가 박사 학위를 딴 뒤에도 계속되었다. 나는 졸업장 하나하나를 하나님과 다른 사람들 앞에서 나를 정의하는 수단으로 삼았다. 그래서 그것들을 벗으려고 하니까 내 마음이 저항했다. 이 기도를 온전히 드린 뒤에야 내가 얼마나 이런 것을 내려놓기 싫어하는지가 보였다. 하지만 이런 것은 그리스도 안에서의 내 정체성이 아니다.

우리는 이런 것에서 분리되어야 한다. 하지만 한 가지, 이런 것 자체가 나쁜 것은 아니라는 점을 기억해야 한다. 사실 이런 것의 대부분은 오히려 좋은 것이다. 하지만 이런 것이 우리 삶을 의미 있게 해 주지는 못한다. 이런 것은 우리의 정체성으로 삼을 만큼 실질적이지 못하다. 그래도 우리의 시도는 멈추지 않는다. 하지만 이생에서 우리의 궁극적인 기초는 그리스도이시며, 그분과 비교하면 다른 모든 것은 배설물에 불과하다.

따라서 이 기도를 드리면서 '학생'을 비롯해 자신이 맡고 있는 다양한 역할을 돌아보라. 직업을 돌아보라. 아들, 딸, 아버지, 어머니 등의 역할을 하나님 앞으로 가져가라. 여기서 끝이 아니다. 당신이 삶의 기초로 삼고 당신을 정의하기 위해 사용하는 특징들을 확인하라. "나는 사랑이 넘치는 사람이다." "나는 친절한 사람이다." "나는 화가 많은 사람이다." "나는 걱정이 많은 사람이다." 이런 것에서 분리되라.

이런 것에서 분리된다고 해서 이런 것을 버린다는 뜻은 아니다. 이 가운데 많은 것이 좋고 의미가 있다. 다만 이런 것이 우리를 하나님 앞에 온전히 서게 해 주지 않는다는 점을 기억해야 한다. 이런 부차적인 정체성들을 하나님 앞에 아뢰고 예수 그리스도 안에서 우리의 가장 근본적인 정체성을 다시 확립해야 한다.

우리는 이런 정체성과 특징이 얼마나 깊이 뿌리내릴 수 있는지 깨닫지 못할 때가 많다. 우리가 그것들을 어떻게 사용해서 자신을 정의하는지 잘 모른다. 이런 경우, 실패는 특히 더 고통스럽다. 어머니나 목사 등의 역할에 모든 의미를 부여하면 그것을 잃을 때 발버둥친다. 우리 영혼의 무게를 진정으로 견딜 수 있는 유일한 정체성은 그리스도 안에서의 정체성이다. 그분 안에서 우리는 온전히 받아들여지고 용서를 받았다.

그리스도 밖에서 정체성을 찾으려는 모든 시도는 우리 영혼에 짐이 된다. 스스로 만든 멍에는 짊어지기에 너무나 무겁다. 부모나 학생, 성공, 실패, 교사, 설교자를 정체성의 근원으로 삼으면 안 된다. 하지만 그러기가 너무도 쉽다. 이런 것에서 성공을 맛보면 더더욱 그렇다. 분리의 기도는 우리의 영혼에 자유로워지겠다고 선포하는 것이다. 이런 것이 우리의 정체성이 아니라는 선포다.

오래전 나(존)는 이 기도를 드리기 시작했다. 특히 설교를 하거나 가르침을 펼 때마다 이 기도가 중요했다. 내 안에는 다른 사람들의 눈에 들고 칭찬과 사랑을 받으려는 욕구가 있다. 그래서 가르치기 전에 내 마음을 하나님께로 모아야 했다. 강단으로 걸어가기 전에, 내 소개가 나오기도 전에, 나는 "하나님, 이런 것은 제 핵심 정체성을 정의해 주지 못합니다"라고 기도했다. 때로는 마음으로 이 기도를 드릴 수 있었다. 그런가 하면 내 마음이 이 기도를 거부할 때도 있었다.

이 기도는 음파를 영혼 깊이 보내, 우리의 마음이 어떤 신호를 돌려보내는지 확인하는 것과도 비슷하다. 때로는 우리의 마음이 이 기도에 깊이 공감한다. 그런가 하면 우리가 영혼을 향해 진실을 말하면 전혀 다른 반응이 표면 위로 떠오르기도 한다. 마음 깊은 곳에서 진리를 거부한다. "거짓말! 너는 이걸 믿지 않아!"라는 말이 들린다. 다른 사람들의 인정에서 삶의 의미를 찾기 때문에 이런 말이 들리는 것이다. 물론 우리 영혼 안에서 진리를 증언해 주시는(롬 8:16) 성령은 이것을 아신다. 이런 불신의 상황에 처한다면 주님이 우리 죄를 위해 돌아가셨다는 사실을 기억하라. 그리고 이것이 이 기도를 한 번만 해서는 안 되는 이유다. 우리 마음을 하나님께로 모으는 거둠의 기도는 평생 계속되어야 한다.

그리스도 안에서 진짜 정체성 입기

우리가 하나님 앞에서 온전히 서지 못하도록 막는 이런 정체성을 '벗어 버린' 뒤에는 그리스도 안에서의 참된 정체성을 '입어야' 한다. 이제 그리스도인으로서 우리는 예수 그리스도 안에 있고, 그분과 연합하여 그분의 삶을 나눈다. 성경이 우리에게 주시는 말씀에 귀를 기울여야 한다. "그러므로 이제 그리스도 예수 안에 있는 자에게는 결코 정죄함이 없나니"(롬 8:1). 나아가 우리는 그리스도 안에 있기 때문에 성부께 나아갈 수 있다(엡 2:18). 그리스도인으로서 우리는 더 이상 하나님의 생명에 대해 외인이 아니라 하나님의 가족이다(엡 2:19-22).

우리는 그리스도와 함께 죽었다. 그리고 그분과 함께 부활했다. 그래서 이제 우리의 "생명이 그리스도와 함께 하나님 안에 감추어졌"다(골 3:3). 그래서 하나님의 아들의 지위에 은혜로 동참한다. 이제 우리는 그리스도 안에서 하나님의 사랑받는 자녀다. 이것이 우리의 진짜 정체성이다. 자신을 그리스도와 연합한 자로 보면 삶이 어떻게 될지 생각해 보라. 당신은 더 이상 정죄를 받지 않는다. 당신은 용납되고 용서받고 구속받는다. 이것이 당신의 진짜 정체성이라는 사실을 받아들이고 그 진리에 따라 기도하면 삶이 어떻게 달라질까?

연합의 기도의 목표는 "내가 정말로 이렇게 느끼고 있는가?"라고 물으면서도 예수 그리스도 안에서의 정체성으로 방향을 바꾸는 것이다. 따라서 연합의 기도는 구체적으로 이런 식으로 이루어진다. "하나님, 저는 주님을 위해서 창조되었습니다. 저는 죄와 망가짐 속에서 이 세상 속에 들어와 완벽한 사랑을 갈망하면서도 제 육신을 통해 그것을 추구했습니다. 하지만 이제 예수 그리스도 안에서 저는 그리스도의 의를 입었습니다. 이것이 제 진짜 정체성입니다. 저는 죄를 완전히 용서받은 사람입니다. 주님이 온전히 받아 주신 사람입니다. 그리스도 안에서 저는 귀하고 사랑받는 사람입니다. 이것이 제 진짜 정체성입니다."

이 기도를 할 때 처음 드는 생각은 '하나님, 감사합니다. 너무 좋습니다!'일 수 있다. 하지만 전혀 다른 생각이 들 수도 있다. '하나님, 잘 모르겠습니다. 이것이 정말인가요?' 이런 경우라면 숨어 있던 곳에서 나오라. 마음이 움직이지 않는다고 해서 기도를 멈추고 자기대화에 빠지지 말라. 이것은 자신의 가치가 자신의 밖, 즉 그리스도에게서 온다는 것을 믿지 않고 (심지어 기도에서도) 스스로 가치를 증명해 보여야 한다고 믿는 도덕주의자들이 하는 행동이다. 하나님 앞에서 도덕주의자는 육신의 자기대화에 빠진다. 그는 자신의 육신을 내세우며 이렇게 기도한다. "하나님, 저는 해야 할 일을 하고 있으며, 이것이 정말로 중요합니다."

이렇게 하지 말고 숨어 있던 곳에서 나와야 한다. 하나님 앞에서 진리를 선포하며 그분의 자비를 구해야 한다. 연합의 기도를 드릴 때 그것을 인정하기 어렵다면 그 사실을 하나님께 아뢰라. "하나님, 이 기도를 하면서도 진짜로 와닿지가 않습니다." "아버지, 이것이 좋게 느껴지지 않습니다. 도와주옵소서. 이것이 예수님이 저를 위해 돌아가신 이유입니다!" 이렇게 하면 다시 그분의 멍에를 메는 것이니 잘못될 염려가 없다(마 11:28-30).

하나님 앞으로 마음을 집중할 때 기도가 선한 모습만 보여 드리는 시간이 아니라는 사실이 다시 떠오를 것이다. 기도는 솔직해져야 하는 시간이다. 당신이 선한 그리스도인이라는 점을 하나님께 증명해 보이는 데 기도 시간을 허비하지 말라. 온전한 용서 가운데 쉬면서 예수님께 모든 것을 아뢰라. 아무것도 숨기지 말라. 무언가 신경이 쓰이는 것이 있다 해도 기도를 멈추고 자신과 대화를 시작하지 말라. 그것을 있는 그대로 하나님께 아뢰라.

하나님은 당신이 어떻게 기도해야 할지 모르는 것을 아시고 당신의 영혼 안에서 탄식하며 중보하시도록 성령을 보내 주셨다(롬

8:26). 이 사실을 기억하라. 성령은 모든 것을 살피시며 당신 마음 깊은 곳을 이미 살펴서 아신다. 하나님은 다 알고 보시니 마음을 솔직히 열어 보이라.

'그리스도를 입는 일'의 어려움

그리스도를 입는 일에서 정말 어려운 점은 우리가 실제로 그분을 입었는지 잘 느껴지지 않을 수 있다는 것이다. 정죄를 받는 기분일 때 "그러므로 이제 그리스도 예수 안에 있는 자에게는 결코 정죄함이 없나니"라는(롬 8:1) 사실을 받아들이기는 쉽지 않다. 다행히 우리의 느낌은 현실에 대한 확실한 지표가 아니다. 단지 현실에 대한 우리 마음의 반응을 보여 줄 뿐이다. 용서를 받지 못한 것 같고 불안과 정죄로 두려울 때의 가장 큰 위험은, 하나님께로 다가가지 않고 되레 그분의 임재를 떠나게 되는 것이다.

이 부분에서 신자의 삶이 성숙해지는 과정에 관한 우리의 시각이 도움이 될 수도 있고 큰 걸림돌이 될 수도 있다. 성숙한 그리스도인은 그런 기분을 느끼지 말아야 한다고 생각하면 육신으로 그런 기분을 애써 누르려고 할 것이다. 하지만 이것들은 그리스도 밖에서 싸워서는 이길 승산이 없는 것들이다. 그러므로 육신과 아담의 길을 벗고, 우리가 그리스도의 의를 입었다는 진리를 받아들여야 한다.

우리는 그리스도의 의에 참여함으로 용서와 구속과 의를 받았다. 하지만 그렇다고 해서 우리 삶에서 죄가 완전히 사라진 것은 아니다. 요한은 요한일서 1장 8-10절에서 이렇게 말한다. "만일 우리가 죄가 없다고 말하면 스스로 속이고 또 진리가 우리 속에 있지 아니할 것이요 만일 우리가 우리 죄를 자백하면 그는 미쁘시고 의로우사 우리 죄를 사하시며 우리를 모든 불의에서 깨끗하게 하실 것이요 만일 우리가 범죄하지 아니하였다 하면 하나님을 거짓말하는 이로 만드는 것이니 또한 그의 말씀이 우리 속에 있지 아니하니라."

하나님의 구원은 그분을 떠나서 우리 힘으로 삶을 헤쳐 나가라고 요구하지 않는다. 하나님의 구원은 우리를 그분께로 묶어 준다. 따라서 그분께 용서받고 사랑받는 것처럼 느껴지지 않을 때도 모든 일에서 그분께 의지하는 법을 배워야 한다. 우리의 의는 우리 밖에서 오는 것이며, 성자와 성령이 우리 안에서 우리를 위해, 그리고 우리를 통해 중보하고 계시므로 성부께 솔직한 모습으로 나아가 우리의 느낌과 죄를 우리가 인식한 그대로 아뢰어야 한다. 그렇게 하지 않는 것은 그분과의 사이에서 적정한 거리를 두는 것이다.

하나님께로 가까이 다가가는 것은 객관적인 진리를 선포하는 것 이상이다. 그분께 가까이 다가가기 위해서는 개인적으로 그리고 전심으로 그분을 찾아야 한다. 구원에 관한 객관적인 진리에서 멈추면 그리스도가 이끄시는 대로 따라갈 수 없다. 우리는 이 진리가 사실이라고 믿으면서 이 진리대로 살도록 부름받았다. 우리가 그리스도 안에서 용서받았다는 사실을 깨달았다면 죄를 고백해야 한다. 용서는 단순히 머리로 이해해야 할 개념이 아니다. 용서는 삶으로 살아 내야 할 것이다. 용서받았다는 사실을 받아들였다면 숨은 곳에서 나와서 마음의 깊은 진실을 솔직히 살피고 고백해야 한다. 진리를 머리로만 인정하고 성경이 부르시는 곳으로 직접 나아가지 않으면 아무 소용이 없다. 그리스도 안에 있음이 객관적인 현실로 받아들여진다면 하나님의 부르심이라는 여정에 발을 내딛어야 한다. 남편과 아내가 되었다는 객관적인 현실이 사랑 안에서 서로를 내주는 관계로 이어져야 하는 것과 마찬가지다. 객관적인 진리는 벗고 입는 이 과정에 깊이 헌신하기 위한 배경과 조건을 만들어 낸다. 아울러 우리는 사랑으로 우리에게 자신을 내주시는 하나님께 우리의 주관적인 경험을 솔직히 아뢰어야 한다.

요컨대 거둠의 기도를 드리려 할 때 우리가 싸우게 될 세 가지 힘든 싸움이 있다.

첫째, 우리는 하나님, 자신, 다른 사람들 앞에서 자신의 정체성을 구축하기 위해 사용하는 것들을 내려놓기 힘들어한다. 자신의 정체성을 자신의 소명과 결부시키는 사람들은 이것을 내려놓기가 참 힘들다. 예를 들어, 목사는 하나님과 다른 사람들 앞에서 자신의 자리를 확보하기 위해 '목사'로서의 역할을 사용한다. 하지만 그리스도를 떠나서는 하나님 앞에서 그 어떤 보장도 없다. 그리스도 안에서 하나님 아버지를 찾아야 한다.

둘째, 이 기도에서 '분리' 부분을 '읽는 것'으로 옛 사람을 '벗으려고' 하는 것이다. 옛 사람을 마음으로 벗으려고 하지 않을 수 있다. 육신을 벗으려는 실질적인 마음은 없고 그저 이 기도를 잘하려고 노력할 수 있다. 물론 입기 부분에서도 같은 함정이 있다. 해결책은 자신 안에서 일어나는 일들을 하나님께 솔직히 아뢰는 것이다.

셋째, 믿음이 아니라 보이는 것을 추구하는 것이다. 그리스도 안에서의 정체성을 입으면 즉각적인 변화를 경험하리라고 착각할 수 있다. 우리는 즉각적인 것을 좋아하고, 긴 과정을 힘들어하기 때문이다. 남은 죄와 망가짐을 하나님 앞에서 풀어 가기를 원하지 않고, 하나님이 그것들을 일순간 사라지게 해 주시기를 원한다. 이는 거함 없이 열매를 맺으려는 생각이다. 실패했다고 절망하지 말라. 우리가 그리스도 없이 아무것도 할 수 없다는 것은 오히려 좋은 소식이다(요 15:5).

믿음 안에서 기도하기 위해서는 예수 그리스도 안에서의 정체성을 받아들이고, 육신 스스로의 힘으로 힘과 의미, 성공을 얻으려는 세상의 모든 방식을 버려야 한다. 믿음 안에서 우리는 숨은 곳에서 나와 육신의 유혹에 관해 하나님께 솔직히 아뢰어야 한다. 믿음 안에서 기도하면서 우리가 보이는 것을 원한다는 사실과 그것이 얼마나 잘못되었는지 분명히 보아야 한다. 우리의 눈은 세상의 이치에 관해 성경과 다르게 말한다. 성경은 우리 삶이 그리스도와 함께 하나님 안에 숨겨져 있다고 말한다(골 3:3). 하지만 우리는 주변을 둘

러보며 고개를 갸웃거린다. '이것이 무슨 의미이지? 내 삶은 전혀 그리스도와 하나님 안에서 감추어져 있는 것처럼 보이지 않아.'

"그런즉 누구든지 그리스도 안에 있으면 새로운 피조물이라. 이전 것은 지나갔으니 보라 새것이 되었도다"(고후 5:17). 이 말씀을 읽고서 이렇게 생각할 수 있다. '내가 정말로 새로워졌나? 이전 것이 전혀 지나가지 않은 것 같은데? 여전히 죄가 많이 보이잖아.'

갑자기, 모든 것이 괜찮다고 스스로 속이며 공상 속에서 사는 편이 더 나아 보인다. 안타깝게도 때로는 하나님 나라의 현실보다 공상과 자기기만을 받아들이기가 더 쉽다. 그 현실이 도저히 말이 되지 않아 보일 수 있기 때문이다. 그래서 우리는 현실 속으로 훨씬 깊이 들어가야 한다. 자신에 관한 진실만이 아니라 하나님이 행하신 일에 관한 진실 속으로 더 깊이 들어가야 한다. 그것은 하나님이 이런 현실의 경계를 정하신다고 믿기 때문이다.

믿음 안에서 기도하는 것은 복잡하고 모순적으로 보이는 이 모든 현실을 이해하고 경험하기 위해 하나님을 부여잡는 것이다. 이 세상에서 하나님만이 우리의 유일한 소망이므로.

+ '거둠의 기도'로
하나님께 나아가는 연습

거둠의 기도를 위해 20-30분 동안 기도와 묵상의 시간을 내라. 매주 정해진 시간에 해도 좋고, 다른 활동의 한 부분으로 정해서 해도 좋다.

먼저, 간단한 의도의 기도(특히, 나를 드리는 기도)로 시작하라. 마음을 하나님께 드리라. 그분과 함께하고 그분에게서 배우고 그분 안에서 쉬겠다는 의도를 표현하라. 이 기도를 너무 빨리 넘어가지 말라. 더 중요한 순서로 빨리 넘어가야 하는 것처럼 하지 말라. 충분한 시간을 두고 하나님께 고백하라. "하나님, 저를 주님께 드립니다. 저는 주님의 것입니다"(롬 6:13). 내면에서 어떤 일이 일어나는지 살피라. 하나님께 자신을 드리는 것을 마음으로 원한다면 좋은 일이다. 저항이나 따분함이 느껴진다면 그런 감정을 하나님께 솔직히 아뢰라. 하나님은 이미 아신다.

둘째, 당신이 벗어야 할 마음과 삶의 현실들을 밝혀 달라고 하나님께 요청하라. 앞서 말했듯이 이 기도의 초점은 우리가 움켜쥐고 있는 정체성들이다. 하지만 하나님이 당신의 마음과 삶에 관해 무엇을 밝혀 주시든 받아들이라. 그리스도 안에서의 정체성이 아닌 다른 정체성을 하나님과 다른 사람들 앞에서의 확실한 기초로 사용하고 있는지 돌아보라. 마음의 모든 우상을 내려놓으라. 이런 것들을 그리스도와 비교해 해(害)로 여기라(빌 3:7-8).

분리의 기도 아버지, 제 중심에서, 제 영혼의 깊은 곳에서, 저는
성공이나 실패, 부유한 사람이나 가난한 사람, 존경을 받아야 하는
사람, 선한 사람이나 나쁜 사람이 아닙니다. 제 중심에서 제 정체성은
좋거나 나쁜 어머니나 아버지, 친구, 교인이 아닙니다. 저는 친절한
사람이나 분노한 사람이 아닙니다. 노동자나 전문가, 교사, 설교자가
아닙니다. 저는 _____이 아닙니다(빈칸에 당신의 삶을 채워
넣고 마음의 모든 우상을 내려놓으라).

> * 다시 말하지만, 당신의 영혼이 이 기도에 제대로 참여하면 기쁠 것이다.
> 당신의 영혼이 따분해하거나 이 기도를 원하지 않는다면 하나님께 솔직히
> 아뢰라. 당신의 감정을 다 아시는 하나님께 아뢰고 그분이 필요하다고
> 인정하라.

셋째, 당신의 영혼을 향해 그리스도 안에서의 당신의 정체성을
말하라. 그리스도 안에서 이제 정죄가 없다. 그리스도 안에서 당신은
하나님 아버지의 자녀다. 그리스도 안에서 당신은 용서, 구속, 화해를
경험한다. 그리스도 안에서 당신은 하나님 아버지께 나아갈 수 있다.
그리스도 안에서의 당신의 정체성이 당신의 참된 자아다. 당신은 당신
안이 아닌 당신의 밖에서, 곧 예수 그리스도를 통해 정의된다. 당신이
받아들여지는 것은 아름다운 삶을 이루었기 때문이 아니다. 당신이

아름다운 존재로 받아들여지는 것은 하나님이 당신을 사랑하시기 때문이다(빌 3:9-11).

연합의 기도 저는 하나님과 연합하도록 창조되었습니다. 주님, 저는 죄 가운데 이 세상에 왔지만 완벽한 사랑을 갈망합니다. 주님의 은혜 안에서 이제 그리스도의 은혜를 입었습니다. 죄를 온전히 용서받고 온전히 받아들여졌습니다. 이제 하나님의 눈에 저는 귀한 존재입니다. 하나님은 저를 사랑하는 자로 부르십니다. 이것이 제 진짜 정체성입니다.

* 마음속에 있는 모든 불신을 고백하라.

다음으로, 마음과 정신을 하나님, 그리고 그분 안에서 당신의 정체성에 집중하기로 결심하라. 이런 기도가 필요할 수도 있다.

"내가 믿나이다 나의 믿음 없는 것을 도와주소서"(막 9:24).

당신 마음속에 온갖 종류의 기대가 있을 수 있다. 개중에는 채워진 기대도 있지만 그렇지 않은 기대가 많을 것이다. 그것들을 하나님께로 가져가라.

"주님, 주님이 어디 계신지 모르겠습니다. 저 혼자인 것처럼 느껴집니다. 하지만 저를 주님께 드립니다. 저는 주님의 것입니다."

그분이 필요하다는 사실을 받아들이라. 연약한 가운데 그리스도께로 마음을 모아 하나님의 능력을 경험하라(고후 12:9-10).

이어서 예수 그리스도 안에서의 정체성에 관한 몇 구절을 묵상해 보면 좋을 것이다. 기도하면서 다음 구절을 읽고 그리스도 안에서의 정체성을 마음에 새기라.

하나님이 죄를 알지도 못하신 이를 우리를 대신하여 죄로 삼으신 것은 우리로 하여금 그 안에서 하나님의 의가 되게 하려 하심이라(고후 5:21).

또한 모든 것을 해로 여김은 내 주 그리스도 예수를 아는 지식이 가장 고상하기 때문이라 내가 그를 위하여 모든 것을 잃어버리고 배설물로 여김은 그리스도를 얻고 그 안에서 발견되려 함이니 내가 가진 의는 율법에서 난 것이 아니요 오직 그리스도를 믿음으로 말미암은 것이니 곧 믿음으로 하나님께로부터 난 의라 내가 그리스도와 그 부활의 권능과 그 고난에 참여함을 알고자 하여 그의 죽으심을 본받아 어떻게 해서든지 죽은 자 가운데서 부활에 이르려 하노니(빌 3:8-11).

내 안에 거하라 나도 너희 안에 거하리라 가지가 포도나무에 붙어 있지 아니하면 스스로 열매를 맺을 수 없음같이 너희도 내 안에 있지 아니하면 그러하리라 나는 포도나무요 너희는 가지라 그가 내 안에, 내가 그 안에 거하면 사람이 열매를 많이 맺나니 나를 떠나서는 너희가 아무것도 할 수 없음이라(요 15:4-5).

하나님께 당신의 삶을 열어 보이라. 당신이 하나님의 의가 된 것은 '그분 안에서'라는 사실을 알라. 이 구절들을 읽을 때 마음이 움직이지 않는다면 그 사실을 하나님께 아뢰라. 그러면 하나님이 우리의 마음보다 더 크시다는 사실을 다시 경험할 수 있을 것이다(요일 3:20).

CHAPTER 8

예수의 빛으로
마음과 삶을 깊이 살피는

성찰의 기도

대학교에서는 늘 시끌벅적한 기숙사에서 생활했고 이후에도 몇 년간 룸메이트들이 있다 보니 나는(카일) 오랫동안 끝없는 소음에 둘러싸여 지낸 셈이다. 그러다 신학교로 돌아가기로 결심하고서는 인터넷도 텔레비전도 없는 혼자가 되었다. 침묵과 고독 가운데 놓이자 삶의 방향이 회복되기 시작했다. 삶을 다시 정돈하기 위한 시간과 공간이 필요하다는 것을 온몸과 영혼으로 느꼈지만, 그전까지는 바빠서 그럴 여유가 없었다. 혼란과 소음 속에서는 내 마음에서 일어나는 일을 돌아볼 수 없었다. 의도의 기도에 관해서도 많은 생각을 하지 못했다. 그래서 신학교에서 받은 훈련이 내 일상의 의도들을 결정했다.

당시 내 목표는 좋은 점수를 받는 것이었다. 그래서 그저 교수들이 하라는 대로만 했다. 그리스도 안에서 내가 누구인지는 깊이 생각하지 않았다. 그렇다 보니 여러 정체성과 역할에 이리저리 끌려다녔다. 나는 매일 하나님과 함께하는 삶을 살지 못했다. 하나님 앞에서 나를 점검하지 않는 삶을 살았다. 그러면서도 내가 무엇을 놓치고 있는지 전혀 몰랐다.

그러다 신자의 삶에 관한 옛 프로테스탄트 비전의 중심에 성찰의 중요성이 있다는 사실을 알게 되었다. 우리 둘이(존과 카일) 속한 교단과 관련해서도, 성찰은 신자의 삶에 관한 청교도와 초기 복음주의 관점의 특징이었다.[1] 우리는 자신을 알아야 한다. 자기 지식만을 위해서가 아니라 하나님이 우리를 무엇에서 구원하셨는지 온전히 알기 위해 자신을 알아야 한다. 하지만 인간의 마음은 기만적이다(렘 17:9). 특히, 자기기만에 능하다.

우리는 다른 사람만 속이는 것이 아니라 자신을 속인다. 인간은 자신의 동기, 욕구, 성품과 관련해 자신에게 솔직하지 못할 때가 많기 때문에 예부터 저녁에 자기 성찰을 위한 시간을 따로 갖는 습관을 권장했다.[2] 이 '성찰의 기도'(prayer of examine)는 자신의 마음과 삶을 주의 깊게 살피는 것이다. 그렇게 할 때 우리 삶을 하나님께 온전히 드릴 수 있다. 이 기도는 우리 삶을 돌아보는 기도다.

자기 성찰이 어렵게 느껴지는 것은 그리스도 밖에서 자신을 보려고 하기 때문이다. 그런 의미에서 마르틴 루터는 이렇게 말했다. "그리스도를 배제하고서 나만을 보면 나는 구제불능이다."[3] 많은 신자들이 이런 경험을 한다. 자기 성찰은 우리가 그리스도 안에서 누려야 할 자유와 정반대처럼 느껴진다. 하지만 그리스도인의 자기 성찰은 그리스도 밖에서 해야 할 것이 아니다. 자기 성찰이 가능한 것은 그리스도인으로서 우리가 그리스도 안에 있다는 객관적인 진리 덕분이다.

자기 성찰의 목표는 우리의 타락, 죄, 그릇된 욕구를 그 자체로서가 아니라 그리스도의 빛 안에서 보는 것이다. 우리에게 이런 문

제가 아무리 많아도 두려워할 필요는 없다. 예수 그리스도 안에서
는 정죄함이 없기 때문이다(롬 8:1). 자신의 죄와 망가짐의 깊이를 깨
달으면 하나님을 더 깊이 받아들일 수 있다. 그리스도 안에서 정죄
함이 없다는 진리 안에서 쉬면 확신 가운데서 자신의 망가짐을 풀어
낼 수 있다. 우리의 마음속에는 망가진 것들이 가득할 수 있다. 또한
우리 삶을 돌아보면 우리의 소망, 두려움, 실패, 기쁨이 보인다. 그
러므로 우리는 성찰의 기도를 통해 그것들을 보고 하나님께로 가져
가야 한다.

- 우리는 그리스도 안에 있기 때문에 삶의 모든 것들을 기도
  제목으로 삼을 수 있다.
- 우리는 그분의 것이기 때문에 우리 삶의 모든 순간을, 우리 자신을
  그분께 드릴 기회로 볼 수 있다.
- 성령이 우리 안에서 탄식하시기 때문에 우리도 모든 것을 보고
  아시는 분께 우리의 삶을 열어 보이며 탄식한다.

성찰의 기도는 우리가 자신의 삶에 관심을 기울이면 삶의 모든
순간이 부단한 기도를 배울 기회가 된다는 믿음을 바탕으로 한다(살
전 5:17). 이 기도는 우리의 가장 귀한 자산 가운데 하나인 시간 사용
을 조사하는 기도다. 매 순간, 매일, 매주를 의도적으로 돌아볼 시간
을 따로 떼어 놓지 않으면 우리 삶의 대부분의 시간은 어떻게 지나

갔는지도 모르게 지나가 버린다. 자신이 핸드폰이나 컴퓨터, 텔레비전 화면을 보는 데 얼마나 많은 시간을 허비하는지 나중에 알고 충격을 받는 사람처럼, 우리 삶에 관심을 기울여 조사하지 않으면 진실을 알 수 없다.

긴 하루가 끝나고 아이들이 잠자리에 든 뒤에 소파에 앉았던 기억이 난다. 그때 나는 내 삶을 하나님께 열어 보이면서 내 하루를 돌아보았다. 내 시간들, 대화들, 감정들, 마감일들, 기쁨들, 답답한 일들…… 이 모든 일을 하나님께 드렸다. 그랬더니 놀랍게도 평소에는 무심코 지나쳤던 모든 순간이 내 의식의 수면 위로 떠올랐다.

대부분은 사소한 것들이었다. 한 학생이 건넨 감사 메모, 동료와 한바탕 웃었던 순간, 자녀와 보낸 귀한 순간들……. 이것들은 사소하지만 좋은 일이었다. 내 마음이 하나님의 인자하심에 대한 감사로 벅차올랐다. 왜 내가 이런 좋은 것들을 무심코 흘려보낼 때가 많았을까 하는 생각이 들었다. 내가 하나님께 감사하지 않고 주신 복을 잊어버릴 때가 너무 많다는 생각을 했다.

시편으로 기도하기와 주기도문을 포함해서 앞서 다루었던 여러 기도에서처럼 이 기도에도 위험이 있다. 하나님께 마음을 진정으로 열어 보이지 않을 위험 혹은 내면에 초점을 맞추어 그저 자신과 대화하는 것에 그칠 위험이 있다. 이것이 올바른 성찰(examination, 혹은 examen)[4]이 그토록 중요한 이유다.

성찰의 기도에는 단순히 자신의 삶에 관해서만 이야기할 위험이 있다. 이 기도에 적응하기 위해 이것이 필요할 수는 있지만 이것 자체가 목표가 될 수는 없다. 성찰의 목표는 나에게 관해 아는 것 자체가 아니다. 나를 아는 것은 기독교만의 특징이 아니다. 성찰의 기도의 목표는 나를 앎으로써 하나님을 받아들이는 것이다. 목표는 '하나님과 함께' 내 삶을 조사하는 것이다. 하나님의 임재와 은혜라는 배경에서 자신의 삶을 알고 탐구해야 한다.

성찰의 습관이 우리 믿음의 선조들에게 그토록 중요했던 데에는 더 깊은 이유가 있었다. 성찰의 기도는 마음이 깨어 있기 위한 핵심 훈련이었다. 베드로는 우리에게 "깨어라"라고 명령했다(벧전 5:8). 바울은 "기도를 계속하고 기도에 감사함으로 깨어 있으라"고 권고했다(골 4:2). 그런데 '깨어 있어야' 할 기도의 때에 깨어 있지 않는 순간이 많다. 기도 목록이나 우리의 바람을 쭉 나열하고서 끝내 버리기도 한다.

깨어 있으려면 하나님의 임재 안에서 우리의 삶과 감정에 꾸준히 관심을 집중해야 한다. 깨어 있다는 것은 자신의 실제 상태를 솔직히 아뢰면서 하나님을 찾는 것이다. 하지만 깨어서 기도하는 것은 스위치를 켜는 것처럼 간단한 일이 아니다. 자신이 필요한 것들만이 아니라 자기 마음의 실제 상태와 하나님께 집중할 때 진정으로 깨어 있을 수 있다. 나아가, 기도만이 아니라 삶의 모든 순간에 대해서 깨어 있어야 한다.

깨어 있어야 할 중요한 영역 가운데 하나는 자기대화다. 우리가 기도를 멈추고 자신에게 말을 할 때 우리가 무엇을 말하고, 무엇에 집중하는지 잘 살펴야 한다. 우리의 자기대화는 우리의 영혼을 들여다볼 수 있는 거울이며, 우리 마음의 깊은 신념과 욕구를 드러낸다. 하지만 우리가 기도 중에 하는 말만이 아니라, 말로 입 밖에 내지 않는 내용도 살펴야 한다. 우리가 삶의 어떤 부분들을 하나님께로 가져가지 않고 있는지 살펴야 한다. 어떤 바람이나 욕구, 공상을 하나님께 드러내지 않고 있는가?

우리 교회는 우리가 애통하는 법을 잘 모른다는 사실을 깨닫고서 한동안 애통의 기도에 집중했다. 우리는 애통을 기도의 중요한 부분 가운데 하나로 강조하지 않는 복음주의 교회에서 자랐다. 그런데 몇 년 동안 하나를 강조하다 보니까 다른 것들을 소홀히 하게 되었다. 예를 들어, 찬양에 대한 열정이 줄어들었다. 감사를 위한 시간을 잘 내지 않게 되었다. 우리의 기도는 잘못된 점에만 너무 초점을 맞추었다. 그렇다 보니 잘된 것을 하나님 앞으로 가져가지 않았다. 우리가 어떤 것들을 하나님 앞으로 가져가지 않는지 확인하기 위해 우리의 기도를 깨어 살펴보아야만 했다.

당신이 관심을 기울이지 않고 그냥 지나치는 것에는 어떤 종류의 것들이 있는가? 자신의 삶을 주의 깊게 살피는가, 아니면 순간들, 감정들을 무심코 흘려보내는가? 감사를 잊었는가? 일터에서 하나님을 찾고 당신이 하는 업무에서 하나님이 어떤 역사를 행하시는지 묻는가? 당신이 주의 깊게 살피지 않는 감정이나 반응(분노, 질투, 좌절감, 걱정)이 있는가? 이런 경험을 그리스도 밖에서 하고 있는가, 아니면 그리스도와 함께하는가? 이런 감정이 당신만의 문제인가, 아니면 용서하시고 사랑하시는 하나님과 상관이 있는가? 삶에서 경험하는 모든 것(관계, 가족, 감정, 사랑, 기쁨, 자유)을 돌아보라. 그것들을 하나님께 아뢰고 그분을 찾는가?

한번은 한 친구에게 내 힘든 부분을 이야기했다. 그랬더니 그가 이렇게 물었다. "하나님은 이 상황을 어떻게 보실 것 같아?" 나는 충격을 받았다. 내가 관계에서 어려움을 겪을 때 하나님을 생각하거나 찾지 않았다는 사실을 깨달았다. 나는 이런 어려움이 나와만 상관이 있는 것이며 내가 '풀어야' 할 것이라고 생각했다. 내 삶의 관계적인 어려움과 내가 그것에 어떻게 반응했는지에 관심을 기울이지 않았다.

성찰의 기도는 우리의 삶을 소재로 기도할 수 있게 해 준다. 그러므로 우리가 하는 것뿐 아니라 하지 않는 것(감사, 용서, 평안 같은 것들)까지 모두 조사해야 한다. 이렇게 기도해야 한다. "주님, 제가 감사해야(혹은 용서받아야) 할 모든 것을 깨어서 볼 수 있게 도와주옵소서."

고린도전서 13장 12절은 이렇게 말한다. "우리가 지금은 거울로 보는 것같이 희미하나 그 때에는 얼굴과 얼굴을 대하여 볼 것이요 지금은 내가 부분적으로 아나 그 때에는 주께서 나를 아신 것같이 내가 온전히 알리라."

지금 우리는 거울로 보는 것처럼 희미하게 본다. 하지만 영원한 천국에서는 하나님과 얼굴을 맞대고 볼 것이다. 그렇게 하나님과 얼굴을 맞대고 친밀하게 교제할 때 하나님이 우리를 아신 것처럼 우리도 하나님을 알게 될 것이다. 보다시피 우리가 하나님을 아는 것은 그분이 우리를 아시는 것과 서로 연결되어 있다.

예수님은 단지 무슨 일을 시키시려고 우리를 부르시지 않았다. 예수님은 우리를 아시고 싶어서, 또한 우리에게 그분을 알게 하시려고 우리를 부르신 것이다. 하나님을 아는 것과 우리 자신을 아는 것은 서로 연결되어 있다. 바울은 우리가 하나님이 우리를 아신 것처럼 그분을 알아야 한다고 말한다(갈 4:9).

하나님이 우리를 아신 것처럼 우리가 그분을 알려면 우리의 마음과 삶에 관한 진실을 그분께, 나아가 우리 자신에게 열어 보여야 한다. 단, 우리는 매우 수치스러운 행동을 부모에게 말해야만 하는 아이와 다르다. 우리가 매우 수치스러운 행동을 했을지라도 하나님은 이미 알고 계신다! 심지어 우리가 그런 것에 관한 진실을 무시하고서 '옳은 방식으로' 기도하려고 해도 하나님은 이미 아신다. 하나님은 우리 삶에 관한 진실을 털어놓고서 그분의 용서, 긍휼, 은혜를 만나라고 말씀하신다. 그리고 이 같은 성찰 과정에서 우리는 우리 삶에 관한 진실을 알 수 있다.

성찰을 통해 우리는 삶을 돌아보면서 스스로 사실이라고 생각했던 것들을 확인한다. 우리가 시간을 어떻게 나누어 쓰는지, 무엇이 우리에게 좌절감을 주는지, 돈을 어떻게 사용하는지, 사람들과의 관계가 어떠한지, 그 외에 삶의 모든 것을 하나님 앞으로 가져간다. 성찰은 "자기의 행위를 살필지니라"라는 명령을 따르는 것이다 (학 1:7).

나는 내가 시간을 인색하게 사용한다고 생각했는데 실제로는 다른 사람들에게 후하게 사용하고 있을 수 있다. 또는 내가 생각만큼 즐겨 베푸는 사람이 아니라는 사실을 발견할 수도 있다. 내가 시간을 인색하게 사용하는 바람에 많은 복을 놓쳤다는 사실을 발견할 수도 있다. 성찰은 하나님 앞에 우리 삶에 관한 진실을 아뢰고 그분께로 다시 닻을 내릴 수 있게 해 준다. 성찰을 통해 "모든 생각을 사로잡아" 그분께 복종하게 할 수 있다(고후 10:5). 성찰은 우리가 원하는 모든 것들을 하나님 앞에 솔직히 아뢰고 그분을 우리의 선(善)으로 추구하는 것이다.

성찰의 출발점으로 시편 139편을 추천한다. 이 시편에서 다윗은 이렇게 기도한다.

하나님이여 나를 살피사 내 마음을 아시며 나를 시험하사 내 뜻을

아옵소서 내게 무슨 악한 행위가 있나 보시고 나를 영원한 길로

인도하소서(시 139:23-24).

다윗은 하나님이 그를 아시기를 원했다. 그는 하나님이 자신의 삶에 악한 행위가 있는지 살피시고 자신의 두려운 생각들을 모두 아시기를 원했다. 성찰의 기도를 어떤 식으로 하든 방법은 무관하나 이런 마음으로 해야 한다. 이 기도는 자신의 삶을 이미 다 보고 아시는 하나님께 아뢰는 기도다. 우리 삶은 우리 마음이 진정으로 어디에 있는지 그대로 반영한다는 사실을 진지하게 받아들이고, 우리가 삶의 얼마나 많은 부분을 완전히 놓치고 있는지 주의 깊게 살펴야 한다.

일상에 생기를 불어넣는 성찰의 기도

이번 장이 끝나는 부분에 구체적인 실천 방안을 수록했지만, 구조 자체가 목적은 아니라는 점을 기억해야 한다. 아이가 자전거를 배우기 위해 보조바퀴를 필요로 하는 것처럼 잠시 동안은 틀을 사용하는 것이 필요하다. 보조바퀴의 목적은 더 이상 그것을 필요로 하지 않고 마음껏 즐길 수 있게 되는 것이다. 성찰의 기도라는 구

조도 마찬가지다. 하지만 자전거를 다 배운 뒤에는 보조바퀴를 사용하지 않는 것과 달리, 우리가 관심을 쏟지 않는 삶의 부분들을 살피기 위해 가끔씩 이 구조를 다시 사용할 필요가 있다. 우리가 현실 부정이라는 낡은 습관 때문에 하나님께로 가져가야 할 것에 관심을 기울이지 못할 때 성찰의 기도가 필요하다.

수 세대 동안 많은 사람이 성찰의 기도를 사용했다. 주로 저녁마다(혹은 일과 중 충분히 긴 시간 동안) 자신의 삶을 돌아본다. 20-30분 이상을 할 필요는 없다. 이 시간은 그날 자신에게 있었던 일을 돌아보는 시간이다. 혹은 한 주의 끝에서 주중에 있었던 일을 돌아본다. 예를 들어, 저녁에 하루의 첫 시간을 돌아보고, 그날의 감정, 사건, 사람들을 최대한 기억하며 기도한다.

삶의 특정 부분들을 집중적으로 살펴보고 싶을 수도 있다. 어떤 이들은 자신의 삶을 성찰할 때 감사한 순간들을 찾는 것에 초점을 맞춘다. 일어난 사건들을 돌아보며 자신이 하거나 하지 않은 행동에 대해 하나님께 인도하심을 구하는 이들도 있다. "하나님, 이 상황에서 저를 무엇으로 부르고 계셨나요?"

특정한 죄들을 돌아보고 하나님과 함께 그것들을 살펴보기를 원하는 이들도 있다. 관계 안에서 좋거나 안 좋았던 일들과, 그 일들에 어떤 감정이 들었는지 되돌아볼 수도 있다. 성찰의 기도를 통해 우리 마음속의 진실, 그리고 이웃을 내 몸처럼 사랑해야 한다는 부름과 씨름할 수 있다.

일상을 돌아보면서 하나님께 우리를 살피고 우리의 마음을 알아주시기를 기도해야 한다. 그렇게 하다 보면 우리의 삶이 어떤 모습인지 점점 더 깊이 파악하게 된다. 우리가 실제로는 다른 사람들에게 열려 있지 않다는 사실이 눈에 들어올 수 있다. 그럴 때는 그것을 기도로 하나님께 아뢰어야 한다. "하나님, 제 마음은 이 사람들에게 열려 있지 않습니다. 저는 이웃을 내 몸처럼 사랑하지 않았습니다. 제 마음을 사랑으로 그들에게 열게 도와주옵소서. 제 마음을 그들에게 여는 것이 구체적으로 무엇을 의미합니까?"

그동안 우리가 나눈 많은 상호작용이 다른 사람들에게 진정으로 관심을 기울이지 않은 채로 이루어졌다는 사실이 눈에 들어올 수도 있다. 자신이 다른 사람들에게 전혀 신경 쓰지 않는다는 사실을 깨달을 수 있다. 심지어 다른 사람들에게 냉담했을 수 있다. 그것을 하나님께 아뢰라. "하나님, 오늘 하루를 돌아보니 다른 사람들에게 신경조차 쓰지 않고 있습니다. 제 마음이 너무 냉담한 것 같습니다. 오, 하나님, 불쌍히 여겨 주옵소서."

이런 솔직함이 어디로 이어지든 그것에 자신을 열라. 하나님 앞에서 솔직해지면 냉담한 마음이 어디로 이어질지 우리가 통제할 수 없다. 그것은 어디까지나 하나님께 달려 있다. 우리가 "아빠 아버지"(롬 8:15)라고 울부짖을 때 하나님이 성령을 통해 우리 안에서 기도하시기 때문이다(롬 8:26).

내가(카일) 주기적으로 성찰의 기도를 할 때면 몇 가지 일이 일어난다. 첫째, 다른 사람들을 위해 더 기도하게 된다. 성찰의 기도를 하면 평소에는 잊어버리고 말았을 누군가와 나눈 대화가 기억나고 그에게 기도가 필요하다는 사실을 알게 된다. 그래서 기도한다. 보통은 누군가를 위해 기도하겠노라 말하고서 잊어버릴 때가 많지만, 성찰의 기도를 하면 그 일이 생각나서 그 일을 하나님께 아뢸 시간과 공간을 만들어 낸다.

둘째, 더 감사하게 된다. 성찰의 기도를 하면 작은 것들에 관심을 기울이게 된다. 예를 들어, 배우자나 친구가 보내온 격려 문자 메시지, 의미 있는 대화, 지독히 바쁜 하루 중에 잠깐의 평온한 시간 등을 떠올린다. 감사할 거리를 놓고 기도할 때 감사하는 마음이 더욱 커진다. 내 안에서 감사가 흘러넘쳐 하나님께 이른다.

셋째, 내 삶의 상태와 내 행동의 패턴을 더 분명히 인식하게 된다. 감사, 믿음 없음, 절망, 단순한 쉼이 아닌 현실 도피 욕구 같은 것들이 내 삶에 어떤 영향을 미치는지 더 분명히 인식하게 된다. 그런 것들이 어떻게 내 삶의 결정들을 좌우하는지 더 분명히 보게 된다.

성찰의 기도를 주기적으로 하게 되면서 매시간 내 하루를 돌아보게 되었다. 이것이 이 기도의 가장 큰 효과다. 이 기도는 내 마음이 깨어 삶의 모든 일에 관심을 기울이도록 훈련시켜 준다. 그래서 점점, 하루 중에 있었던 일들을 이미 기억한 상태에서 이 기도를 시작하게 된다. 성찰의 기도는 그저 하나님께 상황을 바로잡아 달라고 간단히 기도하고 넘어가는 것이 아니라, 내 삶에서 일어나는 상황을 더 깊이 들여다보는 시간이다.

때로는 하나님이 눈먼 자의 눈을 치료해 주신 것처럼 내 분노를 치유해 주실 거라고 착각하곤 한다. 하지만 하나님은 대개 우리의 영혼을 몸처럼 치유하시지 않는다. 대신 하나님은 우리의 망가진 부분을 깊이 들여다보게 하신다. 그럴 때 그분의 은혜가 우리에게 족하다는 사실을 배울 수 있다(고후 12:9). 하나님이 이런 문제에서 나를 인도하신다는 사실을 놓치지 않고, 이런 문제들이 내게 겸손과 의지를 훈련시키는 과정의 일부라는 사실을 보게 된다. 내 악과 죄가 '약한 가운데서 하나님의 능력을 알고 그분의 긍휼과 사랑을 알기 위한 통로'가 되는 이상한 반전이 나타난다.[5]

예를 들어, 온라인에서 나에 관한 거짓말을 퍼뜨리는 사람이 있었다. 나를 변호하려고 하면 그는 즉시 내 말을 왜곡시켜 오히려 비난의 수위를 더 높였다. 그때 이것이 하나님 앞으로 가져가야 할 문제라는 생각이 들었다. 나는 한참 동안 자리에 앉아 하나님께 내 마음을 살펴 달라고 요청했다.

> 하나님, 나를 살피고 아시옵소서. 화가 납니다. 짜증이 납니다.
> 그리스도인이라는 사람이 거짓과 분열, 불화를 퍼뜨리고
> 있으니 답답합니다. 이 사람을 망가뜨리고 싶습니다. 이 사람이
> 거짓말쟁이라는 사실을 모든 사람 앞에서 밝히고 싶습니다. 하지만
> 하나님, 변호는 제 것이 아니라 주님의 것입니다. 그리고 저도 주님의
> 것입니다.

모욕을 당할 때 내 마음속을 들여다보니 내 안에도 같은 악이 숨어 있었다. 나도 다른 사람들을 위해 기도하기보다는 그들을 무너뜨리고 싶어 했다.

좌절감과 분노에서 시작한 기도는 갑자기 나를 다른 방향으로 이끌었다. 나는 내 감정을 솔직히 아뢰면서도 주님의 기도를 기준으로 기도해야 했다. "주님, 제가 용서받은 것처럼 그를 용서하게 해 주옵소서." 성찰의 기도는 내 기도가 주기도문을 기준으로 삼아야 한다는 사실을 기억하게 해 주었다. 그래서 내게서 은혜와 긍휼이 흘러넘칠 수 있도록 하나님의 은혜와 긍휼을 구했다. 분노에서 시작된 기도는 어떻게 하면 이 사람을 위해 기도할 수 있는지 하나님과 의논하는 시간으로 바뀌었다.

나는 이 사람이 어떤 문제를 안고 있는지 몰랐다. 하나님이 그의 삶에서 무슨 일을 행하시는지 나는 알지 못했다. 무엇이 그를 분노하게 했는지, 혹은 나에 관한 거짓말을 해서 그에게 무슨 이익이 있는지 나는 몰랐다. 그것을 아는 것은 내 소관이 아니었다. 그래서 이렇게 기도했다. "하나님, 이 사람에게 긍휼을 베풀어 주옵소서. 분노 속에서 그를 만나 주옵소서. 그가 어떤 두려움과 걱정으로 인해 나와 다른 사람을 비방했든 그를 만나 주옵소서." 나는 저주를 당할 때도 축복할 수 있도록 이런 종류의 용서로 들어가야 했다.

　종일 하나님의 임재 안에서 그분과 함께 자신의 삶을 돌아보며 사는 것이 성찰의 기도의 기본이다. 하지만 따로 시간을 내어 가만히 앉아서 중요한 것들을 깊이 생각해 볼 수도 있다. 꼭 나쁜 것들만 생각하는 것은 아니다. 너무 좋은 것이지만 판단을 내리기 힘든 것들도 고민할 수 있다. 성찰의 기도는 하나님과 함께하는 삶을 깊이 돌아보는 것이다. 매일 성찰을 하는 것은 매사에 "쉬지 않고 기도"하는 습관을 기르는 것이다. 한 주에 한 번씩 성찰의 기도를 한다면 다른 형태를 띨 것이다. 이 경우는 하나님과 함께 매 순간을 살펴보는 것이 아니라, 삶의 더 큰 주제들을 돌아보는 것이다.

　조나단 에드워즈는 두 형태가 모두 필요하다고 생각했다. 그래서 한 젊은 그리스도인에게 다음과 같이 권고했다.

　특별한 고난 가운데, 혹은 자신이나 다른 사람들에 대해 특별한 긍휼을 크게 필요로 할(크게 원할) 때, 홀로 은밀히 금식하며 기도하기 위해 하루를 따로 떼어 놓게. 그날 자네가 원하는 긍휼을 간구할 뿐 아니라 자네의 마음을 살펴 지난 죄를 하나님께 고백하도록 하게. (공예배에서 드리는 기도에서처럼 하지 말고) 어릴 적부터 지금까지, 회심 이전과 이후, 특정한 상황과 화나는 상황에 대한 죄를 최대한 구체적이고도 낱낱이 하나님 앞에 고백하도록 하게. 마음속의 모든 증오를 그분 앞에 털어놓게.[6]

이런 면에서 에드워즈는 하나님께 자신의 삶을 풀어놓기 위해 충분히 긴 시간을 가지는 것이 중요하다고 말한다. 하나님이 우리 죄를 잊으시고 우리 죄를 동이 서에서 먼 것처럼 멀게 하시기 때문에 우리도 그렇게 해야 한다고 믿는 그리스도인들이 있지만, 에드워즈는 그렇게 생각하지 않았다. 하나님이 잊으시기 때문에 오히려 우리가 이런 죄를 정확히 기억해야 한다. 물론 그 죄를 곱씹으며 자책하거나 과거 속에서 살아서는 안 된다. 하나님이 우리를 위해서 무엇을 해 주셨고, 현재 우리를 어떻게 용서하고 사랑하시며, 이런 과거의 죄나 경험이 지금까지도 우리에게 어떤 영향을 미치고 있는지 깊이 돌아보기 위해서 이런 죄를 기억해야 한다.

죄 자체를 기억하기 위해 죄를 살펴보아서는 안 된다. '그리스도 안에 있는 자로서' 우리 삶과 죄를 살펴보아야 한다. 우리의 목표는 모든 일에서 함께하자고 부르시는 하나님과 함께 사는 것이다.

성찰의 기도는 하나님 없이는 아무것도 할 수 없는 존재로서 자신을
그분께 온전히 드리기 위해 자신의 삶과 마음을 깊이 살피는 것이다
(요 15:5).

+ '성찰의 기도'로
하나님께 나아가는 연습

성찰의 기도는 매일 할 수도 있고, 한 주나 한 달에 한 번씩 간격을
두고 할 수도 있다. 여기서는 매일 드리는 경우만 이야기해 보자. 첫째,
자신에게 가장 맞는 시간을 정하라. 내(카일) 경우에는 아이들을 다 재운
직후가 가장 좋다. 그 이후에야 비로소 내가 하고 싶은 것을 할 수 있다.
바로 하는 것이 중요하다. 책을 읽거나 텔레비전을 보거나 아내와 하루에
있었던 일을 나누기 전에 먼저 20분 정도 내 하루를 돌아본다. 바로 하지
않으면 나중에는 졸려서 하기 힘들다.

시간을 정한 뒤에는 삶의 전반적인 리듬을 고려해야 한다. 이
기도를 시편으로 기도하는 것과 병행해도 좋다. 이는 마음을 하나님께로
다시 향하기 위한 좋은 방법이다. (원한다면) 시편으로 기도하거나 마음을
가라앉힌 뒤에 하루 중에 있었던 일을 돌아보라. 즉시 무언가가 떠오르지
않는다면 아침부터 차례로 돌아보라. 무슨 일이 일어났는가? 어떻게
반응했는가? 어떤 대화를 나누었는가? 어떤 기쁨이나 좌절감 등을
경험했는가? 그날 받은 선물들을 돌아보라. 하루 중에 있었던 일 가운데
어떤 일이 감사한가?

나는 작은 일들에서 하나님의 공급하심을 기억하며 기쁨을 누리는

경우가 많았다. 오늘 하루 하나님과 다른 사람들에게 자신을 얼마나 열었는지 돌아보라. 하나님이 이끄시는 방향에 자신을 열었는가? 다른 사람들에게 어떻게 반응했는가? 일하거나 섬기거나 사역하거나 쉴 때 당신의 의도는 무엇이었는가? 마음의 기존 훈련이 당신을 그리스도 안에 거하는 삶으로 이끌었는가, 아니면 그 삶에서 더 멀어지게 만들었는가?

하루를 돌아보면서 특별히 당신의 욕구, 바람, 자기대화, 감정적인 반응에 관심을 기울이라. 오늘 무엇에 마음이 사로잡혀 있었는가? 이런 것은 당신의 영혼을 들여다보는 거울이다. 이런 것을 하나님께 솔직히 아뢰어야 한다. 마음속에서 어떤 일이 벌어지는지 살펴보라. 하나님을 떠나서가 아니라 하나님과 함께 하라. "하나님, 제 질투심을 보옵소서. 제가 다른 사람들을 시기하는 이유는 무엇입니까? 하나님, 이 걱정이 보이십니까? 저는 주님을 찾지 않고 스스로 삶을 통제하려고 하다가 걱정에 빠질 때가 너무도 많습니다. 하나님, 긍휼히 여겨 주옵소서. 하나님, 저는 걱정이 너무 많습니다. 주님의 평안을 주옵소서."

이런 감정은 우리 삶에서 만나는 사람들과 관련이 있을 때가 많다. 우리가 사랑하는 사람들, 우리를 짜증 나게 하는 사람들, 눈에 보이지 않았으면 하는 사람들. 다음 장에서 중보에 관해 다루겠지만 지금 이 사람에 관한 문제를 하나님께로 가져가라. 이 사람을 만나면 마음속에 무엇이 떠오르는가? 분노? 두려움? 좌절감? 걱정? 기쁨? 사랑? 평안? 왜 그런 감정이 떠오르는가?

"하나님, 이 사람을 어떻게 사랑해야 할까요? 어떻게 하면 이 사람과 평화롭게 지낼 수 있을까요? 어떻게 하면 이 사람과 함께 살아갈 수 있을까요?"

마지막으로, 어떤 날(아마도 대부분의 날)에는 이 기도를 전혀 하고 싶지 않을 수도 있다. 그럴 때는 그 감정을 억누르고서 억지로 기도하지 않기를 바란다. 잠시 동안은 미루는 것이 좋을 수 있다. 다만 기도 생활 자체를 아예 멈추어서는 안 된다. 기도를 하지 않다 보면 기도가 점점 더 따분하고 비현실적으로 느껴지기 때문이다. 그래서 점점 더 기도를 하지 않게 된다. 따라서 내적인 저항을 감지한 순간 바로 하나님께 아뢰라. 먼저 성찰의 기도에 관해 성찰하면서 성찰의 기도를 시작하라.

'예수 안에서 한 몸'이라는
영적 현실을 경험하는

중보기도

당신이 누군가를 위해 중보기도를 하려고 할 때 어떤 일이 벌어지는가? 아주 가까운 사람, 당신과 밀접한 관련이 있는 사람을 위해 중보기도를 하는 것과 잘 모르는 사람을 위해 중보기도를 하는 것의 차이를 생각해 보라. 하나님과 함께하는 이 중보기도의 시간에 당신의 목표는 무엇인가? 대부분의 사람들이 중보기도에 관해서는 좀처럼 토론하지 않는다. 쉽고 분명해 보이기 때문이다. "그냥 하나님께 도와 달라고 요청하면 되는 것 아닌가요?"

다른 기도들과 마찬가지로 중보기도도 마법의 공식으로 전락하기 쉽다. 옳은 말을 옳은 방식으로 하면 서로를 위해 기도하라는 명령에 순종한 것이라고 생각할 수 있다(딤전 2:1). 하지만 기도는 단순히 우리의 목적을 이루기 위한 행위가 아니다. 기도는 하나님과 함께하는 것이다. 기도는 은혜의 보좌로 담대히 나아가, 성자 안에서 성령을 통해 성부를 찾는 것이다. 기도는 하나님의 임재 안에 의도적으로 들어가는 것이다. 하지만 앞서 보았듯이 기도는 오히려 하나님에게서 멀어지는 수단이 될 수도 있다. 특히 중보기도에서는 '들어가기'라는 것이 어렵다.

1975년 에드워드 트로닉이 이끄는 팀은 '무표정 실험'(Still Face Experiment)으로 알려진 실험을 했다. 영상에는 엄마와 한 살짜리 아기가 등장한다. 둘은 함께 놀며 서로를 향해 웃는다. 엄마가 말을 걸면 아기는 옹알거리며 반응을 한다. 서로에게 집중하면서 서로의 반응에 같은 반응으로 화답한다. 아기는 엄마를 즐거워하고, 엄마도 기쁨을 표현한다. 그런데 갑자기 엄마가 잠시 어딘가 갔다가 완전 무표정인 얼굴로 돌아온다. 그 즉시 아기에게서 변화를 볼 수 있다. '일종의 게임인가?' 그렇게 생각한 아기는 엄마를 향해 웃는다. 물건들을 가리키며 옹알거리며 엄마의 반응을 이끌어 내려고 한다. 아기는 엄마의 관심을 끌려고 몸을 앞으로 빼면서 두 손을 들고 시끄럽게 손뼉을 친다. 하지만 엄마는 아무런 반응도 보이지 않는다. 이내 아기는 소리를 지르며 의자에서 벗어나려고 발버둥을 친다. 그러다가 울면서 엄마에게서 고개를 돌린다.[1]

우리는 누군가가 자신을 보고 알아주기를 바라는 욕구를 안고 태어났다. 하지만 우리는 다른 사람들이 우리를 봐 주지 않는 것, 다른 사람들이 우리에게 진정으로 다가오지 않는 것이 어떤 것인지 겪어 봐서 안다. 우리는 이 아기처럼 누군가에게 마음을 털어놓았지만 끝내 아무런 반응도 돌아오지 않은 경험을 해 보았다. 우리와 똑같은 반응으로 화답하지 않는 사람들, 나는 열린 마음으로 다가갔지만 냉담하거나 짜증 섞인 반응을 보인 사람들. 그리고 우리는 반대 경우도 경험해 보았다. 누군가가 우리에게 마음을 털어놓았지만 우리가 속으로 다른 생각을 한 적을 기억한다.

부부든, 부모 자식이든, 친구든, 모든 깊은 관계는 서로에게로 들어가는 과정이 필요하다. 서로에게 들어갈 때 비로소 관계가 깊어진다. 하지만 들어간다는 것은 단순히 물리적으로 가까이 있는 것만을 의미하지 않는다. 영상 속 아기는 엄마가 단순히 가까이 있는 것이 아니라 마음으로 자신에게 '들어오는' 것을 원했다. 마찬가지로 우리는 누군가가 사랑으로 우리를 보고 알며 우리도 사랑으로 상대를 보고 알도록 창조되었다.

나는(카일) 특히 기도에서 이렇게 하기가 어렵다는 사실을 발견했다. 때로 나는 기도의 내용에만 신경을 쓴다. 내 기도 요청에만 신경을 쓸 뿐 진정으로 하나님 앞으로 나아가지 않을 때가 많다. 다른 사람을 위해서 기도할 때도 마찬가지다. 예를 들어, SNS 피드를 훑어보다가 누군가를 위한 기도 제목을 발견한다. 그것을 무시하고 넘어가면(혹은 그렇게 하고 싶다는 생각만 해도) 죄책감을 느낄 것만 같다. 그래서 이름도 보지 않고 상황이 어떤지 구체적으로 알아보려 하지도 않고 짧게 기도하면서 넘어간다. "하나님, 저 사람을 도와주옵소서." 이런 기도에서 내 목표는 그들을 위해서 기도하는 것이 아니라 단순히 내 죄책감을 제거하는 것이다.

나는 기도로 이 사람들에게 들어가고 있지 않다. 그들의 고통을 느껴 보려고 노력하지 않는다. 내 마음에서 멀어져 있는 누군가에 관한 기도 제목을 그냥 하나님께 던질 뿐이다. 무표정으로 아기를 본 그 엄마처럼 나는 그리스도 안에서의 이 형제나 자매에게 진정으로 들어가고 있지 않다.

이런 종류의 중보기도는 세 가지 멀어짐을 포함한다. 첫째, 중보기도 대상자에게서 멀리 있다. 둘째, 진정으로 기도하지 않기 때문에 나 자신에게서 멀리 있다. 셋째, 이 요청을 들고 하나님의 임재 안에 들어가지 않기 때문에 그분에게서 멀리 있다. 단지 기도 제목을 하나님 앞으로 던질 뿐이다. 이는 보통 큰 위험이 아니다.

지금까지 우리의 초점은 개인적인 기도와 개인적으로 하나님과 함께하는 것이었다. 이 마지막 형태의 기도는 그리스도 안에서의 삶에 새로운 차원을 더해 준다. '기도로' 이웃을 내 몸처럼 사랑하는 것은 무슨 의미일까? 중보기도는 하나님께 다른 누군가를 위해 무언가를 해 달라고 요청하는 것이다.

지난 몇 년간 교회와 콘퍼런스에서 기도에 관한 강연을 하면서 본 바로는, 많은 사람들이 중보기도를 우리가 지금까지 소개한 기도 방식과 상관이 없는 것으로 생각하고 있다. 그들은 중보기도를 더없이 쉽고 단순하게 여긴다. 많은 사람이 기도가 그토록 어려운 이유에 관해 온갖 질문을 하지만, 중보기도에 관해서는 그런 질문을 하지 않는다. 중보기도는 뻔해 보인다. 그냥 하나님께 다른 사람이 잘되기를 요청하는 것이 중보기도 아닌가? 그냥 하면 되는 것 아닌가? 무슨 설명이 필요한가?

중보기도가 실제로는 하기 힘든데도 쉽게 생각하는 것은 우리가 기도할 때 우리 안에서 어떤 일이 벌어지는지 유심히 살피지 않기 때문이다. 그리스도 안에서 누군가를 위해 기도하려면 세 가지 중요한 차원에서의 '들어가기'가 필요하다.

1. 남을 위해 중보기도를 하려면 그 사람에게로 들어가야 한다. 기도 중에 그 사람과 함께해야 한다. 그것은 그 사람이 겪는 어려움이나 기쁨에 우리 자신을 열어야 한다는 뜻이다.

2. 나 자신에게 들어가야 한다. 중보기도는 중보기도 대상자와 함께해야 하며, 이는 내가 그와 어떻게 상호작용하는지 돌아보아야 한다는 뜻이다. 중보기도는 다른 사람들과의 관계 안에 존재하는 망가짐, 고통, 통제 욕구 등을 보게 해 준다.

3. 마지막으로, 이 모든 일에서 나 그리고 중보기도 대상자와 함께 계시는 하나님의 임재 안에 들어가야 한다. 중보기도는 단순히 다른 사람들과 함께하는 것이 아니다. 그것은 그들을 하나님 앞으로 데려가기 위해서, 그분의 임재 안에서 그들과 함께하는 것이다.

이 세 가지 차원에서 들어가지 않으면 중보기도의 소명을 온전히 감당할 수 없다. 하나님께 나아가지 않으면 우리가 하는 것은 단지 누군가를 '생각해 주는' 것 정도와 다를 바 없다. 기도 제목을 놓고 쭉 기도할 때 주로 이런 경우가 많다. 중보기도는 세상 사람들이 서로를 생각하고 있다고, 잘되기를 빈다고 말하는 것과 다를 바 없게 될 수 있다. 자신에게 들어가지 않으면 때로 자신의 생각과 감정이 다른 사람들을 위한 기도를 어떻게 왜곡시키는지를 인식할 수 없다. 다른 사람들에게 들어가지 않으면 그들을 그리스도 안에서의 형제나 자매로 대하는 것이 아니라, 우리와 상관없는 사람으로 대하는 것이다.

그리스도 안에서 우리와 연합하시는 성령을 통해 그리스도 안에서 중보기도를 하는 것은 생각보다 훨씬 더 깊이 있는 소명이다.

하나님과 함께 중보기도 대상자에게 들어가기

지금까지 기도 생활의 대부분은 '부재'라는 단어가 딱 어울리는 모습이었다. 기도할 때 나는 무표정한 엄마 앞에서 그 아기가 했던 것처럼 할 때가 많았다. 나는 하나님이 왜 내 삶에 부재하고 무표정으로 계실까 하고 생각했다. 하지만 실상은 내가 하나님 곁으로 가지 않고 있었을 뿐이다. 나는 이미 나와 함께 계신 분의 임재 안에 의도적으로 들어가야 했다. 믿음으로 그분의 임재 안에 들어가야 했다.

우리 하나님은 우리가 곤경에 처한 것을 보시고 무표정으로 계신 분이 아니다. 그분은 고통 중에 우리와 함께 계신다. 우리 안에 계신다. 하지만 중보기도를 통해 우리가 행해야 할 또 다른 종류의 들어감이 있다. 즉 중보기도 대상자에게로 들어가야 한다. 그리고 그와 함께 하나님께로 가까이 나아가야 한다. 친구의 친구의 가족이 안타까운 일을 당했다는 소식을 듣고 그를 위해 기도하는 경우가 있다. 우리는 그를 개인적으로 알지 못하기 때문에 그의 비극 속으로 곧바로 들어가지 못한다. 그래도 그의 상황 속으로 들어갈 수 있다. 하나님 안에서 그의 비극 속으로 들어가는 것이다. 그렇게 하면 기도로 그와 '함께할' 수 있다.

단, 이 기도는 그럴싸해 보일 뿐 진정한 의미는 없는 행위가 되기 쉽다. 하지만 하나님 안에서 누군가에게 들어가는 것은 단순히 그를 생각해 주는 것과는 전혀 다르다. 성경에는 훨씬 더 매력적인 현실이 나타난다. 바울이 물리적으로 교인들과 함께할 수 없을 때도 그들에게 들어간 것을 생각해 보라. 이것은 우리의 중보기도를 위한 좋은 모델이 된다.

내가 너희와 라오디게아에 있는 자들과 무릇 내 육신의 얼굴을 보지 못한 자들을 위하여 얼마나 힘쓰는지를 너희가 알기를 원하노니 이는 그들로 마음에 위안을 받고 사랑 안에서 연합하여 확실한 이해의 모든 풍성함과 하나님의 비밀인 그리스도를 깨닫게 하려

함이니 그 안에는 지혜와 지식의 모든 보화가 감추어져 있느니라 내가 이것을 말함은 아무도 교묘한 말로 너희를 속이지 못하게 하려 함이니 이는 내가 육신으로는 떠나 있으나 심령으로는 너희와 함께 있어 너희가 질서 있게 행함과 그리스도를 믿는 너희 믿음이 굳건한 것을 기쁘게 봄이라 그러므로 너희가 그리스도 예수를 주로 받았으니 그 안에서 행하되 그 안에 뿌리를 박으며 세움을 받아 교훈을 받은 대로 믿음에 굳게 서서 감사함을 넘치게 하라(골 2:1-7).

그리스도의 지체로서 바울은 '육신으로는' 다가갈 수 없는 신자들에게 성령 안에서 들어갈 수 있었다.[2] 육체적으로 떨어져 있는 형제나 자매에게로 어떻게 성령 안에서 들어갈 수 있을까? 중보기도를 할 때는 이것이 어떤 모습으로 나타날까? 다른 사람들이 처한 곤경 속으로 들어가고 그들의 상처, 기쁨, 슬픔, 즐거움, 탄식에 우리 자신을 여는 것은 구체적으로 무엇을 의미할까?

마음을 열고 시도해 보라. 기도하는데 상대방을 위하는 마음이 들지 않는다면 먼저 그것을 하나님께 아뢰면서 상대방을 위하는 마음을 달라고 요청하라. 하나님은 이미 진실을 알고 계신다. 그러니 먼저 진실을 고백하면서 시작하라.

우리가 서로에게로 들어가고 서로를 위해 중보기도를 해야 하는 것은 신자의 삶이 공동의 삶이기 때문이다. 그리스도인으로서 우리는 입양을 받았다. 따라서 우리는 새로운 가족으로 들어갔다

(엡 2:18-19). 우리는 서로 만난 적이 없어도 형제요 자매다. 그리고 하나님은 우리를 그분께 오라고 부르실 뿐 아니라 우리를 "사랑 안에서 연합"한 형제자매로 부르신다. 예수님은 우리가 성부께 사랑받는 줄을 세상이 알도록 성부와 그분이 하나인 것처럼 우리도 하나가 되게 해 달라고 성부께 기도하셨다(요 17:20-23). 중보기도는 이 현실 속으로 들어가는 하나의 방법이다. 우리가 하나라는 사실을 받아들이는 것은 사랑으로 하나가 되라는 부르심을 받아들이는 것이다(골 3:14).

'그리스도 안에서 우리의 연합'은 그리스도인으로서 우리 정체성의 중요한 측면이다. 그런데 중보기도와 관련해서 이 점을 망각하기가 쉽다. 하지만 성경은 그리스도 안에서의 삶은 연합한 삶이라고 분명히 말한다. 바울은 고린도 교회의 형제자매들에게 이렇게 호소했다. "고린도인들이여 너희를 향하여 우리의 입이 열리고 우리의 마음이 넓어졌으니 너희가 우리 안에서 좁아진 것이 아니라 오직 너희 심정에서 좁아진 것이니라 내가 자녀에게 말하듯 하노니 보답하는 것으로 너희도 마음을 넓히라"(고후 6:11-13). 바울은 계속해서 이렇게 간청했다. "마음으로 우리를 영접하라"(고후 7:2).

고린도 교회는 심정이 "좁아진" 상태였다. 그들의 마음을 얽매는 것들 때문에 그들은 바울, 나아가 다른 사람에게 그들 자신을 열수 없었다. 바울의 반응에서 중요한 사실을 알 수 있다. 그는 그들에게 마음을 넓혀 자신을 받아 달라고 호소한 뒤에, 더욱 분명하게 요청했다. "마음으로 우리를 영접하라."

　바울은 자신이 어린아이에게 말하듯 그들에게 말하는 것이라고 주장했다. 실제로 우리는 어린아이에게 이런 식으로 말한다. "동생 좀 사랑해 줘야지. 동생을 좀 사랑해 줄 수 없겠니?" 부모가 자녀들에게 하는 특이한 명령, 바로 사랑하라는 명령이다. 여기서 바울은 중보기도에 필요한 신앙생활의 기본적인 측면 가운데 하나를 가리킨다. 우리는 마음을 넓히고 서로를 마음으로 받아 주어야 한다. 중보기도는 우리에게서 멀리 있는 이들을 위해 기도하는 것이 아니다. 비록 육체적으로는 거리가 있다 해도 그리스도 안에서 함께할 수 있다.

　그리스도 안에서 우리가 누구이며 성령 안에서 우리가 얼마나 가까워질 수 있는지 생각하면 기도는 의미 없는 행위가 아니다. 기도가 의미 없다고 말하는 사람은 별로 없지만, 속으로는 그렇게 느끼는 사람이 많다. 기도는 '우리가 할 수 있는 가장 작은 일'처럼 보일 수 있다. 비극이 일어날 때 기도하면 때로 그것이 가장 작은 행위처럼 느껴진다. 하지만 중보기도는 단순한 행위가 아니다.

　중보기도는 믿음의 기도다. 중보기도는 서로에게로 들어가고, 성령 안에서 서로를 성부께로 인도하는 것이다. 중보기도는 성령 안에서 우리가 다른 사람들과 그들이 처한 상황 속으로 들어갈 수 있다고 믿는 것이다. 우리는 다른 사람들과 그들의 상황을 하나님께로 올려 드릴 수 있다. 무엇보다도 우리는 우리가 이 일에서 혼자가 아니라는 사실을 믿음으로 안다. 우리는 성자와 성령의 중보 안에서 그들과 함께하며, 그들의 기도에 참여하고 있다.

중보기도는 단순히 좋은 개념이 아니다. 중보기도는 은혜의 보좌로 담대하게 나아가는 것이다. 중보기도는 '내가 할 수 있는 가장 작은 일'이 절대 아니다. 중보기도는 우리가 그리스도 안에서 형제자매들과 한 몸이라는 영적 현실을 보는 것이다.

하나님과 함께 나 자신에게 들어가기

다른 사람들의 고통 속으로 들어가 그들을 위해 기도할 때 우리 자신의 마음속에서 일어나는 일에 관심을 기울이는 것이 중요하다. 때로는 다른 사람들에게로 들어가는 것이 어려울 수 있다. 내(카일) 경우에는, 기분이 좋지 않거나 질투가 날 때 상대방의 기쁨 속으로 들어가기 힘들다. 질투는 내 기도를 왜곡시킨다. 예를 들어 이렇게 기도할 수 있다. "하나님, 저 사람이 물려받은 돈을 어리석게 쓸까 봐 걱정입니다. 저 사람을 지켜 주옵소서." 이 요청 자체는 나쁜 것이 아니지만, 현실보다 내 질투심에서 비롯했다는 것이 문제다. 속으로 나는 이렇게 생각하고 있다. '나라면 그 돈을 훨씬 더 의미 있는 일에 쓸 것이다. 내가 저 돈을 받았어야 한다.'[3]

고통 중에 있는 사람들을 위해 중보기도 할 때도 마찬가지다.

내가 슬프면 다른 사람들과 기쁨을 함께하기 힘든 것처럼 내 기분이 좋으면 다른 사람들의 고통 속에 들어가기가 어렵다. 모든 중보기도에서 중보기도 대상자에 대한 우리의 경험은 우리의 기도에 영향을 미친다. 그 사람에 대한 우리의 시각, 그 사람에 대한 짜증, 그 사람의 성숙에 대한 우리의 관점은 우리의 중보기도에 영향을 미친다.

예를 들어, 성경 속 탕자 비유에서 둘째 아들이 궁핍해진 이유는 흉년이 들어서인데 그의 어리석음에만 초점을 맞추기가 쉽다(눅 15:14). 마찬가지로, 우리의 형제자매들이 돈이나 시간, 건강을 어리석게 사용했다고 생각할 수 있다. 그래서 하나님의 은혜와 자비가 아닌 비난의 마음으로 기도하게 될 수 있다. 바울의 권고를 마음에 새겨야 한다. "몸 가운데서 분쟁이 없고 오직 여러 지체가 서로 같이 돌보게 하셨느니라 만일 한 지체가 고통을 받으면 모든 지체가 함께 고통을 받고 한 지체가 영광을 얻으면 모든 지체가 함께 즐거워하느니라"(고전 12:25-26).

내게는 특정 종류의 중보기도들이 어려울 때가 더러 있다. 어떤 이유로 중보기도 대상자가 처한 상황에 공감하지 못할 때 특히 그렇다. 때로 다른 사람들의 문제나 상황이 너무 낯설어서 그 속으로 들어가기가 힘들다. 그럴 때는 금세 딴생각을 하거나, 대충 빨리 기도하고서 넘어간다. 그럴 때는 기도를 멈추고서 그들의 곤경 속으로 들어가기 위해 노력해야 한다. 하나님이 내게 어떻게 해 주셨는지 생각하며 기도하려고 애써야 한다. "주님은 제 죄를 위해 돌아가셨습니다. 저도 문제, 죄, 망가짐 가운데 있는 저들과 함께할 수 있도록 도와주옵소서."

주기도문을 살피면서 보았듯이, 우리는 실질적으로 용서하는 마음 없이 누군가를 위해 기도하기 쉽다. 서운한 감정이 남은 친구(혹은 배우자나 부모, 이웃 등)가 기도를 부탁하면 우리의 마음속을 제대로 살피지 않고서 의무적으로 기도할 수 있다. 혹은 걱정 속에서 기도할 수 있다. 걱정이 기도의 내용을 바꿀 수 있다. "제 뜻이 아니라 주님 뜻이 이루어지기를 원합니다"라는 마음으로 중보기도를 하지 않을 수 있다. 중보기도를 할 때 어떻게든 우리의 뜻이 이루어지게 하는 것이 목표가 될 수 있다. 하나님이 '우리'의 뜻에 합류하여 중보기도 대상자가 우리가 원하는 대로 되게 하겠다는 생각으로 기도할 수 있다.

내가 온라인에서 공격을 받았을 때 나는 그 사람에게로 들어가지 않고 복수만을 생각했다. 하지만 하나님 안에서 그 사람에게로 들어가려고 하자 "하나님이 저를 용서하신 것처럼 그를 용서합니다"라는 마음으로 기도할 수 있었다. 분노를 끓이며 복수를 생각할 때는 용서하고 싶지 않았다. 하지만 슬픔, 걱정, 두려움에 싸여 있을 것이 분명한 그 사람을 하나님 앞으로 데려가자 내 삶에 그런 것들이 가득하다는 사실을 볼 수 있었다. 그렇게 내 마음속에 있는 것을 보자 자비의 마음으로 그에게로 들어갈 수 있었다.

내가 중보기도를 해 본 바에 따르면, 하나님과 중보기도 대상자에게로 들어가려면 그럴 의도와 시간이 필요하다. 하지만 나 자신에게로 들어가기는 더욱 어렵다. 고난당하는 친구를 위해 기도할 수 있다. 하나님의 뜻이 하늘에서 이루어진 것처럼 땅에서, 그들의 삶에서 이루어지기를 위해 기도할 수 있다. 하지만 이상하게 내 마음이 움직이지 않는다. 내 마음이 움직이지 않는 것, 내가 그들의 슬픔이나 두려움, 걱정, 기쁨 속으로 들어가지 않는 것에 관심을 기울여야 한다. 내가 그들의 경험 속으로 들어가지 않기 위해 내놓는 변명들에 관심을 기울여야 한다.

중보기도는 애통하는 자들과 함께 애통하고 기뻐하는 자들과 함께 기뻐할 수 있는 사람이 되기 위한 훈련의 장이다(롬 12:15). 우리가 그리스도 안에서 연합한 이들의 승리, 슬픔, 바람 속으로 들어가 그것들을 함께 나누는 것은 큰 선물이다.

하나님의 임재 안에 들어가기

중보기도에서 마지막 형태의 들어가기는 기도 대상과 기도 제목을 하나님 앞에 내려놓으면서 그분의 임재 안에 들어가는 것이다. 하나님의 임재 안에 들어가면 중보기도에 그분의 사랑이 담긴다. 기도를 대충 하거나 하나님을 향해 기도를 '던져서는' 안 된다.

그것은 하나님을 물체인 것처럼 여기고 기도하는 것이다. 하나님을 마치 올바른 코드만 넣으면 우리가 원하는 것을 얻을 수 있는 일종의 자판기처럼 대하는 것이다. 하나님은 우리와 다른 뜻과 길을 갖고 계신다. 중보기도는 자유로우신 하나님, 우리를 사랑하시되 우리에게 빚진 것은 없으신 하나님께 나아가는 것이다.

하나님이 우리 쪽으로 얼굴을 향하셨다는 믿음으로 하나님께 진정으로 나아가야 한다. 하나님은 아이에게서 고개를 돌린 무표정한 엄마와 같지 않으시다. 우리는 자신의 부정적인 사건과 감정을 하나님께 투사하여 그분을 무표정한 육신의 아버지처럼 경험하곤 한다. 그래서 우리는 의자에서 몸부림을 치며 요구를 들어 달라고 떼를 쓴다. 하나님의 관심을 끌려고 발버둥을 친다. 혹은 다시 실망하지 않도록 고개를 돌린다.

하지만 이것은 우리가 믿음으로 아는 하나님의 임재를 밀어내는 것이다. 하나님이 그리스도 안에서 우리를 돌보시고 우리에게 필요한 것을 이미 아시며 아버지로서 우리를 위해 주신다는 사실을 기억해야 한다. 우리 생명이 그리스도와 함께 하나님 안에 감추어졌고(골 3:3), 또한 그리스도가 성부 앞에서 우리를 위해 중보하시는 우리의 대제사장이시라는 사실을 기억해야 한다(히 4:14; 7:25). 우리의 모든 기도는 그리스도가 우리를 사랑하시는 성부께 하는 중보기도에 포함되어 있다. 그래서 우리는 두려움으로 기도하지 않고 담대히 하나님께 나아갈 수 있다.

중보기도를 할 때 안전한 거리만큼 떨어져서 하나님께 기도를 던지려고 하지 말아야 한다. 다른 사람들과 함께 하나님의 사랑의 시선 속으로 들어가야 한다. 하나님의 자녀로서 우리는 형제자매들의 삶에서 그분의 뜻이 이루어지기를 구해야 한다. 그들에 관한 우리의 바람을 하늘 아버지께 솔직히 가져가서 그것을 그분의 시선, 사랑, 자비 아래에 두어야 한다.

또한 우리 안에 있는 거짓도 솔직히 아뢰어야 한다. 하나님이 숨거나 멀리 계신 것처럼 느껴져 그분의 선하심이 의심스럽다면 그것도 솔직히 아뢰어야 한다. 그리스도 안에서 다른 신자들을 받아들이면서 기쁨이나 애통, 감사 속으로 들어가야 한다. 우리가 이해하지 못해도 하나님의 뜻은 항상 선하다는 사실을 믿고서 이 상황 속에서 그분의 뜻이 이루어지기를 위해 기도해야 한다.

하나님의 임재 안에서 기도하는 것은 우리가 어떤 사람인지, 무엇을 사랑하는지, 어떤 문제를 안고 있는지 남김없이 고백하면서 그분께로 나아가는 것이다. 중보기도는 '다른 사람들과 함께' 담대히 은혜의 보좌로 나아가 그 모든 것을 내려놓고 함께 하나님의 은혜를 구하는 것이다.

이는 누군가가 우리에게 자신을 위해 기도해 달라고 부탁할 때 망설여야 한다는 뜻이다. 우리는 이 사람과 함께 하나님께 나아갈 생각이 전혀 없으면서 무턱대고 기도해 주겠다고 대답할 때가 너무나 많기 때문이다. 돌아보면 내 기도는 성급할 때가 많았다. "음, 하나님, 저 사람을 도와주옵소서"라는 식으로 대충 끝낸 적이 많았다. 중보기도를 해 주겠다는 말의 무게를 제대로 고려하지 못했다.

디모데전서 5장 22절에서 바울은 디모데에게 성급하게 다른 사람에게 안수하지 말라고 경고했다. 중보기도와 마찬가지로 안수하는 것은 다른 사람과 함께 하나님의 임재 안에 들어가는 것이다. 따라서 이것은 가볍게 여길 문제가 아니다. 이것을 가볍게 여기면 우리의 기도는 하나님의 임재 안에 들어가 의미 있는 말을 하는 것이 아니라 단순히 우리의 죄책감을 덜기 위한 경솔하고 자기중심적인 활동으로 전락한다. 중보기도는 우리의 마음을 하나님과 다른 사람들에게 여는 것을 필요로 한다. 따라서 누구에게 어떻게 마음을 열지 분간할 필요성이 있다.

다른 사람의 도움에 마음을 열라

중보기도의 다른 한 측면도 간과할 수 없다. 자신의 망가짐을 충분히 살핀 뒤에는 이제 다른 사람들에게만 초점을 맞추면 될 것 같다. 기도를 잘하고 나서 기분 좋게 마무리하면 될 것 같다. 하지만 중보기도의 비전은 여기서 끝이 아니다. 다른 사람들도 우리를 위해 중보기도를 할 수 있도록 허용해야 한다. 우리가 다른 사람들의 짐을 짊어지기만 할 수는 없다. 다른 사람들도 우리의 짐을 져 주는 것을 받아들여야 한다. 하나님 나라에서는 아무도 혼자서 모든 무거운 짐을 지지 않는다. 우리는 그리스도의 몸으로서 사랑 안에서 하나가 되도록 부름받았다(고전 12-13장).

중보기도에서 어려운 점은 자신의 문제가 너무 무거워서 다른 사람들의 문제로 들어가는 것이 불가능해 보일 수 있다는 것이다. 이런 경우, 해법은 이를 악물고서 먼저 다른 사람들을 위해 중보기도를 하는 것이 아니다. 그리스도 안에 있는 형제자매로서 우리는 서로의 짐을 짊어져야 한다. 혼자 은혜의 보좌로 나아가는 것이 아니라 다른 사람들과 함께 서로 밀고 끌어 주어야 한다.

따라서 누군가를 위해 중보기도를 하려면 먼저 다른 사람들이 우리를 아버지 앞으로 이끌어 주는 것을 받아들여야 한다. 자기 영혼의 짐을 대수롭지 않게 여기며 다른 것들에 집중하기보다는 그 짐을 남에게 맡길 수 있어야 한다. 그렇다고 해서 우리가 모든 사람의 짐을 짊어져야 한다는 뜻은 아니다. 다만, 생각보다 많은 사람이 자신의 짐을 아무와도 나누지 않으려고 한다는 것이다. 다른 사람들이 자신을 위해 기도할 여지가 없게 만드는 것이 더 안전하고, 나아가 더 '성숙하게' 느껴진다. 이런 경우, 우리의 자기대화는 이런 식이다. '아무한테도 짐이 되고 싶지 않아. 그리고 별것 아니야. 이런 문제로 다른 사람들을 귀찮게 하고 싶지 않아.'

반대로, 자신의 짐을 거리낌 없이 나누는 사람들은 다른 사람들의 짐을 나눌 방법을 찾는 일부터 시작해야 할 수 있다. 그들 중

많은 사람은 기도할 때 다른 사람에게 집중하기 위해 의식적으로 노력해야 한다. 신자의 삶은 끊임없이 사랑을 주고받는 삶이다. 우리는 성령으로 말미암아 그리스도 안에서 늘 서로의 짐을 져 주어야 한다.

모든 기도와 마찬가지로 이 일에서 우리는 혼자가 아니다. 우리가 기도를 만들어 내야 하는 것도 아니고, 우리 힘으로 다른 사람들의 짐을 짊어져야 하는 것도 아니다. 중보기도를 할 때 성자와 성령의 중보기도가 우리를 돕는다. 우리는 두 분의 중보 사역을 통해 우리에게 맡겨진 중보 사역을 감당한다. 우리가 다른 사람들을 하나님께로 이끌어 가는 내내 성자와 성령이 우리와 그들을 이끌어 주신다. 어떻게 기도해야 할지 모를 때, 중보기도를 하기 힘들 때, 성자와 성령의 중보기도를 의지할 수 있다. 그분들의 기도에 우리 자신과 다른 사람들을 맡길 수 있다.

+ '중보기도'로
하나님께 나아가는 연습

그러므로 너희 죄를 서로 고백하며 병이 낫기를 위하여 서로
기도하라(약 5:16).

너희가 짐을 서로 지라 그리하여 그리스도의 법을 성취하라(갈 6:2).

다른 기도들과 마찬가지로, 중보기도도 정해진 기도가 아니라
하면서 만들어지는 기도다. 성찰의 기도를 주기적으로 할 때, 특히
하나님과 함께 내 하루를 돌아볼 때, 사람들의 얼굴이 떠오른다. 그럴 때
다른 기도를 하고 싶은 유혹이 들 때가 있다. 내 하루의 다른 부분들이나
내 마음속의 다른 것들로 관심을 돌리고 싶어진다.

하지만 그럴 때 멈춰서 중보기도 속으로 들어가야 한다. 이것이
이웃을 내 몸처럼 사랑하는 것의 한 측면이라는 사실을 기억해야 한다.
다른 모든 기도와 마찬가지로, 그리스도 안에서의 형제나 자매에게로
들어가기 위해 뜻을 다시 정하고 나를 거두어 하나님께 집중하는 행위가
필요하다. 주기도문을 기준으로 하는 의도가 필요하다.

중보기도를 할 때 다른 사람들, 자기 자신, 하나님께 다가갈 수

있으려면 시간이 필요하다. 기도하면서 다른 사람들, 자신, 하나님과
함께하려면 연습이 필요하다. 자신이 이런 방식으로 들어가지 못하고
있는지 깨어서 살필 수 있어야 하며, 우리 안에 자리한 가정, 우리의
시각과 경험들이 중보기도에 어떤 영향을 미치는지 볼 줄 아는 분별력이
필요하다.

중보기도로 더 깊이 들어가기 위해 이런 세 가지 방식의 들어가기를
차례로 점검해 보자.

- **중보기도 대상자와 그의 상황으로 들어가라** 당신의 마음속에 그
  사람과 그의 경험을 위한 공간을 내라. 그의 기쁨이나 슬픔 속으로
  들어가라. 그를 위해 어떻게 기도해야 할지 생각하라. 성령 안에서
  어떻게 그에게 들어가야 할지 고민하라.
- **자신, 그리고 '자신과 중보기도 대상자와 관계' 안으로 들어가라** 가까운
  사람을 위해 기도한다면 이미 그의 상황과 연관되어 있을 수 있다.
  그 상황이 당신에게 어떤 영향을 미치는지 무시하지 말라. 그 상황을
  바탕으로 그를 위해 기도하라. 잘 아는 사람을 위해서 기도할 때
  자신이 그에게 화나 질투심, 짜증을 느끼지 않는지 살펴야 한다.
  목적은 그 사람에 관한 기도를 그만두는 것이 아니라 자기 마음의
  움직임을 알고서 그를 위해 제대로 기도하기 위해서다.
- **중보기도 대상자와 함께 하나님의 임재 안에 들어가라** 그를 위해 무엇을
  위해 기도할지 모르겠거든 그를 하나님 앞으로 데려가라. 이 상황과

관련된 복잡한 감정들을 어떻게 떨쳐 내야 할지 모르겠다면 그 모든 감정들도 하나님 앞으로 가져가라. 그와 그 감정들을 품은 채 주기도문을 기초로 기도하라. 그리고 "우리" 아버지라는 대목에서 잠시 멈추라. 모든 것을 사랑으로 묶으시는 성령의 능력으로 그리스도 안에서 그와 하나로 묶여 하나님의 임재 안에 함께 들어가라.

더 많은 가이드를 원한다면 다음과 같이 해 보라.

당신이 무엇을 원하는지, 중보기도 대상자가 어떻게 되었으면 좋겠는지 있는 그대로 하나님께 아뢰라. 어려운 시기에 자비와 은혜, 도움을 얻기 위해 담대함으로 아버지 하나님께 가까이 다가가라. 기도를 검열하지 말라. 있는 그대로 나아가라. 이 문제에 관해 느끼고 생각하는 바를 그대로 아뢰라. 당신의 아버지께서는 그것을 듣고자 하시니 그대로 나아가라.

당신의 기도를 점검하라. 하나님께 그 기도에 관해 당신의 마음을 살펴 달라고 요청하라(시 139:23-24에서처럼). 실질적으로 무엇이 당신의 기도를 이끌고 있는지 확인하라. 고통이나 걱정, 불안, 좌절감, 분노 등 그를 위해 어떤 동기로 기도하는지 확인하라. 무엇도 바로잡거나 숨기려고 하지 말라. 그냥 하나님께 솔직히 마음을 열어 보이라. 당신을 아끼고 받아 주시는 분에게서 배우라. 그분의 멍에는 쉽고 그분의 짐은 가벼우니 그분께로 가라(마 11:28-30).

중보기도 대상자를 향해 마음을 열라. 당신의 마음이 그 사람을 향해 사랑으로 열려 있는지, 혹은 닫혀 있거나 무관심한지 돌아보라. 그리고 그것에 관해 하나님께 아뢰라. 바울이 고린도 교인들에게 권고한 것처럼 이 사람을 향해 마음을 열게 해 달라고 하나님께 요청하라(고후 6:11). 마음을 열기가 쉬운가, 아니면 힘든가?

하나님은 우리가 구하기 전에 필요한 것을 아신다는 사실을 기억하라. 당신이 이것을 진정으로 믿는지 돌아보라. 그리고 불신에 대해서 도와 달라고 하나님께 요청하라. 하나님이 당신의 아버지이시며 당신과 당신이 기도하는 사람을 돌보신다는 사실을 기억하라. 믿음, 혼란, 의심, 걱정 무엇이든 당신의 상태를 하나님께로 가져가 아뢰라.

다른 사람을 위한 중보기도로 돌아가라. 기도 제목과 마음속의 모든 긴장을 다시 하나님께로 가져가라. 당신과 당신이 중보기도하는 사람을 위해 자비와 은혜를 구하라. 당신은 어떻게 기도해야 할지 모르지만 성령이 항상 하나님의 뜻에 따라 당신을 위해 기도하신다는 사실 속에서 쉬라(롬 8:26). 당신이 중보기도를 하는 것은 언제나 성자와 성령의 중보 안에서 하는 것이며, 두 분의 사역에 동참하는 것이라는 점을 믿으라.

기도의 고단함과
충만한 기쁨

그러므로 너희가 그리스도와 함께 다시 살리심을 받았으면 위의 것을 찾으라 거기는 그리스도께서 하나님 우편에 앉아 계시느니라 위의 것을 생각하고 땅의 것을 생각하지 말라 이는 너희가 죽었고 너희 생명이 그리스도와 함께 하나님 안에 감추어졌음이라 우리 생명이신 그리스도께서 나타나실 그 때에 너희도 그와 함께 영광 중에 나타나리라 …… 그러므로 너희는 하나님이 택하사 거룩하고 사랑받는 자처럼 긍휼과 자비와 겸손과 온유와 오래 참음을 옷 입고 누가 누구에게 불만이 있거든 서로 용납하여 피차 용서하되 주께서 너희를 용서하신 것 같이 너희도 그리하고 이 모든 것 위에 사랑을 더하라 이는 온전하게 매는 띠니라 그리스도의 평강이 너희 마음을 주장하게 하라 너희는 평강을 위하여 한 몸으로 부르심을 받았나니 너희는 또한 감사하는 자가 되라(골 3:1-4, 12-17).

이 구절을 보면 우리가 이 책에서 설명한 기도의 비전을 발견할 수 있다. 우리의 삶은 우리 안에서 우리를 위해서 기도하시는 그리스도와 함께 하나님 안에 감추어져 있다. 따라서 우리도 은혜의 보좌로 담대히 나아갈 수 있다.

처음에 이 진리는 우리에게(존과 카일) 너무 높고 멀게만 느껴졌다. 하지만 숨어 있던 곳에서 나와 우리의 영혼을 하나님께 아뢰자 그분이 실제로 우리와 함께 계셔서 우리를 사랑하시며 우리를 위해 기도하고 계시다는 사실을 발견할 수 있었다. 하나님 앞에 솔직하게 있는 모습 그대로 나아가자 우리의 기도가 진짜가 되었다.

하나님의 임재 안에서 우리의 마음이 "벌거벗은 것같이 드러"난다(히 4:13). 하나님은 모든 것을 보고 아신다. 그러니 하나님이 보시고 아시는 것을 그대로 아뢰라.

하늘 아버지의 자녀로서 우리는 그리스도의 삶을 '입으려고' 해야 한다. 기도는 이 삶이 현실이며 이렇게 살 수 있다는 사실을 알아가는 훈련장이다. 이 훈련에서 우리는 서로의 짐을 짊어지고 서로 밀고 끌며 하나님께로 나아가는 법을 배운다. 이 훈련에서 하나님은 그분의 사랑 안에서 우리의 마음을 하나로 묶어 주신다(골 3:14).

그리스도를 '입는' 것은 전심으로 하나님을 사랑하고 이웃을 내 몸처럼 사랑하려고 하는 것이다. 이것은 저절로 이루어지지 않는다. 다른 사람들의 기도(주기도문과 시편들) 속으로 들어가야만 한다. 성경을 통해 자신의 기도를 빚어 나가면서, 모든 일마다 하나님과 함께하겠다는 새로운 의도를 추구해야 한다. 우리의 마음을 하나님께로 모으고(거두고), 그분의 임재 안에서 우리의 삶을 살펴야 한다. 이는 우리가 하나님과 임재 안에서, 그리고 그 임재를 위해 빚어지도록 해 준다. 그럴 때 하나님의 영 안에서 다른 사람들과 사랑으로 연합하며 서로를 위해 중보하고 축복할 수 있게 된다.

사랑의 수고

문제는 기도를 실천하기보다 기도에 관해 읽거나 쓰는 것이 훨씬 쉽다는 것이다. 솔직하게 기도해야 한다는 것을 이해하기는 쉽다. "하나님께는 뭐든 말해도 좋다." 이 후렴구는 진부한 문구가 되어 버렸다. 하지만 실제로 솔직한 기도로 들어가는 것은 전혀 다른 문제다. 우리의 지난 경험과 관계가 우리의 기대에 어떤 영향을 미쳤는지 보는 일은 말처럼 쉽지 않다. 우리가 기도할 때 얼마나 많은 가정을 하는지 보는 일 또한 어렵다.

아마도 가장 어려운 점은 기도가 예상 외로 힘들다는 사실일 것이다. 하지만 기도가 힘든 것은 우리 영혼 깊은 곳에서 우리와 함께하시는 하나님에 대한 더 깊은 사랑, 교제, 믿음으로 들어가기 위해서다.

기도는 힘들다. 하지만 그것은 사랑의 고생이다. 기도가 힘든 것은 우정, 자녀 양육, 결혼생활이 힘든 것과도 같다. 이것은 진실 속에서 다른 사람과 함께하기 위한 수고다. 결혼생활과 우정처럼 기도는 우리의 마음을 열고 도움을 구하는 수고가 필요하다. 자신의 바람을 털어놓는 것은 어려울 수 있다.

사랑의 수고처럼 기도도 기쁨으로 가는 여행이어야 한다. 얼핏 이상하게 들릴 수 있다. 하나님의 임재 안에서 자신에 관한 진실을 보고, 하나님 앞에서 자신의 마음을 여는 새로운 기도법을 배우는 것은 기쁨과 거리가 멀어 보일 수 있다. 하나님 앞에서 우리 삶의 참모습을 있는 그대로 열어 보이는 것은 무겁게 느껴질 수 있다. 솔직함이 필요하다 해도 대부분의 사람들은 그것이 과연 기쁠까 의심할 것이다. 기도는 수고를 포함하지만 이 수고를 통해 우리는 자유를 찾는다. 하나님이 사랑, 은혜, 자비, 용서 안에서 우리를 보고 아시면 우리의 마음이 살아난다. 하나님과 함께할 때, 우리 삶의 진실을 솔직히 드러내며 그분과 진정으로 함께할 때 우리는 기도의 기쁨을 발견할 수 있다.

하나님께 간구하기

가장 기본적인 차원에서 기도는 하나님께 간구하는 것이다. 간구란 무엇이든 마음속에 있는 것을 하나님께 요청하는 것이다. 이것은 어린아이의 기도와도 같다. 어린아이는 '옳은' 것만 골라서 기도하지 않고 그냥 자신이 원하는 것을 위해 기도한다. 우리도 이렇게 단순한 믿음의 기도를 재발견해야 한다. 절박한 필요와 요청을 들고 하나님께 나아가는 것보다 단순한 기도는 없다. 하지만 동시에 그것만큼 우리 마음의 깊은 곳으로 들어가는 기도도 없다. 다음과 같은 기도는 더없이 단순하다.

"오, 하나님, 어머니가 돌아가시지 않게 살려 주옵소서!"

"오, 하나님, 저를 죄에서 구해 주옵소서!"

"오, 하나님, 제 아이의 병을 고쳐 주옵소서!"

"오, 하나님, 무너져 가는 제 사업체를 도와주옵소서!"

"오, 하나님, 무엇을 해야 할지 모르겠습니다. 그냥 도와주옵소서!"

단순하게 시작된 것이 시간과 세월이 쌓이면서 더 복잡해진다. 암에 걸린 교인을 위한 기도 모임에 갔던 기억이 난다. 온 교인이 모여서 환자와 그의 가족을 위해 울부짖으며 기도했다. 환자의 면역력이 좋지 않아서 집 안으로 들어가지 못하고 집 밖에서 기도했다. 돌아가며 기도했는데 대부분의 교인들은 전형적인 어른의 기도를 했다. 우리는 하나님께 의료진에게 지혜를 달라고 기도했다. 환자와 그 가족을 위한 하나님의 공급하심에 감사했다. 한참 기도하다가 잠시 침묵이 흘렀다. 잠시 후, 작은 목소리가 침묵을 깼다. 그것은 한 아이의 단순한 기도였다. "하나님, 집사님이 죽게 그냥 놔두지 마세요."

그전까지는 아무도 "죽음"이라는 단어를 꺼내지 않았다. 하지만 그 소년이 기도하자 온 교인이 나지막이 "아멘"을 읊조렸다. 그 아이는 우리 모두가 실제로 하고 싶은 기도를 했다. 그 아이는 우리 진짜 속마음을 말했다. 어른으로서 우리는 적어도 다른 사람들 앞에서는 이 아이처럼 담대하게 기도하지 못한다. 우리는 무엇이 옳은 기도인가를 고민해서 조심스럽게 기도한다. 하지만 그 아이의 기도는 이 모든 가식을 뚫고 우리 마음의 진실을 드러냈다.

우리는 지식이 많아지면 질문이 줄어든다고 생각한다. 하지만 오히려 정반대인 경우가 많다. 성장할수록 새롭고도 더 복잡한 질문이 떠오르는 경우가 많다. 그러면 그 아이처럼 기도하기를 멈춘다. 그 아이처럼 기도하면 하나님이 듣지 않으시는 것 같던 때가 기억나기 때문이다.

우리가 경험을 통해 하나님, 우리 자신, 간구에 관해 배운 지식은 생각보다 복합적인 효과를 가진다. 일단, 성숙해지면 지식이 늘어난다. 하나님은 우리에게 무엇이 필요한지 이미 아시기 때문에 원하는 것을 얻기 위해 그분을 구워삶거나 유도할 필요가 없다는 사실을 알게 된다(마 6:7-8). 우리가 성숙해지면, 하나님께 뜻이 있으며 그 뜻이 우리의 뜻과 다를 수 있다는 점을 알게 된다. 하지만 동시에 하나님에 뜻에 관해 나름대로 판단하게 될 수 있다. 우리의 지식에 따라 그 뜻을 헤아려서 기도하고서 기도가 응답되기를 기다릴 수 있다.

그리스도인의 여정은 지식의 성장을 포함한다. 하지만 아는 것이 많아지는 것이 꼭 신자로서의 삶이 쉬워지는 것을 의미하지는 않는다. 모든 걸림돌이 사라지는 것을 의미하지도 않는다. 아무리 성숙한 신자라도 하나님이 하나님이시며 하나님은 원하는 대로 행하신다고만 고백할 수는 없다. 이것이 신실한 반응처럼 보일지 모른다. 하지만 시편 기자는 이렇게 기도하지 않았다. 예수님도 그렇게 기도하시지 않았다. 우리는 기도 중에 하나님과 씨름해야 한다. 하나님이 하나님이시며 원하는 대로 행하시지만 세상은 그렇게 보이지 않는다는 현실과 씨름해야 한다. 진심을 다한 기도가 원하는 대로 이루어지지 않을 때 씨름해야 한다.

그리스도인의 기도는 우리 뜻과 다른 하나님 뜻과 벌이는 씨름에 대한 해법이 아니다. 기도는 우리 뜻을 하나님 앞으로 가져가는 것이다. 이 씨름을 건너뛰어서는 안 된다. 때로 하나님은 우리가 그분과 우리 자신을 제대로 알고 우리 자신을 그분의 발치에 내려놓기를 원하시기 때문이다.

기도가 응답되지 않을 때 우리는 좌절감을 느낀다. 나아가 하나님이 과연 우리가 처한 상황에 신경을 쓰시기는 한 것인가 하는 의문을 갖는다. 그 순간 믿음의 씨름은 계속해서 기도하는 것이다. "하나님, 믿습니다. 하지만 이 부분에서 제 믿음 없음을 도와주옵소서."

하지만 많은 이들이 기도를 그만둔다. 기도해 봐야 효과가 없는 것 같아 기도를 멈춘다. 다음과 같은 의문이 인다.

○ 기도해 봐야 무슨 소용인가?
○ 하나님이 듣기는 하시는가, 아니면 그분 뜻에 맞는 기도만 들으시는가?

- 하나님이 너무 바쁘신가, 아니면 그분께 이 문제는 별로 중요하지 않은가?
- 내가 하나님을 위해 충분히 노력하지 않았는가? 더 열심히, 더 큰 믿음으로 기도해야 하는가?
- 더 열심히 기도해 봐야 소용이 있는가?

이런 시기에 단순한 간구는 하나님, 우리 자신, 다른 사람들에 관한 우리의 가장 깊고도 가장 어두운 생각들을 끄집어낸다.

기도, 그리고 하나님과 함께하는 삶에서 성숙해지면 기억하기는 쉬워도 진정 마음으로 받아들이기는 힘든 두 가지 중요한 현실을 마주한다. 첫째, 하나님께는 뜻이 있다. 둘째, 하나님 뜻은 우리의 뜻과 다르다(사 55:8).

하나님께 간구하는 것은 우리의 마음을 그분께 드리는 것이다. 우리의 바람을 정확히 표현하지 못할 때가 있다. 그럴 때는 그저 그것을 느끼면서 그분 앞에 내려놓아야 한다. 그리고 하나님께 뜻이 있음을 알고서 예수님의 기도를 드려야 한다. "내 원대로 마시옵고 아버지의 원대로 되기를 원하나이다"(눅 22:42).

하나님 뜻은 우리 뜻이 아니며, 그분 뜻이 내 뜻과 항상 같지는 않다. 하나님이 왜 그렇게 반응하시는지 왜 그런 선택을 하시는지 우리는 이해할 수 없다. 그렇다 해도 우리는 주기도문에 따라 기도해야 한다. "내 원대로 마시옵고 아버지의 원대로 되기를 원하나이다." 하나님께 육체에 가시를 없애 달라고 간청한 바울처럼 우리는 하나님이 우리의 유익을 위해 광야로 이끄시든, 훈련장으로 이끄시든 받아들여야 한다. 그럼에도 바울처럼 우리는 우리의 바람을 아뢸 수 있다(고후 12:8). 예수님처럼 우리는 마음속에 있는 것을 요청해야 한다(눅 22:42).

우리의 뜻을 내려놓고 하나님의 뜻을 받아들이기 위한 씨름은 곧 예수님처럼 기도하기 위한 씨름이다. 우리가 하지 말아야 할 것은 처음부터 이 씨름을 없애기 위해 단순히 하나님의 뜻에 고개를 끄덕이는 것이다. "하나님은 하나님이시고, 하나님은 원하시는 대로 행하십니다." 자신의 마음속을 깊이 들여다보지 않고서 무작정 그렇게 말하기 너무도 쉽다.

바울은 육체에 가시를 받았을 때 하나님과 씨름을 했다. 그리스도는 십자가로 부르심을 받았을 때 아버지와 씨름을 했다. 인생의 이 시기에 당신은 무엇을 놓고 하나님과 씨름해야 하는가? 이 시기에 하나님과 함께하라는 부르심을 받아들이고 있는가, 거부하고 있는가? 마음속의 진실을 솔직히 아뢰지 않고 있는가?

우리는 자녀로서 우리 아버지에게 나아가야 한다. 다만, 아이는 부모에게 무언가를 요청할 때 대개 자신의 요청만을 생각한다. 하지만 성숙해지면 하나님의 뜻을 고려하고, 자신이 그분의 뜻을 추구하는지 솔직히 돌아보아야 한다. 하나님께 간구할 때 자기 안에서 실제로 어떤 일이 벌어지는지 깊이 살펴야 한다. 아이는 부모의 뜻에 별로 관심이 없다.

물론 부모의 뜻이 자신의 뜻과 충돌하면 이야기가 달라진다. 그럴 때 아이는 부모의 뜻을 자기 뜻에 맞추려고 한다. 성숙해지면 속으로는 여전히 하나님을 자신의 뜻으로 유도하길 원하더라도 다른 길로 가야만 한다. 성숙해지면 하나님께 자신을 열고서 간구해야 한다. 우리가 뼛속 깊이 원하는 것을 위해 기도할 때, 하나님이 그것을 반대하실까 남몰래 걱정할 때, 그럴 때도 하나님께 자신을 열어야 한다.

간구하다가 의심에 빠지고 지칠 수 있다. 때로는 기도가 무슨 소용인가 하는 생각마저 들 수 있다. 그럴 때는 그 심정을 하나님께 그대로 아뢰어야 한다. 우리를 사랑으로 바라보시는 하나님 앞에서 애통해야 한다. 우리는 그리스도 안에 있는 자로서 하나님께 나아간다. 예수님이 우리를 위해 중보하신다는 사실을 알고서 나아간다. 우리는 담대히 나아가 자비와 은혜를 구해야 한다. 어떻게 기도해야 할지 모를 때도 담대히 나아가야 한다(롬 8:26). 그렇게 나아가서 이렇게 기도해야 한다. "오, 하나님, 다 아시죠? 주님은 모든 것을 보십니다. 저를 불쌍히 여겨 주옵소서."

이것이 기도가 이해해야 할 주제나 터득해야 할 기법이 아닌 이유다. 기도는 진리와 사랑 가운데서 하나님과 함께하는 것이다. 지금부터 기도에 관한 몇 가지 중요한 점들을 정리해 보고자 한다. 이 요지들은 깊은 기도 생활로의 초대다. 무엇보다도 이것은 사랑으로의 초대다.

'진짜 하나님'과 함께하기로 뜻을 정하라

시내산에서 불과 함께 임하시고 자신을 경외하라고 하신 하나님을 기억하면 하나님의 뜻은 우리의 뜻이 아니고, 그분이 하나님이시고 우리는 하나님이 아니며, 그 어떤 생각이나 관념, 건물, 힘도 그분을 담아낼 수 없다는 사실을 떠올리게 된다. 하지만 이것은 그분의 자녀인 우리에게 좋은 소식이다.

우리는 하나님을 두려워하는(경외하는) 것이 지혜의 시작이라는 사실을 기억하는 동시에 완벽한 사랑은 두려움을 쫓아낸다는 사실을 떠올려야 한다(잠 9:10; 요일 4:18). 우리의 두려움을 돌아보고, 완벽한 사랑이신 분을 찾아야 한다. 두려움 속에서 우리는 그분께로 나아가 그분만을 바라보며, 그분이 우리의 소망이라는 사실을 믿어야 한다. 망가짐과 죄 가운데서 우리는 다른 곳에서 소망을 찾곤 한다. 하지만 그리스도 밖에서는 그 어떤 소망도 없다. 우리는 두려움을 쫓아내시는 분께 끊임없이 나아가고 그분을 찾아야 한다.

우리는 하나님을 실제보다 덜하게(덜 정의롭게, 덜 주권적이게, 덜 강하게) 볼 때가 많다. 이것은 하나님을 진정 하나님으로 받아들이지 않는 것이다. 하나님을 자비로운 분으로 아는 것은 그분을 덜 정의롭게 여기는 것이 아니라, 십자가의 진리를 받아들이는 것이다. 우리는 두려워해야 할 하나님 앞에서 죄 때문에 죽었다. 하지만 하나님은 우리를 그리스도와 함께 살리시고 "우리의 모든 죄를 사하시고 우리를 거스르고 불리하게 하는 법조문으로 쓴 증서를 지우시고 제하여 버리사 십자가에 못 박으"셨다(골 2:13-14).

십자가는 하나님이 죄를 가볍게 여기지 않으셨다는 사실을 보여 준다. 하나님은 정의와 심판을 무시해도 좋을 만큼 가벼운 것으로 여기시지 않았다. 오히려 하나님은 십자가에서 정의를 완벽히 이루고서 나서 우리에게 자비와 인자와 은혜를 보여 주셨다.

현실 한복판에서 하나님과 함께하기로 뜻을 정하고, 이상과 마법의 기도로 흐르는 것을 거부하라

둘째, 우리는 '현실 속에서' 하나님과 함께하기로 뜻을 정해야 한다. 이상(fantasy)의 문제점은 하나님이 우리를 이상으로 부르시는 것처럼 느껴질 때가 많다는 것이다. 마음 깊은 곳에서 우리는 하나님이 우리의 실제 모습을 원하지 않을까 봐 두려워한다. 그래서 그분께로 가까이 다가가는 대신, 선한 모습의 아바타를 내세워 기도하게 한다. 우리의 아바타는 선한 그리스도인처럼 보이지만 우리의 실제 모습은 아니다. 이것은 하나님이 우리 스스로 삶을 바로잡고 성장한 '뒤에야' 그분께 나아오는 것을 원한다고 착각하는 것이다.

하지만 이것은 자기계발이요 착각일 뿐, 은혜의 삶이 아니다. 이상은 기만적이다. 그래서 그것을 분명히 보지 못할 수 있다. 이상은 우리가 가치, 정체성, 선함을 얻기 위해 그리스도 밖에서 의존하

는 모든 것이다. 이상은 진실 가운데 살지 않기 위한 거짓 전략이
다. 우리는 언제나 이상을 거부하고 현실을 받아들여야 한다. 이는
우리의 마음이 그리스도 밖에서 어디로 흐르는지, 혹은 어디로 흐
르길 원하는지를 직시하고 그분과 함께하기로 뜻을 정해야 한다는
뜻이다.

마음속 모든 바람을 하나님께 솔직히 아뢰고, 그분이 받아

주실 수 있도록 그 바람을 깔끔하게 정리하려는 시도를 멈추라

셋째, 우리는 이상이 아닌 현실로 부름받았기 때문에 자신의
기도를 깔끔하게 정리하려는 유혹을 거부해야 한다. 대신, 솔직한
마음으로 하나님과의 관계를 돌보아야 한다. 솔직함은 기도의 중요
한 덕목이다. 이것이 참된 그리스도인의 기도가 항상 겸손의 열매
를 맺는 이유다.

기도의 여행은 진실을 보고 자신을 있는 그대로 하나님께 드리
는 것에서 시작된다. 그러면서 이렇게 기도해야 한다. "하나님, 믿
습니다. 하지만 이 부분에서 제 믿음 없음을 도와주옵소서." "하나
님, 주님 앞에서 저를 깔끔하게 포장하고 싶지 않습니다. 가식의 가
면을 쓰고 싶지 않습니다. 대신, 그리스도의 의의 옷을 입고 싶습니
다. 아버지, 저는 그리스도가 제게 하신 말씀으로 인해 그분 안에서
이미 깨끗합니다(요 15:3). 이 말씀에 제 안에 풍성히 거하게 해 주옵
소서(골 3:16)."

아직 이 기도를 전심으로 드리지 못할 수도 있다. 하지만 진실 가운데 주님 안에 거하면 그분이 마음 깊은 곳에서 이런 기도를 드릴 수 있도록 인도해 주실 것이다.

'그리스도 안에서의 정체성'으로 살기로 뜻을 정하고, 스스로 만든 정체성들을 자신의 기초로 삼기를 거부하라

마지막으로, 믿음으로 기도하는 사람은 자신이 그리스도 안에서 누구인지 기억하는 사람이다. 우리는 옛 사람(아담)을 내려놓고 새 사람(그리스도)을 우리의 정체성으로 받아들여야 한다. 우리의 정체성은 더 이상 우리가 무엇을 하고 무엇을 이루는지에서 기인하지 않는다. 이제 우리의 정체성은 우리가 누구의 것인지에서 비롯한다. 우리는 하나님의 것이다. 우리는 그분의 자녀다. 그분은 우리의 아버지이시다.

우리의 정체성은 기도할 때 우리 마음의 상태가 어떠한지 혹은 기도를 '잘하는지'에서 비롯하지 않는다. 우리는 믿음으로 하나님께 나아간다. 하나님이 어떤 분이신지 믿고, 하나님이 현실 속에서 우리를 주실 줄 믿고, 그분께 나아가기 위해 우리 자신을 깨끗하게 할 필요가 없다는 사실을 믿는다. 그리스도 안에서 은혜로 하늘 아버지께 나아가고, 그리스도가 당신을 위해 승리하셨음을 믿으라.

* * *

이런 요지들에 따라 당신의 기도 생활을 돌아보면 지금까지 해 오던 기도 방식에서 어떤 부분을 바꾸고 어떤 기도들을 더 집중적으로 해야 할까? 이것이 이 책이 내놓는 마지막 질문이다. 당신은 어떤 형태의 기도들을 더 집중적으로 해야 할까? 이것은 금방 답할 문제가 아니라 시간을 두고 씨름해야 할 문제다. 어떤 형태의 기도들을 더 집중적으로 해야 할지 파악해야 한다.

하지만 이 모든 기도가 신자의 삶의 기초적이고도 정기적인 부분이 되어야 한다. 이 모든 기도를 매일 할 필요는 없다. 이 책에서 우리가 기술한 대로 똑같이 할 필요도 없다. 하지만 어떻게 하든 시편으로 기도하고, 하나님께 자신을 드리기로 의도하고, 마음을 거두어 하나님께 집중하고, 자신의 삶을 성찰하고, 다른 사람들을 위해 중보하는 것이 기도 생활의 일부가 되어야 한다. 또 주기도문을 기준 삼아 자신의 모든 기도를 빚어 가야 한다.

이 모든 기도를 쉽게 훑어볼 수 있도록 장 끝마다 '하나님께 나아가는 연습'을 하는 코너를 마련했다. 또한 이런 기도로 더 깊이 들어갈 수 있도록 부록도 수록했다. 이런 내용들이 기도에 관해 새롭게 배울 때 유용한 틀이 되어 줄 것이다. 당신이 더 깊은 기도로 들어가도록 이 도구들이 유용하게 쓰이기를 바란다.

기도의 발전은 기도를 통해서만 이루어질 수 있다. 단, 기도만으로는 깊은 성장을 보장할 수 없다. 성전에서 이렇게 기도했던 바리새인을 생각해 보라. "하나님이여 나는 다른 사람들 곧 토색, 불의, 간음을 하는 자들과 같지 아니하고 이 세리와도 같지 아니함을 감사하나이다 나는 이레에 두 번씩 금식하고 또 소득의 십일조를 드리나이다"(눅 18:11-12).

그의 기도는 성장으로 이어지지 않았다. 그것은 하나님이 진실로 어떤 분이신지를 모르고, 그래서 자신이 하나님 앞에서 누구인지를 몰랐기 때문이다. 깊이 있게 성장한 사람은 그가 아니라 진실하게 기도한 사람이었다. 예수님이 의로워져서 그 자리를 떠나갔다고 말한 사람은 도덕적으로 곧은 바리새인이 아니라 "저는 죄인입니다! 저를 불쌍히 여기소서!"라고 울부짖은 세리였다. 기도 자체가 우리의 육신이 더 깊이 뿌리내리게 만드는 데 이용될 수 있음을 명심하라. 그러니 우리는 진실을 추구해야 한다.

기도에서 자라기 위해서는 하나님을 제대로 알고 그분께 자신을 열어야 한다. 그리고 그분의 임재 안에서 자신에 관한 진실을 받아들여야 한다. 이는 성경에서 가르치는 대로 깨어 있어야 한다는 뜻이다. 기도 중에 우리의 바람, 욕구, 경험이 우리의 마음에 관해 무엇을 밝혀 주는지 살펴야 한다는 뜻이다. 우리 마음속에서 발견되는 것은 기도의 소재가 되며, 하나님을 더 깊이 아는 길로 우리를 이끌어 준다.

우리는 하나님이 모든 것을 보시기 때문에 모든 것을 들으시는 분이라는 사실을 믿고서 솔직하게 기도해야 한다. 그리고 하나님이 우리의 영혼 안에서 이미 기도하고 계신 진실을 받아들여야 한다.

우리는 우리를 구속하고 그분께로 화해시키시며 연합시키시는 하나님의 역사에 의지해서 기도한다. 우리의 기도는 우리가 모든 것에 관해 기도할 수 있도록 하나님이 모든 것을 행하셨다는 사실을 끊임없이 선포하는 것이어야 한다.

부록

소그룹 리더 가이드
시편 기도 가이드
의도의 기도 가이드
거둠의 기도 가이드

소그룹 리더 가이드

구체적인 내용으로 넘어가기에 앞서 여러 사람이 모여 이 책으로 공부하려면 이런 시간이 필요하다는 점을 짚고 가자.

- 참가자들이 모임을 위해 읽은 장에 관해 토론하고 각자에게 든 의문이나 걱정, 통찰을 다루는 시간.
- 각 사람이 자신의 기도 생활에 관해 나누는 시간.
- 자신이 무엇을 배우고 있는지, 자신의 기도 생활은 어떠했는지, 하나님이 자신을 무엇으로 부르고 있다고 생각하는지 솔직히 털어놓고 함께 기도하는 시간.

다음 내용을 설명한 뒤에 이 모임을 잘 이끌기 위해 더 고민해 보아야 할 문제들을 제기하도록 하겠다. 이 모임이 깊은 기도를 함께 배우고 실천하는 자리가 되기를 바란다.

이 책의 모든 장에는 '하나님께 나아가는 연습'이 포함되어 있기 때문에 각 사람이 모임 전에 해당 장을 읽고 직접 기도해 보는 것이 중요하다고 생각한다. 기도는 모든 행동이 시작되는 곳이다. 기도에 관해 말만 하고 기도하지 않는 것과, 기도한 다음에 기도에 관해 말하는 것은 차원이 다르다. 기도는 우리의 마음을 밝혀 주며, 그 어떤 활동보다도 우리 자신을 솔직하게 마주하게 해 준다.

매주 만난다면 각 사람이 주중에 해당 장을 읽고 나서 '하나님께 나아가는 연습'을 해야 한다. 각자 생각, 질문, 묵상한 내용, '하나님께 나아가는 연습'이 어떠했는지, 하나님과 함께한 시간이 어떠했는지 기도 수첩에 적으면 좋다. 답답했는가? 내내 방황하는 마음과 씨름하면서 시간을 보냈는가? 잠이 들었는가? 하나님이 어디 계신지 의문이 들었는가? 이 시간을 통해 통찰을 얻었는가? 따분했는가? 이런 것을 어떻게 묵상하든 각 사람이 해당 장을 읽고 실제로 해 보고 충분히 묵상하고 나서 모임에 참석해야 한다.

각 모임에는 다음 시간들이 포함되어야 한다. 첫째, 각 참가자가 자신의 기도 시간이 어떠했고 어떤 일이 일어났으며 어떤 통찰이나 경험, 질문, 혼란이 나타났는지 나누는 시간이 필요하다. 이 책은 있는 그대로 솔직히 하는 기도를 다룬다. 따라서 참가자들이 자신의 경험에 관해 솔직히 나누도록 하는 것이 중요하다. 서로의 말에 귀를 기울여야 한다. 이를 통해 참가자가 하나님과의 관계가 어떤

지 확인해 볼 수 있을 것이다.

중요한 것은 간단한 해법을 제시해서 그 사람을 '구해 주려고' 하지 말아야 한다는 것이다. 리더의 목표는 각 참가자가 좋게 보이는 상황이든, 문제가 있어 보이는 상황이든, 모든 상황에서 하나님이 어떤 역사를 행하시는지 보도록 돕는 것이다. 하나님은 항상 역사하시며 우리를 사랑으로 부르신다. 리더가 본을 보이는 것이 특히 중요하다. 참가자를 바로잡거나 그가 숨도록 돕지 말고, 하나님이 우리 삶에서(특히 우리의 실패 속에서) 항상 역사하시고 항상 우리를 사랑하신다는 사실을 그가 볼 수 있도록 이끌어야 한다.

둘째, 서로 이야기를 나누고 귀를 기울일 때 해당 장을 읽거나 '하나님께 나아가는 연습'을 하다가 생긴 질문이나 의문도 다룰 수 있다. 이 책의 내용을 누구나 그대로 받아들일 것이라고 생각하지 말라. 각자 이 책의 생각과 씨름해 보고 개념들을 실험해 보아야 한다. 각자 이 책의 말이 옳은지 그른지 애매한지를 파악하게 해야 한다. 억지로 밀어붙이지 말라. 하나님은 우리에게 거짓을 막고 진리를 받아들이도록 마음의 문을 지킬 지성을 주셨다. 물론 때로 우리는 개념들에 관해 속고 스스로를 속이기도 한다. 성급하게 결정을 내리기도 한다. 하지만 각자 이런 문제를 탐구하도록 참을성을 발휘하라. 리더는 이 과정을 돕고 이 책에 관한 솔직한 대화를 이끌어내야 한다.

셋째, 함께 기도하라. 기도 제목을 요청하지 말고, 이 책을 읽고

'하나님께 나아가는 연습'을 할 때 나타난 생각과 감정, 경험을 다시 기도를 통해 하나님께로 가져가기를 바란다. 리더는 이런 것으로 기도하는 것이 무엇인지 참가자들에게 보여 주어야 한다. 또한 모두가 하나님 앞에서 서로 손을 잡고 각자 배운 것들, 품은 질문들, '하나님께 나아가는 연습' 중에 한 경험에 관해 기도하게 하라. 모든 근심과 걱정, 두려움을 하나님께 올려드리라. 이렇게 한 뒤에 마무리 기도에서 이 모든 것을 주님께로 가져가 그분의 중보를 요청하라.

우리 팀의 모든 사람은 정확히 이런 식으로 정기 모임을 시작한다. 학기 중 격주로 모여서 요한복음 15장을 묵상하며 하나님과 서로에게 마음을 연다. 때로 서로가 몰랐던 시련 이야기를 듣게 된다. 남모를 걱정도 듣는다. 때로는 함께 기뻐하고, 때로는 함께 슬퍼한다. 어떤 경우든 우리의 삶을 하나님께로 가져간다. 우리의 삶을 하나님과 서로에게 열어 보이면서 모든 일에서 주님의 뜻을 구한다. 이렇게 함께, 그리고 서로를 위해 기도하는 법을 배우고 주님께 마음을 활짝 여는 법을 배우는 것이 이런 모임에 대한 우리의 비전이다.

이런 종류의 그룹은 설명하기는 쉽지만 받아들이기는 더 어렵다. 사람들이 함께 이런 종류의 기도로 진정으로 들어가려면 (이미 서로 깊은 관계에 있지 않은 이상) 다소 시간이 걸린다. 이런 그룹을 이루기 위해 도움이 될 만한 질문들을 추가했다.

이 리더 가이드의 나머지 부분에서는 모임을 시작하기 전에 리더가 충분히 생각해 보아야 할 중요한 두 질문을 살펴보겠다. 첫째, 그룹의 기대에 관해 충분히 생각하고 대화를 나누는 것이 중요하다. 그룹 리더가 가진 기대와 각 참가자들이 품은 기대는 어떤 그룹이 이루어지고 참가자들이 서로 어떻게 상호작용할지에 영향을 미친다. 둘째, 그룹 기도의 다양한 장애물을 생각해 봐야 한다. 첫 번째 질문의 답은 단순하고, 두 번째 질문의 답은 좀 더 복잡하다.

참가자들의 기대를 체크하라

이 책으로 공부를 시작하기 전에 함께 모여서 이 공부를 통해 무엇을 얻고 싶은지 각 참가자에게 묻는 것이 도움이 된다. 리더가 던져야 할 첫 번째 질문은 자신의 바람과 기대에 관한 것이다. 그다음에는 다른 사람들의 바람과 기대에 관해 물어야 한다. "우리가 여기서 무엇을 얻기를 바라는가?" 어떤 기대는 충족될 것이고 어떤 기대는 비현실적일 것이다.

"어떤 기대를 품어야 하는가?" 이것에 관해 자주 생각하지는 않더라도 반드시 짚고 넘어가야 한다. "당신의 바람을 하나로 줄인다면 무엇이 될까?" "마침내 올바른 기도를 '알아내기'를 바라는가?" "기도에 관한 모든 것을 알고 싶은가?" 그룹에 대한 당신의 기대를 설명하고 다른 사람들의 생각을 들으면서 이 기대들의 실현 가능성을 타진하는 시간을 가지라. 이 책의 목표가 참가자들의 기대들과 일치하는지 일치하지 않는지 확인하라.

참가자들에게 질문을 하면서 서로 충돌하는 기대들을 짚어 주는 것이 중요하다. 나아가, 이런 단순한 질문들이 유용할 수 있다. "우리가 내놓은 기대와 바람과 소망이 기도와 무슨 상관이 있는가?" "우리가 기도에서 함께 성장하는 것에 관해 어떤 기대를 갖고 있는가?"

우리의 소망과 기대는 그룹 활동이 '좋은지' '나쁜지'를 판단하는 기준이 될 때가 많다. 오로지 새로운 정보를 얻기 위해 모임에 참여하는 사람의 경우 공동체 일이나 대화하는 일에 많은 시간을 투자하면 답답해할 수 있다. 그들은 공동체를 원하지 않는다. 공동체를 얻는 것은 그들의 기대가 아니다. 그래서 그들은 공동체에 초점을 맞춘 그룹 활동을 시간 낭비로 여길 수 있다. 정반대 경우도 있다. 공동체를 절실히 원하고 새로운 정보에는 별로 관심이 없는 이들도 있다. 그들은 단순히 다른 사람들과 함께 신앙을 키우는 시간을 원한다.

당신과 모임의 참가자들이 어떤 기대를 품고 있든 리더는 그 기대에 맞게 그룹 활동을 계획할 자유가 있다. 사람들이 공동체를 원한다면 공동체 구축이 핵심 요소가 되어야 한다. 사람들이 이 책의 내용과 씨름하기를 원한다면 공개적 토론 시간을 주기적으로 가져야 한다. 하지만 어떤 경우든 이 모임에서 절대 빠져서는 안 되는 요소는 바로 기도다.

이 책은 기도에 관한 책이기 때문에 단순히 책 내용에 관해 질문하고 토론하는 것만으로는 충분하지 않다. 주제에 따라 이렇게만 해도 되는 경우가 있겠지만 기도라는 주제는 다르다. 기도에 관해 토론하는 것을 넘어 실제로 기도하기를 바란다.

'모여서 드리는 기도'와 '개인 기도'는 다르다

이 책은 하나님 앞에서 내 모습 그대로 드리는 솔직한 기도를 권장한다. 이 책은 은밀한 중에 듣고 갚으시는 우리 아버지께 은밀하게 기도하는 법을 배우라고 말한다(마 6:6). 각 장의 내용을 직접 해보는 '하나님께 나아가는 연습'은 즐거운 시간이 될 수도 있지만, 날것 그대로의 불안이나 슬픔, 분노, 답답함을 강하게 쏟아 내는 시간이 될 수도 있다. 어느 누구에게도 말하고 싶지 않은 것을 하나님께 아뢰게 될 수 있다.

은밀한 중에 하늘 아버지께 드리는 기도는 날것 그대로 솔직해야 하지만 함께 기도하는 시간은 그렇게까지 할 수 없다(최소한, 똑같은 방식의 솔직함은 곤란하다). 함께 기도할 때는 모두가 혼자서 기도할 때처럼 기도하기를 기대해서는 안 된다. 이것이 우리가 모여서 드리는 기도 시간에 경험하는 긴장이다. 우리는 함께 솔직하고도 의미 있게 기도하는 법을 배우기를 원한다. 하지만 오직 하나님만 들으셔야 하는(혹은 들으실 수 있는) 것들이 있다.

날것 그대로의 기도는 당신과 하나님 사이에서 필요하다. 마음속에 있는 것은 뭐든 하나님께 아뢰어야 한다. 마음속에 있는 것은 아무리 거칠고 더러운 것이라 해도 하나님께 아뢰어야 한다. 하나님은 우리가 그런 것들을 풀어내고 모든 것에서 그분을 찾도록 도와주신다. 목사나 기독교 상담자처럼 이 과정을 도와줄 사람을 찾을 수는 있지만 우리가 참여하는 대부분의 그룹은 이 역할을 해 줄 수 없다.

여기서 우리가 다루는 종류의 그룹은 기도에 관한 의미 있는 나눔과 의미 있는 기도를 위한 그룹이다. 여기서 '날것 그대로'와 '의미 있는'을 구분할 필요성이 있다. 너무 날것 그대로여서 다른 사람들에게 도움보다는 혼란을 줄 수 있는 것들이 있다. 따라서 마음속에 있는 날것들은 하나님과 함께 풀어내고, 의미 있는 대화와 기도를 위한 것들은 다른 사람들과 함께 나누는 법을 배워야 한다. 모여서 드리는 기도가 개인 기도와 똑같을 수는 없다. 그룹 기도도 솔직할 수 있지만 우리 마음속 가장 깊은 곳은 오직 하나님만을 위한 곳이다.

모여서 드리는 기도는 비현실적이거나 피상적이지 않고 솔직해야 하면서도 다른 사람들에게 덕이 되어야 한다. 일단, 자칫 다른 사람들과 함께 기도할 때 너무 절제되고, 거의 정직하지 못하기까지 한 기도를 하게 될 위험이 있다. 하지만 반대의 위험도 존재한다. 그것은 하나님 앞에서 해야 할 날것 그대로의 기도와 다른 사람들과 함께하는 기도를 구분하지 못할 위험이다. 참가자들에게 이 문제를 제기하고 적절한 '모임 중 기도'에 관해 계속해서 토론하는 것이 리더의 책임 가운데 하나다. 때로는 참가자들이 이것을 강압으로 느껴 분위기가 어색해질 수도 있다. 그런 상황에 관해서도 이야기를 나누는 것이 좋다. 어쨌든 모여서 드리는 기도는 개인 기도와 같지 않다는 사실을 명심하라.

리더로서 당신은 참가자들이 개인 기도와 모임 중에 드리는 기도 사이에서 어떤 긴장을 느낄 것이며 그 긴장을 어떻게 풀어야 할지 설명해 주어야 한다(물론 대부분의 참가자들이 이미 이 긴장을 느끼고 있겠지만). 각 사람이 편안하게 이야기하도록 하라. 서로 격려해 주는 안전하고 열린 공동체를 세우라. 리더가 행동으로 본을 보여 주는 것이 매우 중요하다. 가장 중요한 요소 가운데 하나는 참가자들이 서로를 바로잡아 주는 것이 아니라 서로 그리스도를 가리키도록 만드는 것이다. 다른 사람들이 털어놓은 문제를 내가 바로잡아 주는 것이 아니라, 서로 그리스도를 가리켜 그분을 바라보게 하는 것이 목표가 되어야 한다. 그리스도께로 나아가는 것이 우리의 목표다.

그룹 리더로서 당신의 역할은 완벽한 본을 보이는 것이 아니다. 다른 참가자들보다 더 '멀리까지' 갔다는 사실을 증명해 보이는 것이 아니다. 당신의 역할은 솔직함, 지혜, 정직의 본을 보이는 것도 다. 이것이 리더의 가장 어려운 역할이다. 또한 리더는 진리에 어떻게 반응해야 할지에 대한 본도 보여 주어야 한다. 참가자들은 자신의 경험으로 "이번 기도 시간은 별로였어" 혹은 "이번 기도는 망쳤어"라고 판단하기 쉽다.

　우리는 우리가 얼마나 형편없는지 깨닫고 더 열심히 노력하게 만드는 것이 하나님이 원하시는 바라고 쉬이 판단한다. 하지만 전혀 그렇지 않다. 우리가 자신의 기도 생활에 관한 진실을 확인해야 하는 것은 기도가 잘해야 하는 것이 아니라 솔직해야 하는 것이기 때문이다. 공동체 안에서도 마찬가지다. 따라서 우리의 목표가 솔직한 기도라는 사실을 서로에게 자주 상기시켜 주어야 한다. 하나님은 우리가 제대로 기도하는 법을 모른다는 사실을 아신다. 이것이 성령이 우리를 위해 중보기도해 주시는 이유다. 우리는 이 사실을 계속해서 기억해야만 한다.

　그분의 기도는 완벽하다. 그분의 기도는 충분하다. 그런데도 그분의 기도는 우리를 우리만의 기도의 자리로 부른다. 모든 것을 알고 보시는 하나님께 자신을 있는 그대로 솔직히 드리라고 서로를 격려하기를 바란다.

시편 기도 가이드

우리가(존과 카일) 삶에서 시편으로 기도했던 실례를 실었다(너무 개인적인 내용은 뺐다). 시편을 적고 그 아래에 우리의 기도를 넣었다. 당신의 시편 기도를 시작하기 위한 출발점으로 참고하면 좋을 것이다.

시편 3편 : 애통과 간구

제목을 보면 이것은 다윗이 아들 압살롬의 반역을 피해 도망쳤을 때 쓴 시편이다. 이 시편 자체에서 압살롬을 언급하지는 않는다. 우리 역시 우리의 적들과 씨름할 수 있다. 이 시편을 삶에 적용하면서 읽어 보라. 시편으로 기도하라. 이 시편 속으로 들어가 자신을 하나님께 열고서 어떤 일이 일어나는지 보라. 가능하다면 큰 소리로 기도하라.

— 제목: 다윗이 그의 아들 압살롬을 피할 때에 지은 시.

하나님, 압살롬을 기억합니다. 그는 자기 아버지를 배신했습니다. 하지만 그의 아버지도 망가져 있었지요. 이 얼마나 안타까운 상황입니까.

— 여호와여 나의 대적이 어찌 그리 많은지요(1절).

그렇습니다. 다윗과 압살롬에게는 문제가 많았습니다! 하지만 하나님, 제게도 적과 문제가 많습니다. 제 안의 적이 끝이 없어 보입니다.

— 일어나 나를 치는 자가 많으니이다(1절).

하나님, 제 삶에 골치 아픈 다툼과 갈등이 가득합니다. 하나님, 문제가 너무 많습니다.

— 많은 사람이 나를 대적하여 말하기를 그는 하나님께 구원을 받지 못한다 하나이다(2절).

하나님, 저를 도와주시겠습니까? 세상과 마귀는 하나님이 없다고 말합니다. 주님이 도와주지 못할 것이라고 합니다. 오, 하나님, 이 혼란 속에서 저는 혼자입니까?

— 여호와여 주는 나의 방패시요 나의 영광이시요 나의 머리를 드시는 자이시니이다(3절).

하나님, 이것을 믿습니다. 그렇습니다. 주님은 제 방패이십니다. 하지만 이것을 더 확실히 믿기를 원합니다. 제 믿음 없음을 도와주옵소서! 오, 하나님, 제 문제 속에서 저와 함께해 주옵소서. 제 방패가 되어 주옵소서. 지금까지 제 방패가 되어 주신 줄 압니다. 하나님, 주님께로 갑니다.

— 내가 나의 목소리로 여호와께 부르짖으니 그의 성산에서 응답하시는도다 (4절).

오, 하나님, 주님은 전에도 제게 응답해 주셨습니다. 제 문제와 적들에게서 저를 구해 주셨습니다. 오, 하나님, 저를 구하시고 제게 응답해 주옵소서! 하나님, 주님께 부르짖습니다. 도와주옵소서!

— 내가 누워 자고 깨었으니 여호와께서 나를 붙드심이로다(5절).

하나님, 제 삶에 있는 이런 것들을 다룰 능력이 없습니다. 오직 잘 때만 이런 것에서 잠시 벗어날 수 있습니다. 오, 하나님, 제가 깨어 있을 때 함께해 주시니 감사합니다. 쉬고 싶습니다. 하나님, 때로 제가 잠을 이루지 못하는 것을 아시지요? 그래서 제 마음을 주님께 엽니다. 모든 것을 주님께 맡기고 싶습니다. 제가 잠자리에 누워 마치 주님이 계시지 않은 것처럼 제 마음을 제 자신에게 여는 것을 보셨지요? 하나님, 제 마음을 주님께 쏟게 도와주옵소서. 하나님, 저와 함께해 주옵소서.

— 천만인이 나를 에워싸 진 친다 하여도 나는 두려워하지 아니하리이다(6절).

하나님, 주님이 저와 가까이 계시는 한 두려워하지 않겠습니다. 오, 하나님, 주님을 신뢰하도록 제 마음을 강하게 해 주옵소서! 하나님, 때로는 저 혼자뿐인 것처럼 느껴졌습니다. 오, 하나님, 저와 함께해 주옵소서. 문제와 시련을 견뎌 낼 용기를 주옵소서.

— 여호와여 일어나소서 나의 하나님이여 나를 구원하소서(7절).

이것이 저의 기도입니다. 이것이 주님께 나아온 이유입니다. 오, 하나님, 일어나소서. 이 모든 것에서 저를 구해 주옵소서! 하나님, 이 상황에서 제 기도에 응답하시고 저를 구원하옵소서.

— 주께서 나의 모든 원수의 뺨을 치시며 악인의 이를 꺾으셨나이다(7절).

하나님, 주님은 언젠가 이렇게 하겠다고 말씀하십니다. 혹시 지금입니까? 하나님, 주님과 저의 사악한 적들을 심판해 주옵소서. 하나님, 이 시련 속에서 제 기도에 응답해 주옵소서. 오, 하나님, 불쌍히 여기소서. 하나님, 도와주옵소서!

— 구원은 여호와께 있사오니 주의 복을 주의 백성에게 내리소서(8절).

하나님, 제 지혜가 아닌 오직 주님께만 구원이 있습니다. 구원과 도움을 외치는 제 울부짖음을 들어 주옵소서. 오직 주님 안에만 온전한 구원과 복이 있음을 믿고 도와주옵소서. 오, 하나님, 저희에게 복을 내

려 주옵소서. 저희와 함께해 주옵소서! 제 기도를 들어 주옵소서. 아
멘. 아멘. 아멘.

시편 117편 : 찬양

— 너희 모든 나라들아 여호와를 찬양하며 너희 모든 백성들아 그를 찬송할
지어다(1절).

하나님, 주님을 찬양합니다! 하나님, 제 마음이 찬양하고 싶지 않을
때도, 제 마음이 무거울 때도, 주님은 상관없이 찬양받기에 합당하십
니다. 주님을 찬양해야 마땅합니다. 그래서 지금, 주님을 찬양합니
다. 하지만 하나님, 제 마음이 혼란스러울 때는 있는 그대로 솔직히
말씀드리겠습니다. 하지만 그것과 상관없이 주님은 찬양받기에 합당
하십니다. 하나님, 제 마음이 요동쳐서 주님을 찬양하지 않을 때 긍휼
히 여겨 주옵소서. 오, 하나님, 긍휼히 여겨 주옵소서. 주님을 찬양합
니다.

— 우리에게 향하신 여호와의 인자하심이 크시고(2절).

그렇습니다. 주님은 절대 저를 실망시키시지 않습니다. 주님의 인자
하심, 저를 향한 주님의 사랑은 크십니다. 하나님, 정말 감사합니다.
주님을 찬양합니다! 그리스도 안에서 제게 더없이 진실하시니 감사

합니다. 오, 예수님, 주님을 찬양합니다. 성부 하나님, 주님을 찬양합니다. 성령님, 주님을 찬양합니다. 제 감사와 찬양이 약해질 때도 주님의 인자하심은 변함없이 저와 함께하시는 줄 믿습니다. 주님을 찬양합니다!

— 여호와의 진실하심이 영원함이로다(2절).

오, 하나님, 주님의 진실하심을 찬양합니다. 제가 믿음 없이 굴어도 상관없이 진실하시니 정말 감사합니다. 제게 소망이 있는 것은 제 한결같음이 아니라 주님의 한결같으심 덕분입니다. 그래서 제가 절망 중에 있어도 주님의 진실하심을 여전히 찬양하겠습니다. 제가 무너질 때도 주님은 절대 저를 실망시키시지 않습니다!

— 할렐루야(2절).

아멘, 아멘.

시편 139편 : 애통, 그리고 저주의 기도와 간구

― 여호와여 주께서 나를 살펴보셨으므로 나를 아시나이다(1절).

하나님, 주님은 저에 관한 모든 것을 아십니다. 주님께 저는 안이 투
명하게 보이는 유리와도 같습니다.

― 주께서 내가 앉고 일어섬을 아시고 멀리서도 나의 생각을 밝히 아시오며
(2절).

주님은 언제나 저와 함께하십니다. 주님과 저 사이에는 조금의 거리
도 없습니다. 주님은 항상 저와 함께하십니다. 주님은 제 모든 생각
을 저보다도 더 잘 아십니다.

― 나의 모든 길과 내가 눕는 것을 살펴보셨으므로(3절).

오, 하나님, 주님은 마치 엑스레이를 찍는 것처럼 제 안을 들여다보
십니다. 제가 보지 못하는 것까지 항상 보고 평가하고 간파하십니다.
주님께 애매한 것이란 없습니다. 오, 하나님, 긍휼히 여겨 주옵소서.
하나님, 그리스도 안에서 저를 향한 긍휼이 있으니 얼마나 감사한지
모릅니다! 주님은 모든 것을 보고 아시면서도 사랑의 눈으로 저를 보
십니다. 오, 하나님, 그렇지 않다면 누가 무사할 수 있겠습니까?

— 나의 모든 행위를 익히 아시오니(3절).

주님은 제 모든 동기를 아십니다. 주님은 바로 제 안에 사십니다. 주님께는 아무것도 숨길 수 없습니다.

— 여호와여 내 혀의 말을 알지 못하시는 것이 하나도 없으시니이다(4절).

주님은 제가 할 모든 말을 미리 아십니다. 제 모든 말은 주님의 예상 안에 있습니다. 주님은 저를 너무도 잘 아십니다.

— 주께서 나의 앞뒤를 둘러싸시고(5절).

주님의 눈을 피할 길은 없습니다. 주님은 저를 에워싸셨습니다. 하나님, 주님의 시선이 좋기는 하지만 꼼짝없이 포위된 기분입니다.

— 내게 안수하셨나이다(5절).

하나님, 제가 꼼짝없이 포위된 기분이 좋은 것입니까, 나쁜 것입니까? 하나님, 주님은 제 모든 생각과 행위를 아십니다. 주님의 시선을 피할 길은 없습니다. 또한 주님은 저와 함께하십니다. 오, 하나님, 주님은 모든 것을 아십니다. 저는 주님의 것입니다.

— 이 지식이 내게 너무 기이하니 높아서 내가 능히 미치지 못하나이다(6절).

하나님, 제 안이 주님께 너무 훤히 들여다보이는 것 아닌가요? 주님 앞에 꼼짝없이 드러난 기분입니다. 때로는 이것이 그렇게 큰 위안이 될 수 없습니다. 하지만 때로는 혼란스럽습니다. 하나님, 주님을 찬양합니다. 저를 긍휼히 여겨 주옵소서.

— 내가 주의 영을 떠나 어디로 가며 주의 앞에서 어디로 피하리이까(7절).

하나님, 정말 제가 어떻게 주님을 떠날 수 있겠습니까? 그럴 수 없습니다. 그리고 이것도 역시 때로는 너무 좋습니다. 하지만 하나님, 때로는 저 혼자 있고 싶습니다. 제 자신이 항상 드러나는 것은 원치 않습니다. 어떤 면에서는 이것이 좋습니다. 그런데 하나님, 어느 순간 갑자기 혼자 남은 기분이 들면 어떻게 하죠? 하나님, 주님을 찬양합니다.

— 내가 하늘에 올라갈지라도 거기 계시며 스올에 내 자리를 펼지라도 거기 계시니이다(8절).

하나님, 천국에서나 죽음 속에서나 주님은 그곳에 계십니다. 죽음과 재난과 고통이라는 가장 어두운 곳에도 주님은 계십니다. 하나님, 저는 심지어 구덩이에서도 혼자 있을 수 없습니다.

— 내가 새벽 날개를 치며 바다 끝에 가서 거주할지라도(9절).

저는 주님에게서 벗어나려고 해도 할 수 없습니다. 하나님, 이것이 너무 좋습니다. 한편으로, 제게는 프라이버시가 없습니다. 이 상황을 어떻게 다루어야 할까요?

— 거기서도 주의 손이 나를 인도하시며 주의 오른손이 나를 붙드시리이다 (10절).

하나님, 이 사실에 대해 주님을 찬양합니다. 구덩이에서도 저를 인도하시고 저와 함께해 주시니 감사합니다. 그런데 하나님, 때로는 이것이 느껴지지 않습니다. 주님이 저와 함께하시는 것이 느껴지지 않습니다. 주님의 사랑이 저와 함께하시는 것을 믿게 도와주옵소서.

— 내가 혹시 말하기를 흑암이 반드시 나를 덮고 나를 두른 빛은 밤이 되리라 할지라도 주에게서는 흑암이 숨기지 못하며 밤이 낮과 같이 비추이나니 주에게는 흑암과 빛이 같음이니이다(11-12절).

오, 하나님, 상황이 어떠하든 상관없습니다. 어떤 상황에서도 주님은 모든 것을 보시며 언제나 저와 함께하십니다. 제가 두려움에 떨고 혼란스러워할 때 주님은 제 삶에서 일어나는 일을 아십니다. 그 모든 것이 주님께는 빛처럼 훤합니다. 이 모든 일에 대해 주님을 신뢰하게 도와주옵소서.

— 주께서 내 내장을 지으시며 나의 모태에서 나를 만드셨나이다(13절).

하나님, 여기서 끝이 아닙니다. 주님은 저를 지으셨습니다. 그러니 제 모든 것을 아실 수밖에 없습니다. 하나님, 제 모든 삶은 온전히 주님의 손안에 있습니다. 주님은 제 모든 삶을 완벽히 아십니다.

— 내가 주께 감사하옴은 나를 지으심이 심히 기묘하심이라 주께서 하시는 일이 기이함을 내 영혼이 잘 아나이다(14절).

놀랍습니다. 하나님, 제 영혼이 이 진리에 놀라워하지 않을 때도 상관 없이 이것은 실로 놀랍습니다. 제 영혼이 예수님 안에서 이 진리를 잘 알도록 도와주옵소서.

— 내가 은밀한 데서 지음을 받고 땅의 깊은 곳에서 기이하게 지음을 받은 때에 나의 형체가 주의 앞에 숨겨지지 못하였나이다 내 형질이 이루어지기 전에 주의 눈이 보셨으며 나를 위하여 정한 날이 하루도 되기 전에 주의 책에 다 기록이 되었나이다(15-16절).

하나님, 주님은 이 모든 것을 아십니다. 제 삶 전체가 주님 앞에 있습 니다. 아무것도 감추어져 있지 않습니다.

— 하나님이여 주의 생각이 내게 어찌 그리 보배로우신지요 그 수가 어찌 그리 많은지요(17절).

하나님, 주님이 저를 얼마나 많이 생각하시는지 실로 놀랍습니다. 그 무엇도 주님에게서 벗어날 수 없습니다.

— 내가 세려고 할지라도 그 수가 모래보다 많도소이다 내가 깰 때에도 여전
히 주와 함께 있나이다(18절).

꿈에서 전혀 모르는 곳에 가도 깨어 보면 그곳에 주님이 계십니다. 하
나님, 주님은 저보다도 저를 더 잘 아십니다! 저도 제가 지겹습니다.
하지만 주님은 저를 아는 것을 지겨워하시지 않습니다. 오, 하나님,
이 진리를 향해 제 마음을 열어 주옵소서. 때로는 제가 너무 무뎌져
주님이 저와 함께하신다는 사실, 나아가 주님이 저를 알고 저와 함께
하기를 원하신다는 사실을 듣지도 믿지도 않기 때문입니다.

드디어 시편 기자가 하고 싶은 간구가 나타난다. "하나님, 주님
은 저를 너무 잘 아시고 제 안에 있는 그 무엇도 주님께 감출 수 없
으니 이제 제 마음속에 있는 것을 정확히 말씀드리겠습니다."

— 하나님이여 주께서 반드시 악인을 죽이시리이다 피 흘리기를 즐기는 자
들아 나를 떠날지어다(19절).

하나님, 저를 쫓는 자들이 있습니다. 제 적들이 있습니다. 저를 괴롭
히는 악한 자들이 있습니다. 그들 모두가 죽었으면 좋겠습니다. 그들
모두가 제 눈앞에서 사라졌으면 좋겠습니다! 하나님, 저들을 그냥 죽
여 주옵소서! 저들을 없애 주옵소서! 이 시련을 없애 주옵소서!

— 그들이 주를 대하여 악하게 말하며(20절).

　　하나님, 저들은 제 원수만이 아니라 주님의 원수이기도 합니다!

— 주의 원수들이 주의 이름으로 헛되이 맹세하나이다(20절).

　　저들은 악합니다. 저들은 주님을 믿지 않습니다. 저들은 주님을 사랑하지 않습니다.

— 여호와여 내가 주를 미워하는 자들을 미워하지 아니하오며 주를 치러 일어나는 자들을 미워하지 아니하나이까 내가 그들을 심히 미워하니 그들은 나의 원수들이니이다(21-22절).

　　저들은 주님을 미워합니다. 저는 저들이 밉습니다. 저들을 죽여 주옵소서! 하나님, 저들을 처리해 주옵소서. 저들이 지긋지긋합니다. 저들이 제 삶, 제 문화, 다른 사람들의 삶에서 하는 짓을 더 이상 봐주지 못하겠습니다. 오, 하나님, 주님의 은혜로 저희를 돕고 구원하고 보호해 주옵소서.

　　이제 다윗의 마음이 분노에서 하나님께로 향하는 전환점이다. 이제 그의 마음이 열려 하나님의 가르침을 받아들인다. 당신이 솔직히 아뢸 때 하나님이 당신의 마음도 변화시켜 주시길 바란다.

— 하나님이여 나를 살피사 내 마음을 아시며 나를 시험하사 내 뜻을 아옵소서(23절).

하나님, 방금 저를 미워하는 자들, 제가 미워하는 자들, 폭력적인 자들, 악한 자들, 저를 괴롭히는 자들을 죽여 달라고 간청했습니다. 오, 하나님, 저를 살피고 제 마음속에 있는 것을 시험해 주옵소서. 하나님, 저들은 악합니다. 물론 언젠가 주님은 저들을 반드시 심판하실 것입니다. 하지만 지금 심판하시면 안 됩니까? 저들은 주님께 관심조차 없습니다. 선을 행할 생각조차 없는 자들입니다. 심지어 저들이 신자들이라도 제 삶에서 사라졌으면 좋겠습니다! 오, 하나님, 제 마음을 살펴 주옵소서.

— 내게 무슨 악한 행위가 있나 보시고(24절).

하나님, 이것이 단지 제 복수입니까? 단지 제가 분노해 있고 이것이 의로운 일처럼 보인다고 해서 제 마음이 깨끗한 것은 아닙니다. 어쩌면 단지 저들이 제게 상처를 주고 저를 괴롭게 하기 때문에 저들을 미워하는 것인지도 모르겠습니다. 오, 하나님, 이 일에서 제 악한 행위는 무엇입니까? 저들의 악한 행위는 무엇입니까? 하나님, 진실에 제 마음을 열게 해 주옵소서.

— 나를 영원한 길로 인도하소서(24절).

이 모든 일에서 저를 인도해 주옵소서. 주님께 저를 엽니다. 주님을 원합니다! 오, 하나님, 저를 도와주옵소서. 이 모든 것이 제게는 버겁습니다. 이 일에서 주님의 이름이 거룩히 여김을 받으시옵소서. 이 일에서 주님의 나라가 임하기를 원합니다. 주님 뜻이 이루어지길 원합니다. 예수님 안에서 주님의 영생으로 저를 인도해 주옵소서. 아멘.

따라서 "하나님, 저들을 없애 주옵소서, 저들을 죽여 주옵소서"라는 저주는 단순한 분노의 표현이 아니라 전환점이다. 분노를 하나님 앞에 내려놓고 복수를 그분께 맡기고 그분의 가르침에 자신을 여는 전환점이다.

시편 69편 : 애통 혹은 저주의 기도

시편 69편은 모두가 메시아적 시편으로 보는 시편이다. 이 시편은 분명 부분적으로 예수님의 경험을 이야기한다. 특히 예수님은 이 시편이 자신에 관한 것임을 인식하셨고, 십자가 위에서 이 시편의 일부를 통해 자신의 경험을 표현하셨다. 이 시편으로 기도할 때, 우리는 그리스도 안에 있고 그분의 길을 따라가는 자로서 기도한다.

잠시 예수님의 입장에서 이 기도를 하고, 이 기도에 귀를 기울여 보라. 이 기도에서 우리는 기도로 분노를 표현하고 아버지께 복수를 요청하시는 예수님을 볼 수 있다. 제목은 다윗의 시편이라고 쓰여 있지만 진정한 다윗의 자손이 이 기도를 온전하게 하셨다. 7절부터 시작해 보자.

— 내가 주를 위하여 비방을 받았사오니 수치가 나의 얼굴에 덮였나이다(7절).

예수님, 주님은 하나님을 위해 비방을 받으셨습니다. 영광 중에 계신 주님이 저희를 위해 수치를 당하셨습니다. 오, 나의 주님, 주님을 찬양합니다. 주님은 이 시편으로 기도하면서 이 시편이 주님에 관한 것임을 아셨습니다.

— 내가 나의 형제에게는 객이 되고 나의 어머니의 자녀에게는 낯선 사람이 되었나이다(8절).

예수님, 주님의 가족은 주님을 이해하지 않았습니다. 너무도 고통스러우셨을 것이 분명합니다. 하지만 주님은 이 기도를 통해 하늘에 계신 아버지와 교제하실 수 있었습니다.

— 주의 집을 위하는 열성이 나를 삼키고 주를 비방하는 비방이 내게 미쳤나이다(9절).

예수님, 주님은 하나님의 임재가 있는 성전을 전심으로 사랑하셨습니다. 주님은 하나님을 지극히 사랑하셨습니다. 하나님을 미워하는 자들이 주님을 비방하고 미워할 정도로 하나님을 향한 열성을 품으셨습니다.

— 내가 곡하고 금식하였더니 그것이 도리어 나의 욕이 되었으며 내가 굵은 베로 내 옷을 삼았더니 내가 그들의 말거리가 되었나이다(10-11절).

예수님, 아무도 주님의 삶을 이해하지 못했습니다. 그토록 어린 사람이 진리를 보고 느끼며 간고를 많이 겪은 자가 되리라는 것을 아무도 이해하지 못했습니다.

— 성문에 앉은 자가 나를 비난하며 독주에 취한 무리가 나를 두고 노래하나이다(12절).

모두에게 조롱을 받으신 예수님, 얼마나 힘드셨을까요? 하지만 주님의 마음을 하나님께 표현해 주는 이 시편이 쓰여서 얼마나 다행이었을까요?

— 여호와여 나를 반기시는 때에 내가 주께 기도하오니 하나님이여 많은 인자와 구원의 진리로 내게 응답하소서(13절).

그렇습니다. 예수님, 주님은 실제로 아버지께 기도하셨고, 그분의 사랑이 얼마나 큰지를 분명히 아셨습니다. 인간으로서 주님은 곤경에 처하셨을 때 하나님께 구원을 요청하셨습니다.

— 나를 수렁에서 건지사 빠지지 말게 하시고 나를 미워하는 자에게서와 깊은 물에서 건지소서(14절).

오, 예수님, 모든 적들과 끊임없이 닥치는 어려움에서 구해 달라고 요청하는 이 기도는 겟세마네 기도를 위한 준비였습니다.

— 큰 물이 나를 휩쓸거나 깊음이 나를 삼키지 못하게 하시며 웅덩이가 내 위에 덮쳐 그것의 입을 닫지 못하게 하소서(15절).

그렇습니다. 주님, 주님은 모든 시련에 무너지지 않게 해 달라고 기도하셔야 했습니다. 주님도 저처럼 구원을 원하셨습니다. 하지만 저와 달리 주님은 아버지께 기도하기를 즐겨하셨습니다. 아버지는 실로 주님의 유일한 위안이었습니다.

— 여호와여 주의 인자하심이 선하시오니 내게 응답하시며 주의 많은 긍휼에 따라 내게로 돌이키소서 주의 얼굴을 주의 종에게서 숨기지 마소서 내가 환난 중에 있사오니 속히 내게 응답하소서 내 영혼에게 가까이하사 구원하시며 내 원수로 말미암아 나를 속량하소서(16-18절).

오, 예수님, 주님은 실제로 이 기도를 하셨습니다. 주님은 삶의 모든 시련과 모든 적에게서 속량을 받기 위해 아버지와의 교제를 원하셨습니다. 내 주여, 주님을 찬양합니다.

— 주께서 나의 비방과 수치와 능욕을 아시나이다 나의 대적자들이 다 주님 앞에 있나이다 비방이 나의 마음을 상하게 하여 근심이 충만하니 불쌍히 여길 자를 바라나 없고(19-20절).

주님은 십자가로 걸어가시면서, 심지어 십자가 위에서도 불쌍히 여길 자를 한 명도 찾지 못하셨습니다. 거부만 가득했습니다. 근심이 충만하셨을 것이 분명합니다. 오, 예수님, 이런 심정이셨습니까? 주님을 찬양합니다.

— 긍휼히 여길 자를 바라나 찾지 못하였나이다(20절).

모두가 주님을 버렸습니다! 아무도 주님의 고통을 덜어 주기 위해 오지 않았습니다.

— 그들이 쓸개를 나의 음식물로 주며 목마를 때에는 초를 마시게 하였사오니(21절).

나의 예수님, 주님은 이것이 주님에 관한 구절인 줄 아셨습니다. 요한복음 19장 28-29절과 마태복음 27장 34절에 기록된 대로, 주님은 이 성경 말씀을 이루기 위해 십자가 위에서 마실 것을 요청해야 하실 줄 아셨습니다.

이제 분노와 저주가 나타난다. 하나님께 복수를 요청하는 내용이 나온다.

— 그들의 밥상이 올무가 되게 하시며 그들의 평안이 덫이 되게 하소서 그들의 눈이 어두워 보지 못하게 하시며 그들의 허리가 항상 떨리게 하소서 주의 분노를 그들의 위에 부으시며 주의 맹렬하신 노가 그들에게 미치게 하소서(22-24절).

저주! 분노! 예수님은 이런 기도를 하셨습니다. 예수님, 배신 혹은 믿음과 사랑 없는 모습에 대한 분노로 울부짖으셨습니까? 하지만 그 즉시 이것을 원수에 대한 사랑으로 변화시키셨습니까? 아니면 분노가 적절한 때에 원수 사랑으로 변하도록 그 분노를 아버지께 표출하고 그분 앞에 내려놓는 과정을 거치셨습니까? 오, 예수님, 인간으로서 분노를 품으실 때 어떤 느낌이셨습니까? 저는 알 수 없습니다. 하지만 한 가지 사실만큼은 분명합니다. 언젠가 주님의 이 기도가 악한 자의 심판으로서 이루어질 것입니다. 오, 주님, 그때는 모든 것이 진정으로 좋아질 것입니다.

— 그들의 거처가 황폐하게 하시며 그들의 장막에 사는 자가 없게 하소서 무릇 그들이 주께서 치신 자를 핍박하며 주께서 상하게 하신 자의 슬픔을 말하였사오니 그들의 죄악에 죄악을 더하사 주의 공의에 들어오지 못하게 하소서 그들을 생명책에서 지우사 의인들과 함께 기록되지 말게 하소서(25-28절).

오, 나의 주 예수님, 주님이 다윗과 성령께 받은 이 기도, 우리도 받은 이 기도는 그 표현이 실로 셉니다.

— 오직 나는 가난하고 슬프오니 하나님이여 주의 구원으로 나를 높이소서 (29절).

주님은 고통 중에도 아버지의 구원과 보호 안에 쉬셨습니다. 예수님, 저희를 위해 그 모든 일을 겪으신 주님을 찬양합니다.

예수님은 이 시편을 통해 하늘에 계신 아버지께 상처와 고통, 분노를 표현하셨다. 그런데 시간이 지나면서 저주하고 복수를 요청하는 기도가 변화되었다. 십자가에서, 바로 잔혹과 미움의 장소에서 예수님은 하나님께 이렇게 기도하셨다. "아버지 저들을 사하여 주옵소서 자기들이 하는 것을 알지 못함이니이다"(눅 23:34).

아버지와 함께한 기도와 경험, 삶을 통해 분노가 어떻게 변화되었는지를 보라. 예수님의 기도에서 보듯이 분노는 원수 사랑으로 변했다. 여기서 예수님은 어떻게 그렇게 되었는지를 보여 주신다. 기도 가운데 변화가 나타났다. 우리의 분노도 하늘에 계신 우리 아버지께 아뢸 때 용서로 변할 수 있다.

시편 88편 : 하나님에 관한 애통 혹은 불평

보다시피 시편 기자는 인생의 나락까지 떨어진 심정이다. 그는 고난 앞에서 넋을 잃었다. 그 고난이 정확히 무엇인지는 알 수 없지만 그는 하나님이 그 고난을 주신 것처럼 느끼고 있다. 그는 이런 어려움을 하나님의 분노로 여기고 있다. 하지만 우리는 실제로 무엇인지 알지 못한다. 우리의 시련도 이와 같을 수 있다. 중요한 사실은 그가 기도 가운데 하나님께로 나아가 심정을 강하게 쏟아 내는 것이다. 그는 응답을 너무 절실히 원한 나머지 괴로워한다. 그러나 그는 이 괴로움을 숨기지도 않고, 자기대화에 빠지지도 않는다. 대신 다급하게 하나님을 찾아간다. 우리도 이와 같이 기도해야 한다.

— 여호와 내 구원의 하나님이여 내가 주야로 주 앞에서 부르짖었사오니 나의 기도가 주 앞에 이르게 하시며 나의 부르짖음에 주의 귀를 기울여 주소서(1-2절).

하나님, 저는 항상 기도로 주님 앞에 나아갑니다. 멈추지 않았고, 멈추지 않을 것입니다. 주님이 나아오라고 하셨으니 나아갑니다. 제 부르짖음을 들어 주옵소서.

— 무릇 나의 영혼에는 재난이 가득하며 나의 생명은 스올에 가까웠사오니 나는 무덤에 내려가는 자같이 인정되고 힘없는 용사와 같으며(3-4절).

오, 하나님, 이젠 지쳤습니다. 고난을 도무지 감당할 수 없습니다. 더이상 견딜 수 없습니다. 제 삶이 철저히 나락으로 떨어진 것처럼 느껴집니다. 죽을 것만 같습니다. 아무런 힘도 없습니다. 아예 손을 놓고 싶습니다.

— 죽은 자 중에 던져진 바 되었으며 죽임을 당하여 무덤에 누운 자 같으니이다 주께서 그들을 다시 기억하지 아니하시니 그들은 주의 손에서 끊어진 자니이다(5절).

하나님, 철저히 저 혼자인 것만 같습니다. 하나님, 저를 기억하십니까? 제 기도를 듣고 계십니까? 하나님, 저는 이 시련에서 벗어나기 위해 주님에게 나아갈 수 없는 자처럼 느껴집니다. 하나님, 어디 계십니까?

— 주께서 나를 깊은 웅덩이와 어둡고 음침한 곳에 두셨사오며 주의 노가 나를 심히 누르시고 주의 모든 파도가 나를 괴롭게 하셨나이다(6-7절).

오, 하나님, 주님이 저를 이 고난 속으로 밀어 넣으신 것만 같습니다. 얼마든지 제 기도에 응답하여 이 상황을 바꾸실 수도 있는데 왜 그렇게 하시지 않습니까? 제가 분노하셨나요? 주님의 괴롭힘의 표적이 된 기분입니다. 정말 그렇습니까? 더 이상 견딜 수 없습니다. 답답합니다. 그래도 주님께 나아갑니다. 주님은 제 유일한 소망이십니다, 오, 하나님!

— 주께서 내가 아는 자를 내게서 멀리 떠나게 하시고 나를 그들에게 가증한 것이 되게 하셨사오니 나는 갇혀서 나갈 수 없게 되었나이다(8절).

하나님, 제가 겪고 있는 일을 이해하지 못합니다. 제가 이토록 불행한 데 다들 저와 가까이하려고도 하지 않습니다. 사람들에게서 철저히 버림받은 기분입니다. 하나님, 이 배후에 주님이 계십니까? 왜 이런 상황이 계속됩니까?

— 곤란으로 말미암아 내 눈이 쇠하였나이다 여호와여 내가 매일 주를 부르며 주를 향하여 나의 두 손을 들었나이다(9절).

하나님, 이 상황이 너무 오래되었습니다. 이 시련에 진이 다 빠집니다. 하지만 하나님, 매일 제 마음을 활짝 연 채 주님께 나아옵니다. 달리 도움을 찾으러 갈 곳이 없습니다.

— 주께서 죽은 자에게 기이한 일을 보이시겠나이까 유령들이 일어나 주를 찬송하리이까 주의 인자하심을 무덤에서, 주의 성실하심을 멸망 중에서 선포할 수 있으리이까 흑암 중에서 주의 기적과 잊음의 땅에서 주의 공의를 알 수 있으리이까(10-12절).

하나님, 죽어야 끝이 나겠습니까? 그때에야 상황이 말끔히 해결되겠습니까? 오, 하나님, 주님께 충성하는 자들, 기도로 주님께 나아오는 자들에게 이 세상에서 구원은 없습니까? 하나님, 지금 저희에게 찾아와 주옵소서.

— 여호와여 오직 내가 주께 부르짖었사오니 아침에 나의 기도가 주의 앞에 이르리이다 여호와여 어찌하여 나의 영혼을 버리시며 어찌하여 주의 얼굴을 내게서 숨기시나이까(13-14절).

오, 하나님, 변함없이 주님께 나아옵니다. 오라고 하셔서 주님이 들으실까 하여 이른 아침에 나아옵니다. 하나님, 왜 이토록 침묵하십니까? 어디 계십니까? 하나님, 주님은 이 기도에 응답하실 수 있습니다. 예전처럼 역사하실 수 있습니다. 하나님, 제가 뭔가 잘못을 하여 제가 기도가 거부를 당하는 것입니까? 하지만 하나님, 예수님 안에서 저를 받아 주신다고 하지 않으셨습니까? 은혜와 보좌로 나아오라고 하시지 않았습니까? 하나님, 저를 긍휼히 여겨 주옵소서!

— 내가 어릴 적부터 고난을 당하여 죽게 되었사오며 주께서 두렵게 하실 때에 당황하였나이다 주의 진노가 내게 넘치고 주의 두려움이 나를 끊었나이다 이런 일이 물같이 종일 나를 에우며 함께 나를 둘러쌌나이다(15-17절).

하나님, 이 상황이 너무 오래된 것 같습니다. 전에도 이런 적이 있는 것 같습니다. 항상 이렇지는 않았지만 이런 상황이 너무 오래 지속되고 끝날 줄 모릅니다. 이 일이 계속해서 저를 무겁게 짓누릅니다. 이 시련이 종일 제 삶을 에워싸고 있습니다. 이 일이 제 머릿속에서 떠나지 않습니다. 제발 제 부르짖음을 들어 주옵소서. 하나님, 진노하셨습니까? 이것이 모든 자녀를 대하는 주님의 방식입니까? 아니면 제게 뭔가를 가르치시려는 것입니까? 하나님, 저는 모르겠습니다. 도와주옵소서. 하나님, 제 기도가 혼란스러워지고 있습니다. 하나님, 주님의 은혜로 저를 도우시고 구원하시고 불쌍히 여기시고 보호해 주옵소서.

— 주는 내게서 사랑하는 자와 친구를 멀리 떠나게 하시며 내가 아는 자를 흑암에 두셨나이다(18절).

하나님, 상황이 너무 나빠져서 더 이상 누구도 제 곁에 오려고 하지 않습니다. 다들 저를 이해하지 못합니다. 누가 저를 원할까요? 너무 외롭습니다. 지금 주님이 저의 유일한 소망입니다. 주님께 나아갑니다. 제발, 제발, 제 부르짖음을 들어 주옵소서. 아멘. 오, 하나님, 아멘.

아무리 큰 고뇌와 혼란 가운데서 한 기도라 해도 이 기도의 표현은 매우 강하다. 당신도 이런 기도를 하고서 걱정해 본 적이 있는가? 하나님이 이 기도에 노하셨을지 우리는 알지 못한다. 하나님의 길은 불가사의하다. 하지만 동시에 하나님은 그리스도 안에서 자신을 드러내셨다. 그 하나님은 우리를 사랑하는 자로 받아 주시고 가까이 다가와 자비를 구하라고 부르시는 분이다. 따라서 시련과 혼란, 고통 가운데 우리는 하나님께 나아가야 한다. 인생의 어두운 골짜기에 떨어졌을 때 하나님께 나아가야 한다.

이렇게 아무것도 가리지 말고 날것 그대로 진실하게 하는 것이 바로 기도다. 이것이 우리의 어둠 속에도 계시는 하나님에 대한 믿음의 행위다. 이 기도는 주님께 아뢰지 못할 것은 아무것도 없다는 증거다. 우리 영혼에 있는 것이라면 무엇이든 하나님께 아뢰어야 한다. 오직 하나님만이 우리의 영혼을 다스리고 변화시키실 수 있다.

의도의 기도 가이드

'의도의 기도'의 목표는 쉬지 않고 기도하고(살전 5:17) 날마다 나를 하나님께 드리는 것이다(롬 12:1-2).

† 나를 제물로 드리는 기도(롬 12:1-2) 이 기도는 우리를 산제사로 하나님께 드리는 것이다. 그분 안에 거하기 위해 모든 일에서 우리의 마음을 그분과 그분의 뜻에 여는 것이다.

"하나님, 제가 여기 있습니다. 제가 세상에 물들지 않고 제 안에 계신 그리스도의 마음으로 새롭게 되어 변화를 받도록 저를 주님께 드립니다."

* 자신을 정말로 하나님께 드리고 싶은지 솔직히 아뢰라.

나를 주님께 드리겠다는 의도로 살면, 잠이 들어도 하나님에 대해서 잠들지 않고 아침에 깨어나자마자 마음을 하나님께로 향할 수 있다.

† 거둠의 기도(갈 2:20; 빌 3:7-9) 그리스도 안에서 당신의 진짜 정체성(하나님이 온전히 용서하고 온전히 받아 주신 분)을 떠올리라. 당신은 그리스도 안에 있고 그리스도가 당신 안에 있기 때문에 당신이 혼자가 아니라는 사실을 기억하라. "하나님, 오늘 제가 무엇을 하든 주님 안에서 하고 싶습니다. 저는 그리스도와 함께 율법과 죄에 대해 죽었습니다. 이제 더 이상 제가 하는 것이 아니라 그리스도가 제 생명이며 그분이 제 안에서 사십니다. 저는 그리스도 안에서 온전히 용서를 받고 받아들여집니다. 오늘 혼자서 살고 싶지 않습니다. 제 힘으로 살고 싶지 않습니다. 숨어서 떨고 싶지도 않습니다. 그리스도 외에 다른 아무것에서도 제 정체성을 찾고 싶지 않습니다. 저는 그리스도 안에 있습니다. 이것이 제 진짜 정체성입니다."
* 모든 우상숭배를 고백하라.

그리스도 안에서의 정체성에 삶의 닻을 내리면 우상숭배와 거짓 정체성에 빠지지 않는다. 기도하면서, 하나님으로부터 숨기 위한 수단으로써 '선해지려' 노력하지 않는다.

† 정직의 기도(시 15:1-2; 139:23-24) **마음속에 실제로 일어나는 일을 하나님과 자신에게 열어 보이라. 진실을 보고 그것을 기도로 하나님께 가져가라.**

"하나님, 지금 제 마음속에서 주님, 다른 사람들, 제 삶에 관한 어떤 일이 벌어지고 있습니다. 오, 하나님, 저를 살펴 주옵소서. 제 마음을 아옵소서. 오늘 제 마음을 솔직하게 주님께 열어 제 영혼 안에 실제로 있는 것을 아뢰겠습니다."

* 오늘 하나님께 모든 것을 솔직하게 아뢰고 싶은지 아닌지를 솔직히 아뢰라.

자신에 관한 진실을 열어 보일 때 피상적인 순종과 냉담한 기도에 빠지지 않는다.

† 분별의 기도(전 7:13-14) **성령이 당신 안에서 무엇을 하시는지 유심히 살펴보라. 단순히 당신의 일에 초점을 맞추지 말라. 하나님의 역사와 뜻을 생각하라. 성령이 당신의 영혼 안에서 하시는 일에 '협력하는' 것이 더 좋다.**

"하나님, 제 삶과 상황에서 어떤 역사를 행하고 계십니까? 제가 어떤 사람이 되고 무엇을 하기를 원하십니까? 이 상황에서 저를 향한 주님의 뜻은 무엇입니까?"

* 오늘 여러 상황에서 당신이 하나님의 뜻에 진정으로 자신을 열고 있는지 속마음을 하나님께 아뢰라.

이렇게 하면 오로지 우리 자신의 뜻과 바람에 따라서만 행동하지 않고 하나님과 우리 삶을 향한 그분의 뜻을 살필 수 있다.

† 성령께 마음을 열고서 하나님 말씀 듣기

예를 들어, 요한복음 15장 5절. "나는 포도나무요 너희는 가지라 그가 내 안에, 내가 그 안에 거하면 사람이 열매를 많이 맺나니 나를 떠나서는 너희가 아무것도 할 수 없음이라."

< 부록 4 >

거둠의 기도 가이드

몇 주간 '거둠의 기도'를 실천한 뒤에는 그것을 아침에 드리는 의도의 기도로 합할 수 있다. 나는(존) 수년 동안 이렇게 하고 있다. 특히 깨자마자 이 기도를 하면 유익하다.

† 아침에 눈을 뜨자마자 '나를 드리는 기도'를 첫 번째 의도의 기도로 드리라. "하나님, 제가 여기 있습니다. 저를 주님께 드립니다."

† 그런 다음 1-2분 동안 두 번째 의도의 기도로써 거둠의 기도를 드리라. 하나님 앞에서 당신이 무엇이 아닌지를 1분 동안 떠올리라. 마음속을 살피면 다음과 같은 고백이 나올 수 있다.

"저는 오늘 일을 완벽히 해내야만 하는 사람이 아닙니다. 저는 예산이나 중요한 거래를 완벽하게 해내야 하는 사람이 아닙니다. 저는 학생들에게 사랑을 받아야 하는 교수 혹은 자녀를 완벽하게 키워야 하는 부모가 아닙니다. 오, 하나님, 이런 것이 제 관심사입니다만 제 가장 중요한 정체성은 아닙니다."

† 그런 다음 1분간 당신이 누구인지를 떠올리며 기도하라.

"오, 하나님, 저는 누구입니까? 저는 주님께 사랑받는 자입니다. 이것이 저의 진짜 정체성입니다. 다른 사람들은 저를 받아 주지 않을지라도 주님은 저를 사랑하고 용서하고 받아 주셨습니다. 이것이 제 진짜 정체성입니다."

이 기도는 겨우 1, 2분밖에 걸리지 않지만 내게 진정한 기쁨이 되었다. 내 영혼이 나를 공격하며 "거짓말쟁이, 너는 이렇게 믿지 않고 있어"라고 말할 때도 나는 그렇게 약한 모습까지 하나님께 아뢸 수 있었다. 그리고 그렇게 약한 가운데서 내가 하나님을 떠나서 아무것도 할 수 없다는 사실을 다시 기억할 수 있었다.

그날의 의도의 기도의 일부로 거둠의 기도를 한 뒤에 우리는 속마음을 하나님께 아뢰겠다는 결심으로 하루를 시작하고, 종일 그렇게 아뢸 수 있다. 상황이 우리의 참된 정체성을 일깨워 줄 때나, 우리가 그리스도 밖에서 정체성을 찾으려고 할 때나, 그것을 그리스도 안에서의 진짜 정체성을 다시 기억할 기회로 삼을 수 있다. 나를 변화시키는 힘은 내게 있지 않지만 나를 변화시키시는 분께 솔직하게 나아갈 힘은 내게 있다.

감사의 말

바이올라대학(Biola University)과 탈봇신학교(Talbot School of Theology)에 감사한다. 이 학교는 기도, 그리스도인의 삶, 믿음의 본질과 씨름하기에 더없이 좋은 환경을 제공해 주었다. 특히 지원을 아끼지 않은 영성계발학회(Institute for Spiritual Formation, ISF)에도 깊이 감사한다. 영성계발학회의 동료, 교수진, 직원들은 하나같이 우리에게 크나큰 복이었다. 베풀어 준 친절과 우정과 은혜에 깊이 감사한다. 이들을 우리 삶에 보내 주신 하나님의 은혜가 실로 크다. 이들과 기도하는 시간은 언제나 즐겁다. 학생들도 우리에게 큰 선물이다. 기도, 정직함, 서로에게 자신을 쏟아붓는 모습이 실로 아름답다. 영성계발학회에서 이들과 함께하는 것은 큰 기쁨이다.

카일 스트로벨　　성경의 진리에 관해 늘 나와 의견을 나누는 제이민 고긴에게 감사를 전한다. 또한 그의 우정도 감사하다. 제임스 메릭과 기도에 관해 끝없이 대화하는 시간은 언제나 즐겁다. 리디머교회(Redeemer Church) 식구들의 사랑과 관심에 고마움을 표한다. 이 원고를 읽고 귀한 피드백을 준 리디머교회의 성도들에게 감사드린다. 내가 섬기는 교회가 이렇게 '기도가 넘치는' 교회여서 얼마나 감사한지 모른다. 이들과 함께하는 시간은 진정한 기쁨이었다. 마지막으로, 더없이 귀한 선물이요, 이 책을 읽고 섬세한 조언을 해 준 아내에게 고맙다. 아내 덕분에 이 책이 훨씬 더 좋아졌다. 또 아내와 우리 아이들 브라이튼과 올리버 덕분에 내 기도는 늘 감사로 넘친다. 내가 쓴 책을 애정을 담아 정독하면서 언제나 나를 지지해 주는 브라이튼에게 고맙다는 말을 하고 싶다. 브라이튼이 책만큼이나 하나님을 열정적으로 사랑하기를 기도한다. 언제나 기도하길 좋아하는 올리버는 가장 깊은 기도를 드리고, 거기서 하나님의 자비를 발견하게 되기를 바란다. 초고를 읽어 준 여동생 앨리슨, 늘 변함없이 나를 지지해 주는 아버지와 어머니에게도 감사의 마음을 전하고 싶다. 특히 이 책을 쓰는 내내 어머니를 생각했다. 나를 위해 늘 기도하시는 어머니에게 감사드린다.

존 코　　아내 그레타에게 고맙다고 말하고 싶다. 아내는 지난 45년 동안 기도하고 성령께 귀 기울이며 사는 법을 배워 가는 내내 나의 가장 귀한 친구요 동반자였다. 특히 최근에 우리는 예전보다 더 깊은 기도의 여정에 들어섰다. 기도, 기쁨, 사랑, 삶에 관해 내게 많은 것을 가르쳐 준 온 가족에게 하나님의 복이 임하기를 기도한다.

이 책이 세상에 빛을 보는 데 도움을 준 이들에 대한 고마움도 빠뜨릴 수 없다. 두려움을 모르는 우리의 에이전트 제니 버크를 비롯해 일루미네이트리터러리에이전시(Illuminate Literary Agency) 식구들은 늘 나를 격려하고 지원해 주었다. 이들의 도움에 진심으로 감사를 표한다. 편집과 디자인 과정에서 여러 학생이 여러 모양으로 도움을 주었다. 이들, 특히 엘런 빌준과 젠 린지의 섬김에 고마운 마음이다. 브라이언 토마슨부터 마케팅, 디자인, 편집까지 베이커(Baker) 출판사에서 우리와 협력한 모든 좋은 이들에게 감사한다. 이들과의 동역은 실로 즐거웠다. 이 출판 프로젝트를 향한 이들의 열정과 지속적인 지원에 감사드린다.

주

프롤로그.

1. Margery Williams, *The Velveteen Rabbit* (Deerfield, FL: Health Communications, Inc., 2005), 14-17.

1장.

1. Hebert McCabe, OP, *God, Christ and Us*, Brian Davies 편집, OP (London: Continuum, 2003), 8.

2장.

1. 이것은 *Beloved Dust: Drawing Close to God by Discovering the Truth About Yourself* (Nashville: Thomas Nelson, 2014) 8장의 요지다.

4장.

1. Dietrich Bonhoeffer, *Life Together and Prayerbook of the Bible*, Dietrich Bonhoeffer Works, vol. 5, Geffrey B. Kelly 편집, James H. Burtness 번역 (Minneapolis: Fortress Press, 1996), 156.

인터루드.

1. Craig S. Keener, *The Mind of the Spirit: Paul's Approach to Transformed Thinking* (Grand Rapids: Baker Academic, 2016), 223.

5장.

1. John Calvin, *Calvin's Commentaries, Psalms 1-33*, vol. 4 (Grand Rapids: Baker Books, 2003), xxxvii; Athanasius, "Letter to Marcellinus," in *Athanasius: The Life of Antony and the Letter to Marcellinus*, The Classics of Western Spirituality (Mahwah, NJ: Paulist Press, 1979), 112.

2. John Owen, *Overcoming Sin and Temptation*, Kelly M. Kapic, Justin Taylor 편집 (Wheaton, IL: Crossway Publishing, 2006), 88.

3. Walter Brueggemann, *The Message of the Psalms: A Theological Commentary* (Minneapolis: Augsburg Press, 1984). 이 책 전체가 이 틀을 사용하여 시편을 다루고 있다.

4. 우리는 월터 브루그만의 틀을 사용하지만 이 세 가지 움직임에 관해 그의 전반적인 신학을 그대로 지지하지는 않다. 단지 시편으로 기도하는 우리의 경험을 설명하는 데 이 틀이 유용하다고 판단했을 뿐이다.

5. Brueggemann, *The Message*, 52.

6. J. Todd Billings, *Rejoicing in Lament: Wrestling with Incurable Cancer and Life with God* (Grand Rapids: Brazos Press, 2015), 45. 토드 빌링스, 《슬픔 중에 기뻐하다》(복있는사람 역간).

6장.

1. 이것은 달라스 윌라드가 대화 중에 한 말이다.

8장.

1. 여기서 성찰에 관한 청교도의 설명을 자세히 설명할 생각은 없다. 나는 기독교 영성의 역사 내내 거의 모든 신자들이 이런 훈련을 중시했다고 생각한다. 이 훈련들에 관한 초기 복음주의의 시각을 알고 싶다면 내 책 *Formed for the Glory of God: Learning*

from the Spiritual Practices of Jonathan Edwards (Downers Grove, IL: InterVarsity, 2013)를 보라.

2. 이것을 권장한 많은 청교도 서적이 있는데, 그중 하나는 Nathanial Vincent, *A Discourse on Self-Examination* (Coconut Creek, FL: Puritan Publications, 2013), 223이다.

3. Martin Luther, *Lecture on Galatians, 1535: Chapters 1-4*, vol. 26 of Luther's Works (Saint Louis: Concordia Publishing House, 1963), 166.

4. 이번 장에서 공식 용어인 'examen'을 사용하지 않은 것은 일부 그룹에서는 이것이 특별히 예수회의 기도 형태를 지칭하기 때문이다. 두 개에 대한 혼란을 일으키고 싶지 않았다. 우리가 여기서 말하는 것은 더 넓고 포괄적인 개념이다.

5. 이 말을 곡해하지 않도록 조심해야 한다. 바울은 다음 말까지 함께 고려해야 한다. "그런즉 우리가 무슨 말을 하리요 은혜를 더하게 하려고 죄에 거하겠느냐"(롬 6:1). 이 구절을 읽고서 "그럴 수 없느니라"라고 선포해야 한다(2절).

6. Jonathan Edwards, "Letter to Deborah Hatheway," *Letters and Personal Writings* 중, George S. Claghorn 편집, vol. 16, The Works of Jonathan Edwards (New Haven: Yale University Press, 1998), 94. 가독성을 위해 일부 다듬었다.

9장.

1. The video, with commentary, can be seen here: https://www.youtube.com/watch?v=apzXGEbZht0, 2019년 8월 30일 확인.

2. "심령으로는"이라는 부분을 'in spirit'(영으로)과 'in the Spirit'(성령 안에서) 가운데 무엇을 번역해야 할지에 관한 논쟁이 있다. 이 논쟁은 여기서 우리가 설명하는지 요지에 별로 중요하지 않지만 바울은 단순히 '영으로'가 아니라 하나님의 영 안에서 서로 함께할 수 있는 한 형태를 지칭하는 것이 분명해 보인다.

3. 인간의 마음에서 질투가 어떻게 작용하는지에 관한 좋은 강해를 원한다면 *Sermons and Discourses, 1730-1733*, Mark Valeri 편집, vol. 17, The Works of Jonathan Edwards (New Haven, CT: Yale University Press, 1999), 104-121에 수록된 조나단 에드워즈의 설교 '질투하는 사람들'(Envious Men)을 보라.

Where Prayer Becomes Real